珍国道の代表的風景「階段国道」

群馬県と新潟県を結ぶ国道二九一号に、長大な「点線国道」を擁する新潟県側からその先に控える山々を遠く望んだところ。車どころか、登山客でさえ寄せ付けない国道へと続いていく。

↑今の横浜駅周辺をとらえた風景写真。明治一〇年代の頃のものと思われる。明治の国道一号は、この印象的な築堤の上を通っていたのだろう。（長崎大学附属図書館蔵）

←横浜市の海岸部を走る国道一三三号。開港記念会館の雄姿も手伝って、魅力的な沿道を形づくっている。

SHODENSHA
SHINSHO

国道の謎

松波成行

祥伝社新書

はじめに

趣味を人から訊《たず》ねられると、返答に窮《きゅう》することがあります。

素直に「国道」とは語れないもどかしさ。旅行といわれれば、旅行をしていますが一般的な旅行ではない。ドライブといえば、確かにドライブを楽しんではいるものの、日常的に使われるドライブとも違う。いずれも国道の趣味を表現しているかと問われれば、何かが違います。ドライブガイドにあるような景勝地を求めているわけではありません。温泉やご当地グルメといった付加価値に喜びをおぼえても、それを目的とはしていません。道路地図を片手に、「おにぎり」と呼ばれる国道標識をたどって国道を走る楽しみ、それがツボにはまるのです。

現在、日本の国道の総数は四五九路線、その総延長は約五万五千キロメートルにも及びます。地球を一周と四分の一に相当する距離となりますが、自分も含めて地球を一周したことがある人は少ないはず。ですので、東京と新大阪までの新幹線の営業キロの約五五〇キロメートルを尺度とするならば、その五〇往復に相当する距離と説明した方が理解を得られやすいかもしれません。それほどに国道は膨大《ぼうだい》なネットワークを有しています。

一方で、同じネットワークをなす「鉄道」は、趣味の世界における巨人で、その右に出るものはありません。しかし、その鉄道でさえ、かつて、「国鉄」の時代には全路線二万キロメートルを巡《めぐ》るキャンペーンがあったように、その全盛期の国鉄時代からしても国道のネットワークの半分にも及びません。もし、「国道」全線走破の大志を抱くならば、それは「国鉄」以上に壮大なチャレンジとなるでしょう。

国道一号から始まり、二号、三号……。そのようにカウントしていけば、最後の番号は何番なのか。そのようなふとした疑問を抱いて調べようと考えたならば、もう国道の世界の入口に立っていることにもなります。そして、手元に道路地図があれば、あらためてページを広げてみてください。それまで無意識にみていた「国道」のネットワークというものが、全国津々浦々、張り巡らされた緻密《ちみつ》で美しい網となって浮かび上がるはずです。

一見すると無秩序な線の集合にも、一つ一つの国道には定められた起点と終点がありま す。それらが縦横に走り、交差し、もしくは互いに重複していくことで、複雑な網をかたどっています。その絡《から》み合った線を解きほぐしてゆくと、身近な国道でさえ厳密にどこが起点で、どこを通って、そしてどこで終わりを迎えるのか、それを知る人は少ないと思います。

国道といっても、すべてが「大動脈」となる主要な交通要路ではありません。道路地図からは直感的に想像もできない「毛細管」のような道でさえも、なかには国道として指定されている道もあります。急峻《きゅうしゅん》な山岳地帯を越えていく道もあれば、中には細い路地裏を通っているかのような道もあり、海を渡る道もあれば、究極には人が通ることができない山道もあります。

また、同一路線番号の国道でも県を越えれば表情が変わり、その地域の人の営み、慣習、文化、歴史、世相、そんな様々な要素を織り交ぜて、ひとくくりに語れぬ「道の深さ」を持ち合わせています。個々の路線ごとにキャラクターを備え、いろんな表情を持つからこそ、面白さが生まれてくるのでしょう。

一方で、国道は誰もが知っている道でありながら、実は、その何たるかはあまり広くは知られていない謎多き道でもあります。路線がどのように決まってきたのか。今のある姿がどのように生まれたのか。なにげない道に秘められた先人たちの想いはなにか。そして、行きつくところ「国道とは何か」――。

国道地図をなぞりながら、その「謎」を解き明かす旅――国道を〝謎《なぞ》〟る旅――は、そのような想いを原点にしてはじまります。

・図中「カシミール3D」とあるのはダン杉本氏が提供するフリーソフトの商標となります。
・とくに記載のない写真は、著者が撮影したものです。

国道の謎——目次

第三道　漁港へ向かう国道
——国道一七七号——（京都府）

第三部　国道史をなぞる旅 195

第一部　列島ぐるっと、国道の謎

図0―0 本書で紹介する国道

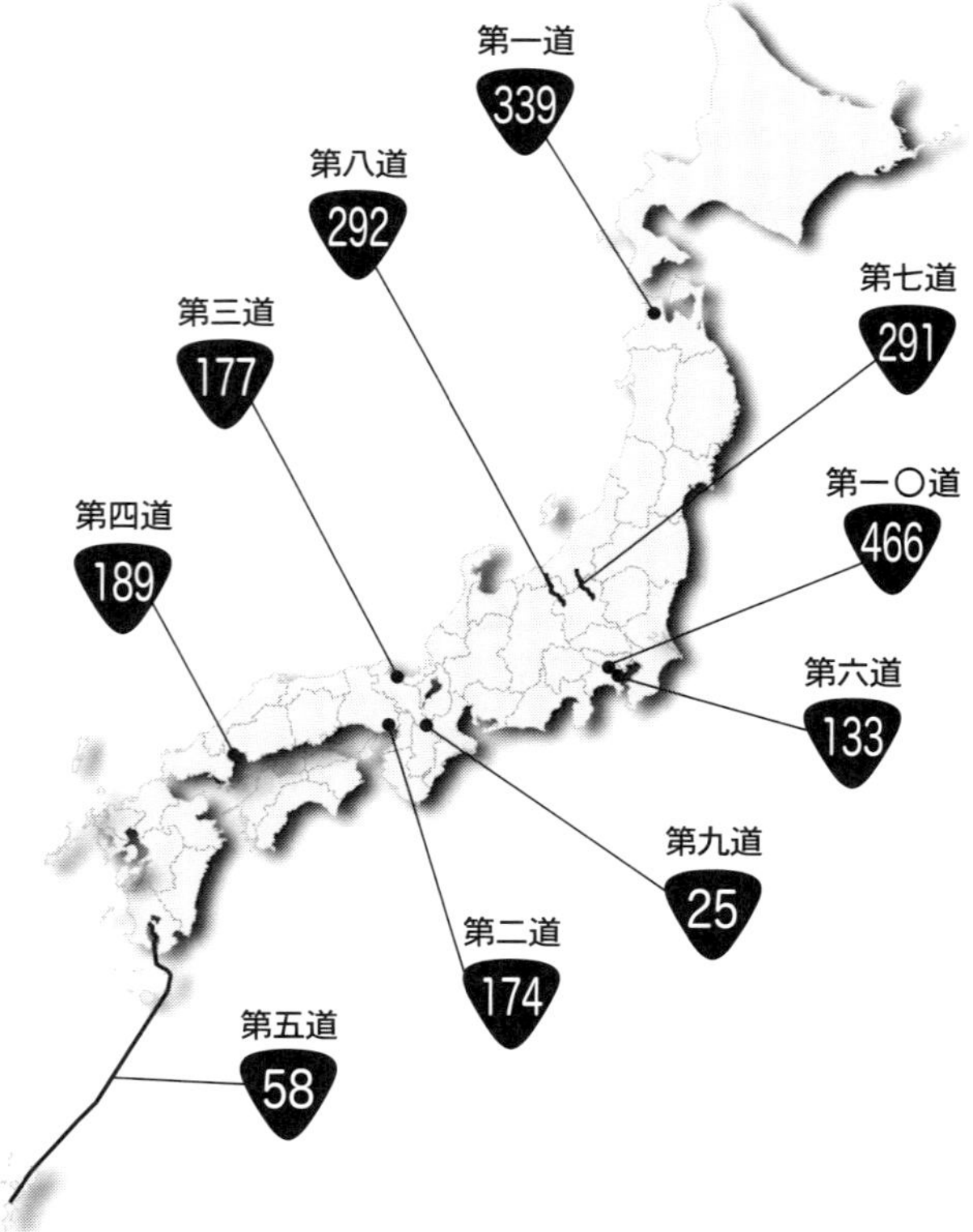

ようこそ、国道の世界へ

国道の世界へ、ようこそ。

国道は、誰もがドライブで走ったり、自転車で買い物に使ったり、通勤・通学で歩いてみたり、そんな身近で親しみのある道ではないでしょうか。それだけ国道を使うことは、日常の一風景となっています。それだけではありません。国道の別の効用として、「国の道」でありながら、都道府県のみならず、その地域のシンボリックな道にもなっていることです。

たとえば、知人の方に、

「お住まいの近くを走っている国道は何号線ですか」

と問いかけてみてください。日本には四七都道府県があり、どの出身の方にそのように訊《たず》ねても、必ず一つや二つの国道の路線番号をすらすらと答えてくれます。しかし、これを「国道」ではなく「県道」と質問を変えて投げかけても、国道ほどには期待する答えは返ってくるものではありません。

人に道を訊ねると、あることに気づきます。鉄道地図を頭の中に描いて説明する人と、道路地図で答える人と大きく二分され、道路地図的な人の場合は、その人の経験に裏付けされるレベルの道に、高速道路と国道という幹線網が脳裏にしっかりと刻みこまれているということです。それほど、誰でもが国道という道は頭の中で描く地図の基本線となっています。

では、そもそも、その国道とはどのような道なのでしょうか。

そんな単純な疑問は誰もが抱くもので、私もその中の一人です。その答えを探るために国道を走れば走るだけ、その謎は神学的な命題と思えるほどに深まってくるのですが、またそれと比例して「謎」は謎としての面白さが出てきています。

そんな国道を「国道」として意識して楽しみ、そして考えてみることを、いろんな地図を使ってなぞっていきたいと思います。もちろん、国道の全路線を語ることはできません。これまで走り終えた国道の中から、一〇路線を取り上げ、いろいろな側面から地図と照らし合わせながら国道をなぞってみることにします。

その一〇路線の国道は十六ページの図にあるように、北は青森から南は沖縄に至る道路です。第二部以降から、それぞれの国道について詳細を述べていきますが、この第一部では、まずそのイントロダクションともいえる各路線のプロローグを述べることにします。

本州最北にある「階段国道」

「国道」からイメージされる道路というものは、どのような道でしょうか。車の往来が激しい道、広い道、整備された道――などなど、人それぞれに感じる国道像があることでしょう。

しかし、日本には想像も及ばないような国道、そして人を惹《ひ》きつける国道があります。続く、第二部では「愛すべき国道たち」として、五路線の国道を紹介しますが、その代表格となるのは青森県にある国道三三九号という路線です。この国道は区間内に車も通ることができないユニークな場所があることで知られています。

名曲『津軽海峡冬景色』でも知られる本州の突端、津軽半島の龍飛崎《たつぴざき》。この岬を周回する国道区間内には「階段」からなる区間があります。階段区間が国道に指定されているのは全国の国道の中でも非常に珍しいことから、この国道はいつからか「階段国道」とも呼ばれるようになりました。

その特異なフォルムから、テレビや雑誌、旅行ガイドブックでも数多く取り上げられていますので、一度は見たり、人伝《ひとづて》に聞いたり、はたまた一度は訪れたことがある方もいるのではないでしょうか。少なくとも十数年前よりは格段に認知度は高まり、龍飛の重要な観光資源になっています。他の観光名所を押しのけて、階段国道を見るために龍飛崎に来る観光客も多くなるほどです。

国道ファンならば「やはり、この道」と思うほどに知らない人はいない有名な道で、この国道をきっかけとして「国道の世界」に足を踏み入れた人も多いはずです。興味本位で訪れたつもりが、いつしか全国の国道路線を駆け巡るようになる、そんな魔力にも似た魅力が階段国道には隠されています。

日本の国道は全国に網のように張り巡らされているのにもかかわらず、よくよく考えると不思議な国道に巡り合うことがあります。国道の中でも車が通ることができない車両通行不能なる道は、この階段国道に限られるものではありません。しかし、階段国道こと国道三三九号に限っては、どの通行不能の国道にもまして、人々の心の琴線に触れる「何か」があります。

その理由として、単に国道に「階段」があるだけのことかと、常々考え続けていました。訪れた人々の感想を分析すれば、率直な驚きの声は「国道なのに……」の逆接から始まります。国道は国の道。国の道なるがゆえに、「国」という語感からくる権威や威信の象徴を連想させるからこそ、「なのに」、となるのでしょう。

では、そもそも「国道」とはどのような道なのでしょうか。その答えを問いかけているのが、この国道三三九号です。国道三三九号はたどればたどるほど新たな発見が多い道で、国道という日本の道を考える端緒《たんしょ》としては、この国道ほど相応《ふさわ》しい道はありません。

なぜ神戸に、日本一短い国道があるのだろう?

珍しい国道ということでは、異国情緒あふれる神戸にある国道一七四号も、近年になって観光名所となっています。そのアピールポイントは「日本で一番短い国道」であること。どれほどに短いのかといえば、その延長は一八七メートルしかありません。世界のトップランナーが仮にこの国道一七四号を走ったとするならば、二〇秒もかからない距離です。ちょっとしたクイズでも頻繁《ひんぱん》に登場するようになり知名度もあがったこともあるのでしょう、数年前からは「日本で一番短い国道」という案内標識も現場には掲《かか》げられるようになりました。

この類《たぐい》の国道は、国道ファンの間では「港国道」と呼ばれ親しまれています。この神戸に限らず、全国に一五路線ある港国道は、すべて起点が「港」から始まる国道を示しますが、後述する「点線国道」と同じ類の造語で、国道ファンの間でいつしか普及していきました。

港国道の最もわかりやすい特徴は、国道一七四号のチャームポイントにもなっているように、日本にある国道の中でも際立ってその延長（起点から終点までの距離）が短いことです。延長が一キロメートルにも満たない路線も多く、そのため、日本の国道を完走することを目指す国道ファンにとっては、短時間でクリアできることから、国道走破数の実績が簡単に積み上がる点で重宝がられてもいます。

では、そもそも港国道とはどのような経緯で指定されたのでしょうか。また、どのような役割が見出《みいだ》されていたのでしょうか。単に短いだけで認知性を広めることだけが港国道の実態ではないはずです。日本で一番短い国道の国道一七四号に焦点を当てて、国道の変遷の観点から港国道をなぞってゆきます。

全国にある「港国道」

その港国道は、ミステリーの宝庫ともいえる道です。むしろ、国道のグランドデザインの立場でみれば、どの路線にもまして注目されるべき国道にもかかわらず、その存在すら忘られている国道です。神戸に引き続き、その謎めいた別の港国道を訪れます。

はじめは日本海に面する京都府・舞鶴《まいづる》にある国道一七七号。この国道も日本で四番目に短い国道としてランクインしていますが、その実態は漁港につながっている国道となっており、神戸港につながる国道一七四号よりも謎に富んでいます。港国道を語る上では最も難しい国道であることは間違いありません。

そして、港国道はなにも船が接岸する港へとつながる国道に限りません。そう、飛行機が離発着する港である「空港」も含まれています。

現在、空港につながる国道は五路線があります。では、それらがすべて馴染《なじ》みのある空港につながっているのかといえば、素直に首を縦に振れない道があります。その例外をもたらしているのが、山口県・岩国《いわくに》にある国道一八九号です。

国道一八九号も、制定当時は神戸の国道一七四号を差し置いて、日本で一番短い国道となっていました。それも過去の栄光となり、今では日本で唯一、軍事施設へと直結する国道になっています。それは、どのような経緯があったからなのか、たいへんに謎めいています。

アウトラインだけみても、港国道というカテゴリーの国道は、一つのパターンでは語れない難しさがあります。そのような港国道が担った期待と現状の姿をとらえながら、港国道の中でも代表的な三路線（国道一七四号、国道一七七号、国道一八九号）について点描してみることで、港国道の謎の一端に触れることにします。

長大な「海上国道」

第二部の最後を飾るのは鹿児島市を起点として、海を渡り、沖縄本島へとつながる国道五八号です。その大半が東シナ海の海上を、名目上、航路で結んでいることになっています。このような海を隔《へだ》てて路線としてつながる国道は、この国道五八号に限られるものではなく、全国にわたって約三〇路線があります。そのようなことから、それらの国道をひっくるめて国道ファンの間では「海上国道」と呼んでいますが、近年になってからは国土交通省でも、ウェブサイトレベルであれば、この用語を使うようになっています。

海上国道の中でも最長の路線が国道五八号となります。経過地に含まれる種子島《たねがしま》や奄美《あまみ》大島も魅力あふれる島々ですが、この国道ではスポットライトを国道五八号の中間地点ともなる嘉手納《かでな》にあった一つの「ロータリー」に当ててみることにします。

このロータリーは地元では「嘉手納ロータリー」と呼ばれて親しまれていたほかに、平成一九（二〇〇七）年一一月までは、国道にある日本で最大のロータリーであることでも国道ファンの間では知られていました。円形の指標となる直径は約一六〇メートル、その円周部から大きく三本の道が放射的に拡がっていく三方放射型で、そのうち二本の路線がロータリーも含めて国道五八号の区域でした。

国道五八号のロータリー方式はこの地区では交通の障害となっていたこともあり、再開発に伴う区画整備によってその特徴であった円形道路も形が失われることになりました。沖縄本島を貫く幹線道路としての機能を重視し、その交通の効率を追求するならば、ロータリーという交通システムは、地元の生活スタイルにとって、この上なく不便なものです。定常的に交通のボトルネックとなり、ロータリーの限界が突き付けられたことにもなります。これも時代の要請といえるでしょう。

そのロータリーが生まれた経緯はどのようなものだったのでしょうか。すでに消え去った今となっては古《いにしえ》を顧《かえり》みるトリビュートとなる謎解きとなりますが、日本でも数少なかったロータリーについて、その「円形」に触れてみることにします。

国道一号をめぐる国道史

第三部では国道史の歴史的な観点をテーマにして国道をたどってゆきます。とはいえ、歴史といっても、この書では明治以前の道路である「街道」について触れることは、あえてしません。明治以降の道路である「国道」に限定します。

それでも、「街道」は日本人にはとても親しみのある道路です。一例として、もし、読者のあなたが、外国の人に日本を代表する道を問われたならば、どのような道を思い浮かべるでしょうか。

日本全国に張り巡らされた道は、高速道路から市町村道まで含めれば、優《ゆう》に地球三〇周分以上に相当する一二〇万キロメートルを超えます。路線数も星の数ほど存在する中で、そのような数多くの道の中から選ばれるのは、きっとかつての五街道（東海道、中山道、甲州街道、奥州街道、日光街道）であり、中でも東海道が筆頭となるのではないでしょうか。

江戸から京都までを結んだ東海道五十三次。関ヶ原の戦いの九〇年後の元禄三（一六九〇）年には東海道のガイドブックが初めて出版されました。『東海道分間絵図《ぶんげん》』というもので、これは『見返り美人』で有名な菱川師宣《ひしかわもろのぶ》が絵師として絵付けをしたものです。優れたことに、縮尺が国土地理院の地形図に匹敵する一町三分（約一：一二〇〇〇）の精密さがあったとされ、東海道の記録としても非常に価値が高いことで知られています。

その約一一〇年後に流行となったのが、江戸時代の文化の多様性を象徴する滑稽本《こっけいぼん》の傑作、十返舎一九《じっぺんしゃいっく》の『東海道中膝栗毛《とうかいどうちゅうひざくりげ》』でした。触発されるように、歌川広重《うたがわひろしげ》の浮世絵版画の最高傑作でもある『東海道五十三次』のシリーズが登場し、広重に至ってはヨーロッパの印象派画家の啓蒙にもなりました。

このように、東海道は日本の文化をも創り出した道で、その道が現在の国道一号としてなぞらえられていることには誰もが違和感なく受け入れることでしょう。そのような心理が働くほどに東海道といえば日本一の主幹線であり、「国道一号＝東海道」という固定観念にまでなっています。

しかし、東京から京都に至るかつての東海道が、国道という名のもとに一号として一本の線でつなげられたのは昭和二七（一九五二）年、戦後に再構築された「昭和国道」になってからのことでした。戦後になって初めて東海道が国道の首席の座についたもので、必ずしも昔から行政では一貫して国道一号を継承していたわけではなかったのです。

近代の幕開けとされる明治から昭和二七年までの約八七年間、国道一号の起点は共通して東京（日本橋）としていましたが、終点の位置は明治、大正、そして昭和と国道路線の大規模な改編に応じて大胆に変遷していきました。

国道一号は何よりも日本の国の第一番目の道路としてシンボリックな道となります。ここでは、「街道」から「国道」へ大きく舵を切ることになった明治時代の国道一号という一つの基軸国道に焦点を当てることで、国道の始まりを横浜にある国道一三三号をたどることにします。

車の通れない「点線国道」

第二部の「愛すべき国道たち」も含めて、これまで紹介した国道は、どちらかといえば、都市部を通過する国道が多くなっています。しかし、日本の国土の大半を占めるのは山岳地帯です。鬱蒼《うっそう》とした深い谷、奇岩が連続する切り立った峰。そのような日本特有の自然の障害を越えていく急峻な道筋は一朝一夕にして導かれるものではありません。

国道には「起点」という始まりがあって、終わりとなる「終点」が定められています。点と点をつなぐ線が国道の区間となるわけですが、そのような山岳区間は必ずしも車が通れる一本の車線でつながるものではありません。車での通行が不能な断続区間が存在する道もあります。

国土地理院の地形図では、幅員《ふくいん》が一・五メートルに満たない道は「点線」として表記されます。そこから国道ファンの間では、車が通れないような国道をあえて親しみを込めて「点線国道」と呼んでいます。

点線国道は車道といえないような荒れた道というよりも、むしろ登山道に等しいような、区間によっては杣道《そまみち》と変わらない道といえるほどです。あえて登山道と大きく異なる点を見出すとするならば、その道を訪ねる人がほとんどといっていいほど皆無なことでしょう。

前述の国道三三九号の階段国道も点線国道の一つとしてカウントされますが、それよりも長大でもっと険しい国道として名を馳《は》せる道があります。群馬県と新潟県とを結ぶ国道二九一号です。点線国道の中では筆頭に挙《あ》げられる道で、現在の日本の国道の中ではもっとも完全踏破《とうは》が難しい道として、個人的にも畏敬《いけい》の念をもって紹介しています。

国道二九一号のハイライトは群馬県・水上《みなかみ》から新潟県にかけての国道筋で、ここは秀峰・谷川《たにがわ》連峰を越えていく一級の山岳路となっています。谷川連峰を跨《また》ぐハードなルートのため、完全踏破を妨げる大きなハードルにもなっています。

昨今、「国道」めぐりが日本各地をめぐるエンターテイメントとして注目されるようになり、とくに、その中でも国道なのに酷《ひど》い道である「酷道《こくどう》」にスポットが当たっています。国道二九一号は、いわゆる三大酷道（国道四一八号、国道四二五号、国道四三九号）の御三家には数えられませんが、その酷道たる道筋は御三家を超越しています。

この難路とも呼べる区間は、日本の国道史の中でも金字塔《きんじとう》のように輝く先人たちが刻んだ歴史を持ちます。それにもかかわらず、谷川岳の厳しい自然と対峙《たいじ》することを定められたがゆえに風雪に耐えきれずに朽《く》ちてゆき、やがては忘却《ぼうきゃく》の彼方へと追いやられてゆきます。その道が、昭和になってあらためて国道二九一号としてよみがえりました。

なぜ、この道が現在の国道二九一号となったのかは「謎」とされるのですが、なぜ、この道があるのかを知ることで明治時代の国家ビジョンと国道とのつながりを見出し、先人たちが日本の国土に「国道」というグランドデザインを描いた意図を探ってみることにします。

屈指の山岳ルートを行く

国道二九一号の続き番号となる国道は、国道二九二号、となります。この国道は、日本の四五九路線の中で標高の最も高い国道、そして、空に最も近い国道となります。最高峰地点は二一七二メートル。点線国道・国道二九一号と同じく、国道二九二号も日本で屈指の山岳ルートの道路です。

志賀草津《しがくさつ》道路という路線名をもち、その名前から想像されるように、温泉郷で有名な群馬県の草津温泉から新潟県の志賀高原へと向かう観光道路にもなっています。掛け値なしで、走ってみることをおススメしたい日本を代表する道です。

その志賀草津道路は、かつては日本道路公団が管理する「有料道路」でしたが、平成四（一九九二）年に償還《しょうかん》期限を八年残して無料開放されました。その六年後に予定されていた長野オリンピックの整備を促進させるために無料化としたことを名分としている一方で、積み上がる未償還金（約一八八億円）の赤字解消に目処《めど》が立たない事情もあったからです。このような結末を聴くたびに、なぜはじめから無料としておかなかったのだろう、と疑問が湧《わ》いてくるものです。

この道でテーマとして考えるのは「有料道路」という道です。その有料道路という点においては、前述の明治の国道二九一号がたどった旧国道（清水新道《しみずしんどう》）にもありました。清水新道の本線は無料なる公道でしたが、同じく明治時代に清水新道のショートカットとなる私設の「有料道路」が併設されました。

なぜ、そのようなことができたのでしょうか。隣接して立派な国道があろうとも、その私設の道路は料金を払ってでも通る価値があると考えられたからこそ、ビジネスが成り立っていたことになります。

——開削《かいさく》に要した費用は、通行料金によって回収し、あわよくば利益を得る——。

非常にシンプルで基本的なビジネスが、明治時代の国道二九一号にしても、昭和時代の国道二九二号にしても、このような山岳部の中で粛々と営まれていたことは、「有料道路」という謎を考える上でこれほど相応《ふさわ》しい組み合わせはないように思えます。

今となっては有料道路というと高速道路が一番に連想されます。日本で一番高い国道であなる国道二九二号を取り上げる中から、現代の高速道路につながっていく「有料道路」の歴史をめぐるトピックをいくつかの有料道路からアラカルト的に見てゆきます。

第三京浜と名阪国道

最後に、「有料道路」と密接な関連がある「自動車専用道路」をキーワードとして、東日本と西日本をそれぞれ代表する二路線の国道を〝謎〟ることにします。

一つは東海圏から関西圏にまたがる国道二五号。通称・名阪《めいはん》国道と呼ばれ、昭和四〇（一九六五）年一二月一六日に開通しました。その自動車専用区間は、見た目は高速道路そっくりなのに開通当初から無料となっています。

もう一つの路線は第三京浜です。この道も東京と横浜とをつなぐ有料の自動車専用道路として産声をあげました。誕生日も名阪国道の開通に遅れることたったの二日違いで、この両路線は双子のような道なのです。第三京浜も首都圏の人であれば知らない人はいないほど、こちらも見た目は高速道路そっくりな道路となっています。

しかし、第三京浜は名阪国道とは違い、開通当時に国道に指定されることはありませんでした。東京都の区間では「都道」、神奈川県下では「県道」としての開業となったのです。

そんな不遇な第三京浜がようやく国道に指定されたのは平成五（一九九三）年になってから

のことで、その時に国道四六六号という路線番号が与えられました。

開業して二八年目での国道昇格は、喜ばしいものとして祝福されるべきことなのかもしれませんが、平成七（一九九五）年に償還期限の三〇年を迎えても、第三京浜は無料化されませんでした。国道に昇格する前の昭和六二（一九八七）年一月一日から第三京浜は、横浜新道および横浜横須賀《よこすか》道路と料金体系が一体となる横浜プール制に組み込まれ、償還期限が当時の発表で昭和八八（二〇一三）年一〇月二七日まで延びていたからです。さらに、現在は平成三二（二〇二〇）年五月二七日へと更新されています。

無料でありながら自動車専用道路の名阪国道と、有料でありながら都県道となった第三京浜とは、誕生日が二日違いという双子の兄弟のようでいながら、鍵と鍵穴の関係のような関係をなしており、その姿は対照的です。

今の日本の高速道路網を注意深く観察すると、この二つの路線はその網の中にさりげなく組み込まれています。国道とはいえ、高速道路の役目も担っているのが、名阪国道と第三京浜の共通項です。

高速道路にもなり得るほどの国道とはどのような道なのか。最後に、そのような「自動車専用道路」なる国道の、謎めいた経緯について見てみることにします。

ここまでのショートツアーはいかがでしたか。

日本の国道四五九路線の全貌を語るものではありませんが、ちょっとした「国道ガイドブック」として気軽に手にしながら読み通してくださることを望んでいます。たぶん、この書を読み終えた後に見る国道の風景は、がらっと変わるでしょう。きっと、それまで知らずにいた国道の世界を感じてもらえるのではないかと思います。

それでは、国道の世界へ――。

第二部　愛すべき国道たち

第一道

国道 339 ROUTE

津軽・龍飛崎《たつびざき》の「階段国道」（青森県）

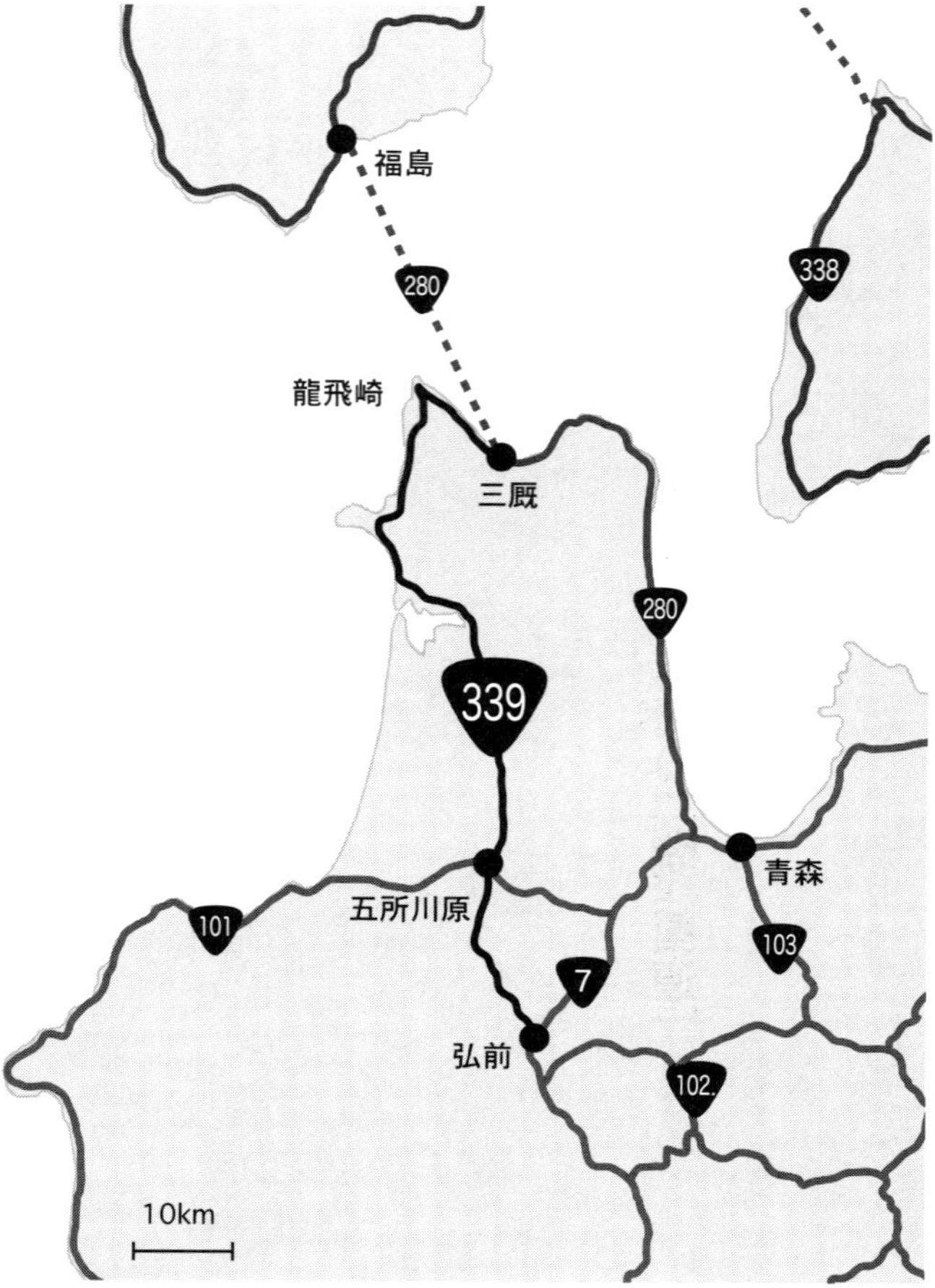

図 1―0　国道 339 号の路線図

龍飛崎への道

青森市から出発して国道二八〇号を陸奥《むつ》湾に沿って海岸線を北上すると、右手には対岸の下北《しもきた》半島が望まれます。対岸の下北半島に囲まれる陸奥湾はあたかも湖にも似て、穏やかな日和であれば湖畔を思わせるほどです。レイクサイドともいえるような道を走る爽快感は、夏になると一層のこと際立ちます。

陸奥湾がミラー越しに過ぎ去るようになると、やがて国道二八〇号は津軽半島・旧三厩《みんまや》村の中心部に入ります。この三厩から最北端の龍飛崎へと向かう国道番号は、いつしか国道二八〇号から国道三三九号へと変わり、それと合わせるかのようにして車窓からの風景は荒涼とした海岸の岩場へと姿を変えて、その頑強な巌を削《そ》ぐようにして道は軌跡を描いてゆきます。

この先、三厩から龍飛間には歴史的に妙味を残す素掘《すぼ》りの洞門《どうもん》群が国道に連なります（**写真1―1**）。歪《ゆが》んだ坑口《こうぐち》からつながる狭隘《きょうあい》なトンネル道。差し込む光はベルベット様の壁面に緩い凹凸の周期で豊かな波紋を描き、素掘りならではの独特の陰影をつけてゆきます。それは龍飛崎へとつながる国道というよりは、昔の道路、旧道の姿をとどめています。

往時には一三の洞門から構成されていました。しかし、現在では一部を現道《げんどう》に利用されていますが、洞門は改良整備に伴って失われつつあり、中には物置小屋となって生活の一部に溶け込んでしまっているものもあります。

これらの洞門群の謂《いわ》れは、龍飛にある道路開通記念碑「碑修復之記」に、次のように述べられています。


「宇鉄漁業組合長であった牧野逸蔵先生（四代・七代　本村村長　県議会議員二期）は『文化はまず道路から』を旗印に竜飛道間の工事に着手。大正一二年から鮑潜水器事業益金の総べてを投入。総工費十数万円をかけ、昭和四年、十三の洞門が連なる全線完通の偉業をなしとげた。文明の光を運んだこの道を俗に鮑道路ともいう」


少なくとも、この碑文からは、昭和四年までは三厩―龍飛間には道路がなかったことのほかにも、「鮑《あわび》」から得られた利益が、道路の建設資金に充てられていたことがわかります。

かつての道路行政は、このような地元の人々が必要に迫られて自らの資金をなげうって整備した話は、枚挙に遑《いとま》がありません。「文化はまず道路から」というメッセージも昔のことではなく、今でも通用する通念として心に響くものです。

国道沿いにあるこの「碑修復之記」は、よほどの趣味人でない限りは、車や二輪を停《と》まらせてまで立ち寄る人は少ないものです。先を急ぐ気持ちが視界を狭めさせているわけではありません。おおよそこのような石碑は目立つものではなく、遠目からでは刻まれている内容が一瞥《いちべつ》で判別できないところにも死角があります。

早く半島の突端へと訪れてみたい。そのような逸《はや》る気持が生まれるのは、人の心にある一つの本能なのではないでしょうか。陸地（有限）と海原（無限）にある境界は、海岸線であればどこでも見渡せるものです。しかし、岬という地形的な臨界点こそ、人の心には「地の果て」と思わせるほどに特別な意識を抱かせます。龍飛崎の場合はその意識をとくに強くさせます。

「階段国道」の光景

これより、「おむすび」――やや丸みを帯びた逆三角形型の青色の国道標識――を頼りに北へ北へと向かってゆけば、やがて国道は龍飛港付近で突き当たります。そして、その先の道は、なくなります。

地図上で確認しても、国道としての道を誤ったわけではありません。カーナビゲーションを装着した車であれば、車は確実に「国道」として描かれた国道三三九号のライン上に位置していることでしょう。しかし、車が通れる国道としての道はここで途切れるのです。

「ここは、本州の極地である。この部落を過ぎて路は無い。あとは海にころげ落ちるばかりだ。路が全く絶えているのである。ここは、本州の袋小路だ」（太宰治《だざいおさむ》『津軽《つがる》』より）

これは、昭和一九（一九四四）年の龍飛崎の一風景です。不思議なもので、なぜか半世紀以上経った今でも共感できてしまうほどに、龍飛崎は太宰の記憶をとどめています。それでは、国道はどこにいってしまったのでしょうか。

本線の国道は左手の民家の軒先へと向かい、あたかも家の庭へと延《の》びてゆきます。ここで車を降りて民家に眼を転じると、細い路地の一角に国道標識が掲げられていることに気がつくことでしょう。ふと、足元を眺めると、今では路上に国道部分が茶褐色に塗装され、それに誘導されて国道をたどることができる配慮もなされています。もし、何も知らずにここを訪れたならば、この光景だけでも十分に印象的な国道として映ります（写真1―2）。

さらに足を忍ばせて進めば、「本当にここを進んでいっていいのか」と、思わず後ろめたさを感じさせる民家の軒先を通ってゆきます。迷路の中を歩くような路地裏の光景は、見憶えのある幼き日々の記憶の中から手繰《たぐ》り寄せる遊場にも似た風景と重なるものです。

期待とする階段がどのようなものかと想像だけが一人先に歩く中、ある家の一角を過ぎようとすると、そこには迫《せ》り上がった崖に導かれる一筋の石畳が眼前に拡がります。

写真 1―1　国道 339 号の洞門群

写真 1―2　国道は民家の軒先をすり抜けていく

斜め四五度に伸びていくような急峻な階段。そして、その左脇に誇らしげに屹立《きつりつ》する国道三三九号と明記された国道標識（写真1―3）。誰もが「階段」と国道標識を交互に見比べては、「この階段が……、国道なのか」と一度は疑い、戸惑いをおぼえ、また初めて見る実物に小躍《こおど》りする気持ちが交錯《こうさく》するのです。

マスメディアで取り上げられて知名度も増しているように、国道三三九号はこの龍飛崎に車も通れない不通区間をもち、そして、国道の不通区間が階段になっていることから、いつしか「階段国道」として名を馳せるようになりました。その事実をわかっていながらも、ここで初めて風変わりな国道を実感します。

階段国道は全長三三八・二メートル。段数は三六二段で構成されています。

さらに、別の視点で階段国道を観察するならば、この車両通行不能区間だけでも四カ所に国道標識が設置されています。これは平均して一〇〇メートル未満に一カ所の国道標識が設けられていることになり、全国に総延長約五万五千キロメートルの広大な国道網の中でも、これだけ短区間で国道標識の密集度があるのは珍しいことです。

その階段が国道たる謎については幾つかの憶測がなされ、一種の都市伝説的な様相を帯びています。その一例が「当時の役人が現地の確認もせず、地形図だけを頼りに勝手に線をつなげて国道とした」という類の話です。これらは出現の時期や発信源などはまったく不明で、少なくともインターネットが普及する以前から口の端《は》に上っていました。

――では、国道はどうやって決められるのか――。

国道網は、全盛期の旧国鉄路線網よりも日本国中に張り巡《めぐ》らされています。人が生活する中で利用する使用頻度となれば、鉄道と同じくらいに、場所によっては鉄道以上に利用率の高いのが国道という社会資本《インフラストラクチャー》になります。

私たちは、国道のみならず道路そのものを当たり前のサービスとして享受《きょうじゅ》しています。しかし、その国道がどのようなプロセスを経て決定されているのかについては、都市伝説が生まれるほどには知っていません。

階段国道は、そのような国道の「謎」を語りかける一つのきっかけを与えてくれるのです。

国道の欠番と区分

まず、日本の国道はどのような体系になっているのか、その特徴について見てみることにします。

現在、日本にある国道番号は国道一号に始まり、最後は沖縄県の国道五〇七号で終わっています。総数はその数に等しいことはなく、実本数は四五九本からなっています。つまり、国道番号には欠番があるのです。

欠番となっている国道番号は、「五九から一〇〇」「一〇九から一一一」「二一四から二一六」――。この三カ所で国道番号の連続性は途切れています（図1―4）。言われてみれば、思い当たる方も多いでしょう。たしかに国道六六号、国道七七号、国道八八号、国道一〇〇号、国道一一一号といったキリ番を聞いたことがないはずです。

国道五九号から一〇〇号まで国道番号が存在しないことは、戦後に誕生した現在の国道システム（これを「昭和国道」と呼ぶ）の最大の特徴で、ここに国道の重要な「区分」が隠されています。

現在の国道網の原型が体系化されたのは、戦後に新たな『道路法』の制定に伴う昭和二七（一九五二）年のことです。この道路法の中でも核となるのは道路の規定、とりわけ国道を張り巡らすルールの考え方でした。その時に定められた「一級国道」と「二級国道」というルールは、今の国道網の体系と欠番が存在する理由を知るには最も手っ取り早いものとなります。

例えば、東京と大阪を結ぶ国道一号は、日本を代表する大動脈ともいうべき〝国道の中の国道〟ですが、このような国道は「国土の枢要《すうよう》部分を構成」する主幹線道路として位置づけられ、「一級国道」という格が与えられました。法令では、一級国道は「日本を縦断、横断、

写真1―3　国道339号の「階段国道」

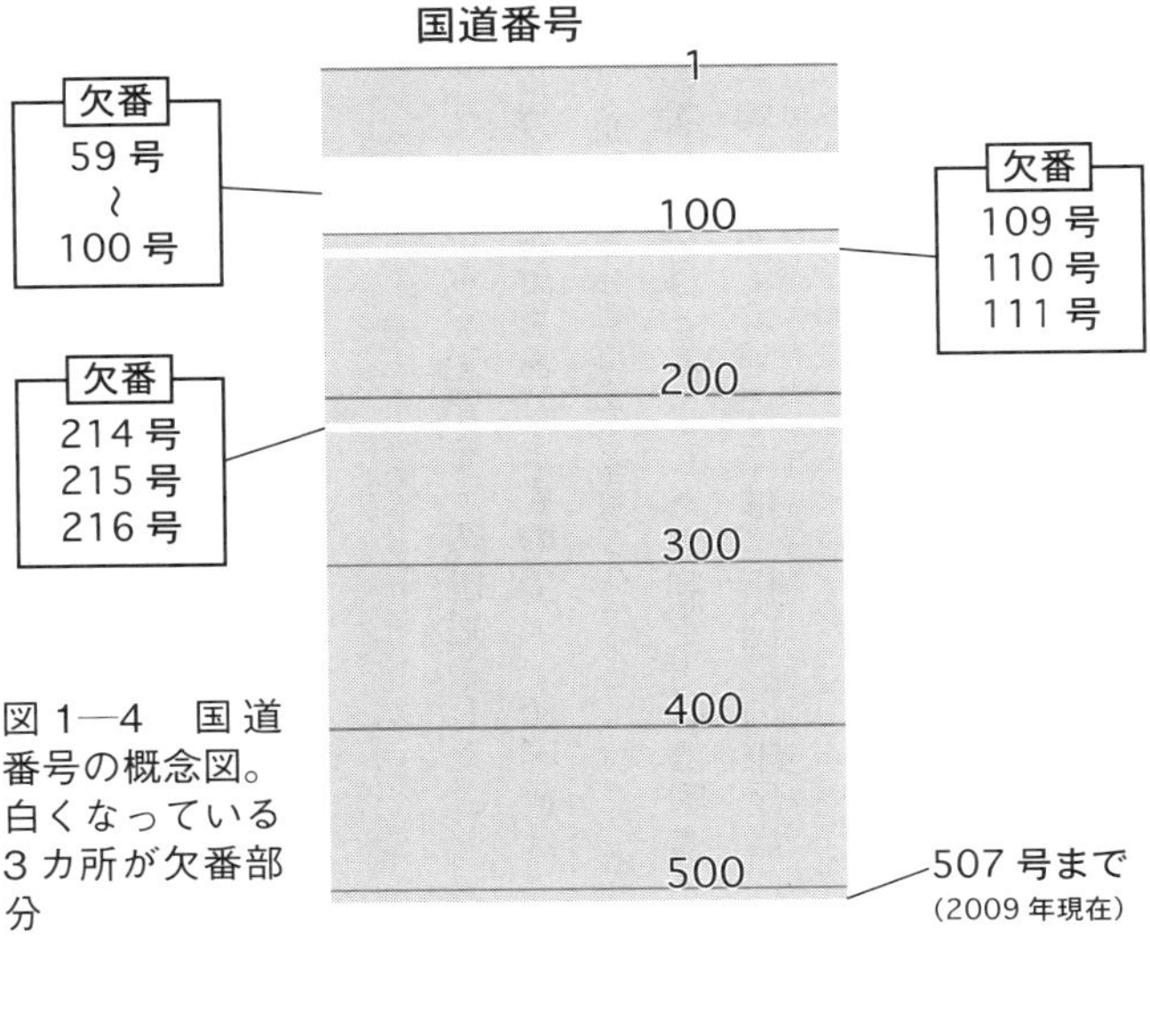

図1―4　国道番号の概念図。白くなっている3カ所が欠番部分

又は循環する幹線道路網」と規定され、特定の都市間を連絡する道路とされました。その特定の都市というのは、以下の二つのタイプです。

・都道府県庁所在地
・政治・経済・文化上、特に重要な都市

二番目の「政治・経済・文化上、特に重要な都市」をつなぐ道路を一級国道としたことは、戦後の国道の売りの一つですが、多少わかりにくい部分もありますので、一級国道は「県庁所在地をつなぐ道路」と理解していても大きく外れることはありません。

一級国道には、国道番号として一桁《けた》および二桁の番号が付けられました。制定当時は国道一号から国道四〇号まででしたが、その後に一八路線が追加され、今では二桁国道の末尾は国道五八号までとなっています。

「一級国道」があれば、次に「二級国道」が続きます。二級国道は、一級国道と併せてネットワークを形成する「補助国道」のミッションが与えられ、戦前よりも緻密《ちみつ》な交通網が形成されることになりました。そして「二級国道」には、一級国道と区分するために、国道番号として一〇一からの三桁の数字が割り振られました。

二級国道はルール上では「一級国道とあわせて全国的な幹線道路網を構成」する道路で、発令された昭和二八年当時は次の一つに該当するものとしました。

一　都道府県庁所在地および人口十万以上の市（重要都市）を相互に連絡する道路
二　重要都市と一級国道とを連絡する道路
三　港国道（第二道から第四道で述べる）、もしくは国際観光上重要な地と一級国道とを連絡する道路
四　二以上の市を連絡して一級国道に達する道路

このように、戦後に誕生した昭和国道は二種類の区分として、「一級国道」および「二級国道」という仕切りを設けました。そのため、一級国道と二級国道との間には、その路線番号は必然的に非連続な切れ目が生じるようになっています。

ただし、制定から一二年後の昭和四〇（一九六五）年に、一級国道、二級国道という区分は廃止になりました。代わりに、現在はすべて「一般国道」の名称で一本化されています。

それでも、旧一級国道と旧二級国道の見分け方という点では、その数字が一桁もしくは二桁であれば「一級国道」、三桁の数字であれば「二級国道」と読み替えても大きく外れるこ

とはありません。現在でも旧一級国道、または旧二級国道は、その名残りにも似た雰囲気を実際の国道の様子から感じ取ることができます。

「この道が国道なの？」と思われるような国道は、得てして主幹線道路ではない補助国道の中に多くみられるはずで、路線番号も「三桁」となっていることでしょう。しかし、「三桁国道だから補助国道であり主幹線道ではない」ということではありません。例外も含まれています。

また、四五九本の国道は戦後に九回の路線追加・改定を経て、段階的に拡充されてきました。今では蜘蛛《くも》の巣のように緻密なネットワークを形成している国道も、一夜にして四五九本の総ての路線が一気に制定されたのではなく、時代の要請に応じてそのつど拡充されてきました。

国道三三九号についても、初めから国道として存在していたのではなく、そのような時代の流れの中で誕生しました。「ローマは一日にしてならず」とあるように、現在ある国道の路線網も一日して縦横無尽のネットワークが形成されたわけではなかったのです。

国道三三九号が誕生するまで

一級国道、二級国道を併せて「昭和国道」が運用された昭和二八年の段階では、国道の末尾を飾るラストナンバーは国道二四四号となっていました。この第一期ともいえる段階では、まだ階段国道をなす国道三三九号という路線は国道としては存在していませんでした。当時の国道の様子を青森県に限って路線図を描くと図1―5のようになります。

幹線道路の一級国道・国道七号と補助国道としての二級国道・国道一〇一号のみが、かろうじて津軽半島の付け根をかすめています。しかし、隣の下北半島に至っては国道がないという、青森県にとっては国道過疎の時代がありました。冒頭の現在の路線図と比較すると、いかにシンプルな国道網であったのかがわかります。

こうした津軽半島の国道網に変化が現れたのは、国道二八〇号の出現を契機とします。今では、津軽半島には周回するように国道が走っていて全線が一本の国道のように見えますが、国道路線図を凝視すると、津軽半島を周回する国道は二本の国道からなっていることに気づくことでしょう。

陸奥湾側の海岸線を北上する国道二八〇号に対して、五所川原《ごしょがわら》から津軽半島の西側沿岸を経《へ》るのが国道三三九号で、二本の国道は難解地名でも知られる三厩《みんまや》でつながっています。国道二八〇号と国道三三九号の明確な切れ目は意識しない限りは見てとれません。そして、三厩まで足を運んでその国道交点に立ったとしても、よほど注意を払わなければ気が付くことなく、二本の路線は一本化しています。

経緯では国道二八〇号が昭和四五（一九七〇）年に青森市から三厩村、そして海上航路を経て北海道函館市に向かう国道として地図上に現れました（図1―6）。青森と函館とは津軽海峡をはさんでいるので、当然のことながら道路としてはつながってはいません。しかし、行政上では青森側の旧三厩村、北海道は旧福島町の間に当時就航していた津軽海峡フェリーの航路を疑似的に国道と想定することで、起点と終点とを一本化させていました。

残念ながら、現在はこの航路は長期にわたって運休し、半ば廃止航路ともなっています。したがって、国道二八〇号は地理的のみならず、地図上でも断線してしまっています。

このような海で隔《へだ》てられた断続区間を有する国道を、「海上国道」と呼んで一つの国道を語る用語としています（詳細は「第五道」で述べます）。海上国道は本州と北海道を結ぶ航路だけでなく、南は沖縄まで含めると二六（巻末リストを参照）の路線があります。海上国道の一路線、一路線を地図上で探すのも国道の選定者の立場になって考えると楽しい作業になりますので、是非、チャレンジしてみてください。

なお、青森と北海道を結ぶ国道だけでも、海上国道はこの国道二八〇号以外にもう一つの航路、路線があります。それは下北半島の突端である大間崎《おおまざき》と函館を結ぶ航路で、この路線は国道二七九号と国道三三八号の二路線が同じ航路を代用する「重複《ちょうふく》区間」（または「重用《ちょうよう》区間」）ともなっています。

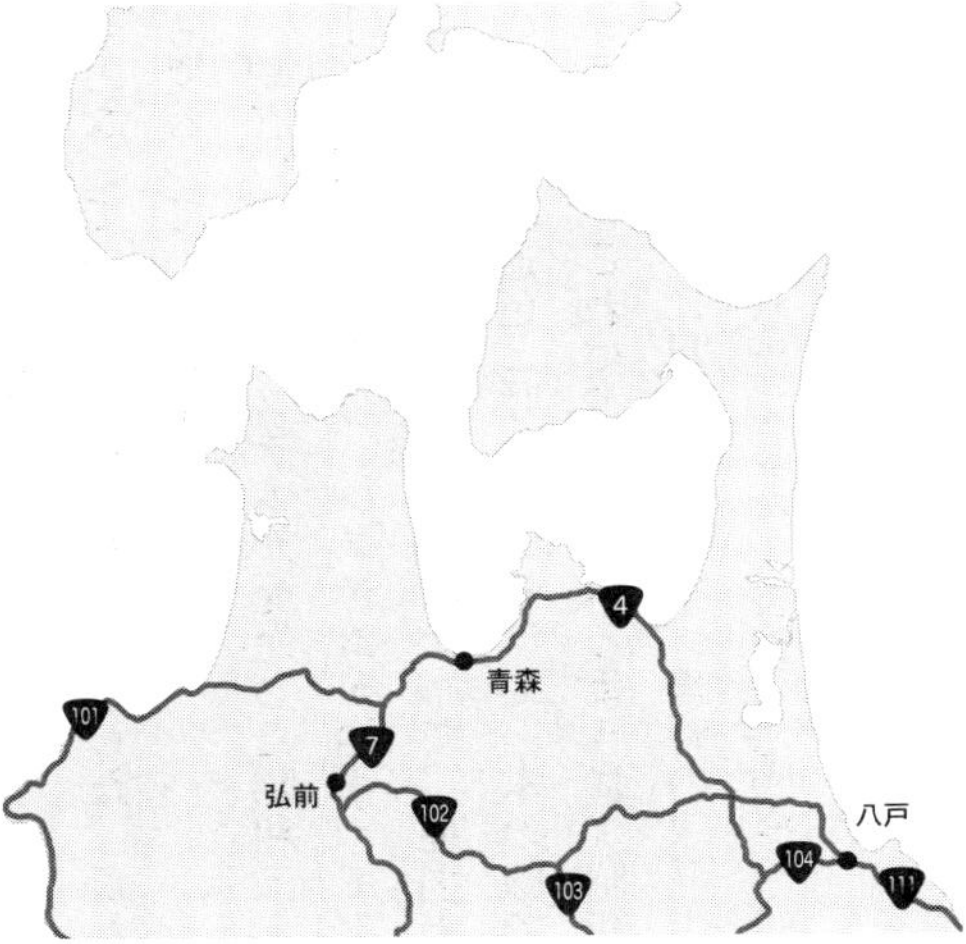

図1─5　昭和28年当時の国道路線図。この頃、半島部に国道はなかった。今は欠番となっている国道111号が三陸にあった点にも注目

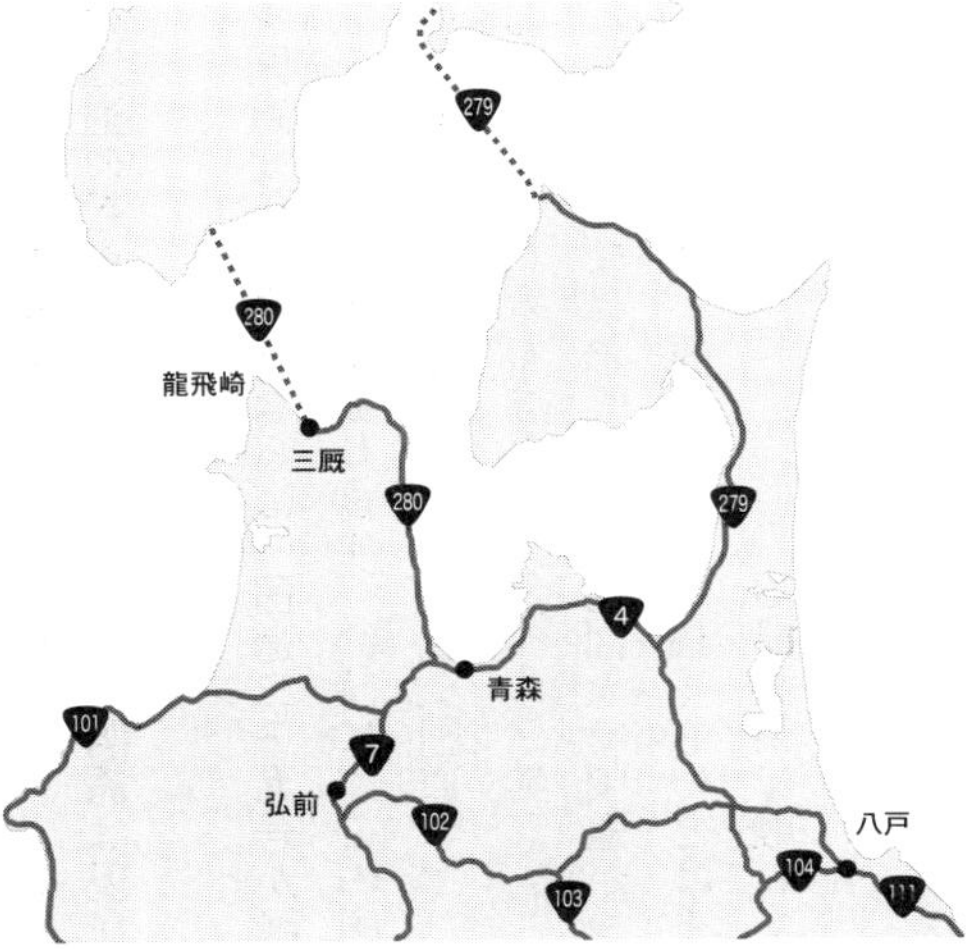

図1─6　昭和44年当時の国道路線図。まだ国道339号はない

話を戻しますと、国道二八〇号が指定された昭和四五年の段階でも、まだ龍飛崎を経由して津軽半島を周回する国道はありませんでした。龍飛崎に国道としての道が地図上に現れることになったのは、国道二八〇号の指定の五年後、昭和五〇（一九七五）年のことになります。

この路線が本編の国道三三九号で、起点は弘前市、そして終点が国道二八〇号の本州の端点となっていた旧三厩村となりました。これらの国道の起点・終点、そして位置関係は現在も変わっていません。

現在の国道のシステムが発足した昭和二七年を国道元年とするならば、国道三三九号が誕生した昭和五〇年は、システムが始まって実に二三年目のことになります。同時に、この国道三三九号が誕生したことによって、地図上では津軽半島が〝赤い〟国道の色（国道ファンの間では国道色と呼んでいる）で一本の線で結ばれることになりました（図1―7）。

しかし、これは今から述べるように、昭和五〇年の段階ではあくまでも地図上で国道がつながったように見えるだけで、当時の津軽半島の道路事情は、机上で地図を描くものとはまったく異なる状況でした。また、「国道の謎」という観点ではこの当時の道路事情に触れてみることで、少しずつ明らかになります。

「幻の県道」時代

国道に指定されるまでは、国道三三九号に該当する道路はどのようになっていたのでしょうか。そもそも国道三三九号が「国道」でなければ、どのようなカテゴリーの道路だったのでしょうか。

国道三三九号になる前の龍飛岬を周回する路線は、青森県が管轄《かんかつ》する「県道」という種類の道路で、正確には、県道の中でも「主要地方道」という道路の指定を受けていました。

県道には大別して二つのカテゴリーがあります。一つは国の意向が反映される「主要地方道」、もう一つは県が主体となる「一般県道」に分かれています。国道三三九号の前身は、その前者の主要地方道に該当していました。

この「主要地方道」は後に示しますが、国道昇格のための重要なキーワードになります。

国道三三九号は、今でこそ弘前から三厩までは単一路線でつながっています。そのように見える国道も、県道時代は一つの路線で結ばれていたのではなく、弘前五所川原線、五所川原蟹田《かにた》線（その一部分）、および中里今別《なかさといまべつ》蟹田線という三路線の主要地方道にまたがっていました。

前二者は昭和二九（一九五四）年に、そして後者の中里今別蟹田線は昭和四〇（一九六五）年に県道に指定されたもので、このうち、注目する龍飛崎を経由する道は県道・中里今別蟹田線の一区間でした（図1―8）。

その県道時代の道路事情というものは、小泊《こどまり》村から龍飛崎までの約一九キロメートルにわたる区間は、道路がまったく拓《ひら》かれていなかったいわば未踏の地で、人も寄せ付けないほどに隔絶した世界だったとされます（図1―8の点線部分）。このため、地元新聞である東《とう》奥日報《おうにっぽう》でさえも、その県道を揶揄《やゆ》ではなく「幻の県道」もしくは「幻の険道」と表現するほどでした。

道が存在していないのに県道として指定されていた経緯があったことは、階段国道の第一のヒントとなります。さらに、もう少し過去をさかのぼって、津軽半島の道路事情について知見を集めてみることにしましょう。

廃藩置県によって「県」という行政単位が誕生したことを受けて、明治時代から道路の管理区分として「県道」という枠ができるようになりました（当時の公文書では旧字体の「縣道」と書かれています）。

とはいえ、県道に対する地方費（税金）の割り当てが不確定なこともあって、明治時代は一貫して「仮定県道」と呼ばれていました。正式に県道という用語で統一されるようになったのは、大正時代になって『道路法』の基本法が日本で初めて制定されてからのことです。

大正一二（一九二三）年、津軽半島に県道が初めて登場します。それは、小泊（起点）と

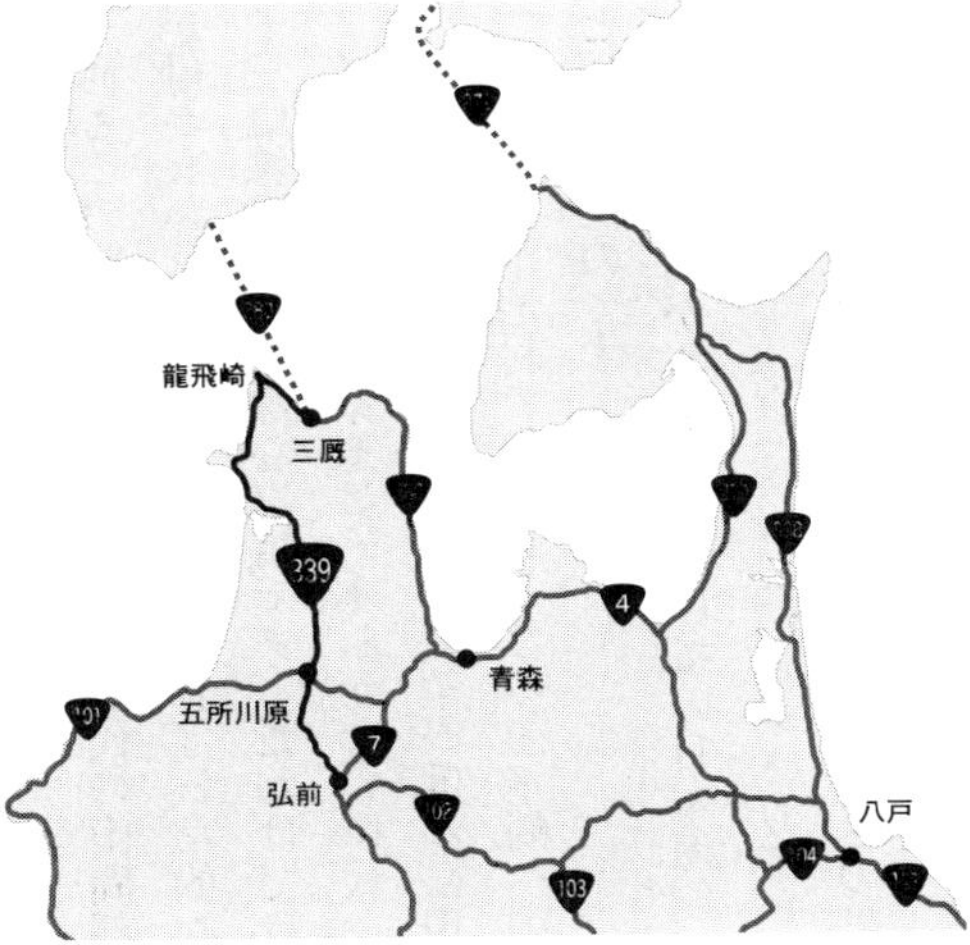

図1―7　昭和50年当時の国道路線図。国道339号が誕生した

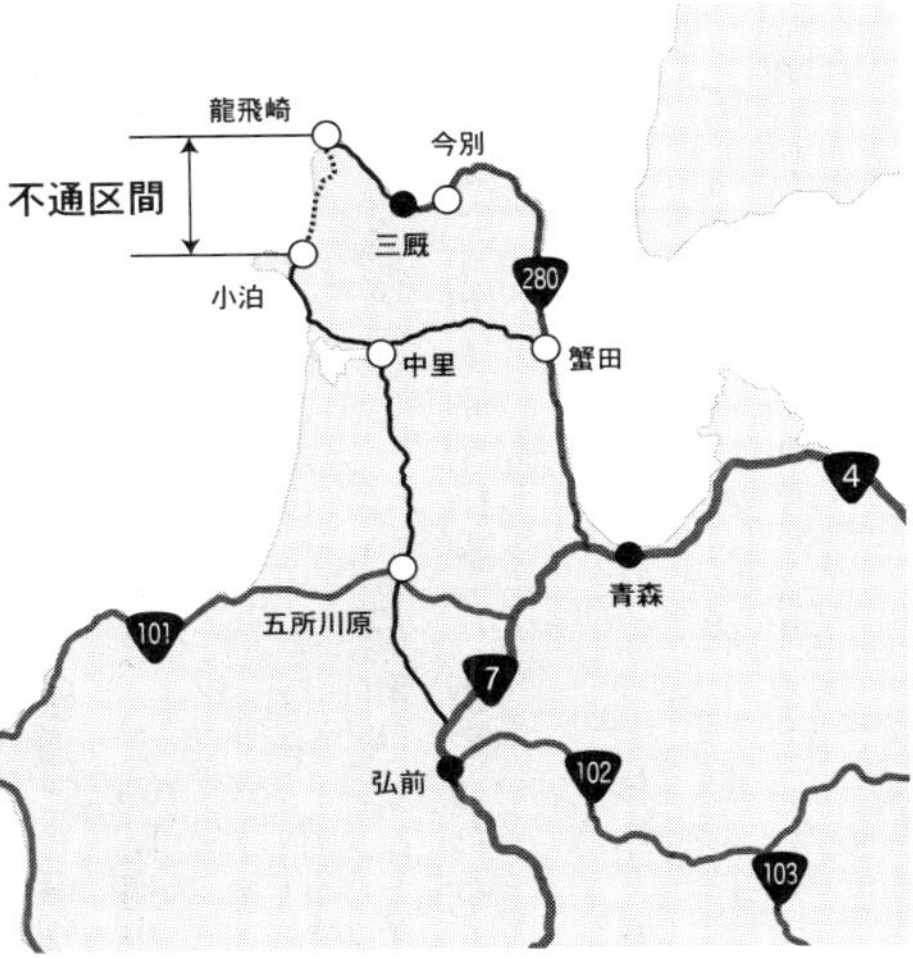

図1―8　昭和40年の県道路線図。「幻の険道」と、ささやかれていたころ

三厩（終点）とを結ぶ「県道小泊三厩線」という路線です。起点・終点の地名と位置関係だけからであれば、現在の国道三三九号がたどるルートと同一のようにも見えますが、大正時代の県道は半島を周回するルートではなく、山間部をダイレクトで横断し、両地点を直接に結ぶものでした。県道とはいえほぼ山道に等しいもので、人がようやくにして歩けるほどの道であったとされます。

何もこの県道に限らず、大正時代の山間部を抜ける道路たるものはおおよそ獣道とも区別が付かない状況で、全国的に見れば日常的なことでした。そのことを考えれば、この県道小泊三厩線だけが特殊な事情であったわけではありません。

この津軽半島に県道は一本しかない時代は、昭和の戦後まで続きました。その後、小泊村から龍飛崎へとつなげる道の要望が俄《にわ》かに現実化へ向けて動き出し、ついに昭和四〇（一九六五）年に小泊村では悲願となる龍飛崎への道が「県道・中里今別蟹田線」に指定されることになったのです。

この龍飛崎から小泊にかけての日本海側の付近一帯は岩場が続く海岸となっており、海《かい》食《しょく》台、海食洞、海食崖などで形成されています。このような人智を超えた厳しい地形に道があることの方がむしろ信じられないもので、道路がなかった時代の苦労が偲《しの》ばれてなりません。

もちろん、県道に指定されたとはいえ、肝心の車が通れるような道路ではありませんでした。それでも県道として道が認められたことから、この道はいつの頃からか、「幻の県道」と語られるようになります。

津軽要塞へとつながる道、そして里道《りどう》へ

現在の国道三三九号の階段区間も、昭和四〇年の県道昇格時には、龍飛崎を周回する県道で「中里今別蟹田線」の区間に含まれていました。階段区間も県道時代には車両通行不能区間としては存在していましたが、小泊村―龍飛崎間の断続区間の方が圧倒的に長大であったため、それと比べられると大きく取り上げられるには至らなかったようです。

残念ながら、県道時代の階段区間の様子を知る手がかりは見出しにくくなっています。わずかに伝えられることには、県道指定を受ける前には「里道《りどう》」を経て、「村道」として三厩村に管理された時代があり、道の途中にあった龍飛小学校や龍飛中学校のための通学路、または耕作地に向かうための農道のように利用されていたといいます。

「里道」という道路も遡《さかのぼ》ると古くからあります。時代の流れで、今の『道路法』では里道は道路とはみなされない「法定外公共物」という扱いとなっています。

道路であっても道路でない里道にはどのようなものがあるかといえば、例えば、農道や畦《あぜ》

道《みち》であったりするような道がそれに該当します（なお、里道は二〇〇五年四月に法改正によって、法規上では国〈国土交通省〉が管理する土地から各都道府県に委譲《いじょう》されることになりました）。

里道は国の管理・財産とはいえ、通学路のように公共性が高く、重要性の高い里道については各市町村で管理することは認められていました。そのため、当時の龍飛崎の里道も、傾斜がきつい箇所《かしょ》には旧三厩村が主体となって石や木材を組み、階段化する整備はしていました。それでも、全長の半分ほどであったので、雨が降ればぬかるんだ坂道となるような箇所もあったといいます。

どの道が里道なのかを確認する手段としては公図《こうず》というものがあります。公図上で「赤線」で示されているラインが里道となるのですが、残念ながら、旧三厩村には当時の公図は残されていないとの回答を得ており、当時の地籍は確認できません。

龍飛集落から岬へとつながる道を地図上で確認できるのは、昭和一五（一九四〇）年に発行された参謀本部陸地測量部（当時）が作成した一：二五〇〇〇の地形図です。

昭和初期、この突端の龍飛崎一帯は津軽要塞の指定区域となっていました。観測所や砲台が設置され、その区域内への民間人の立ち入りが厳しく規制されていました。その様子は地形図にも反映されています。

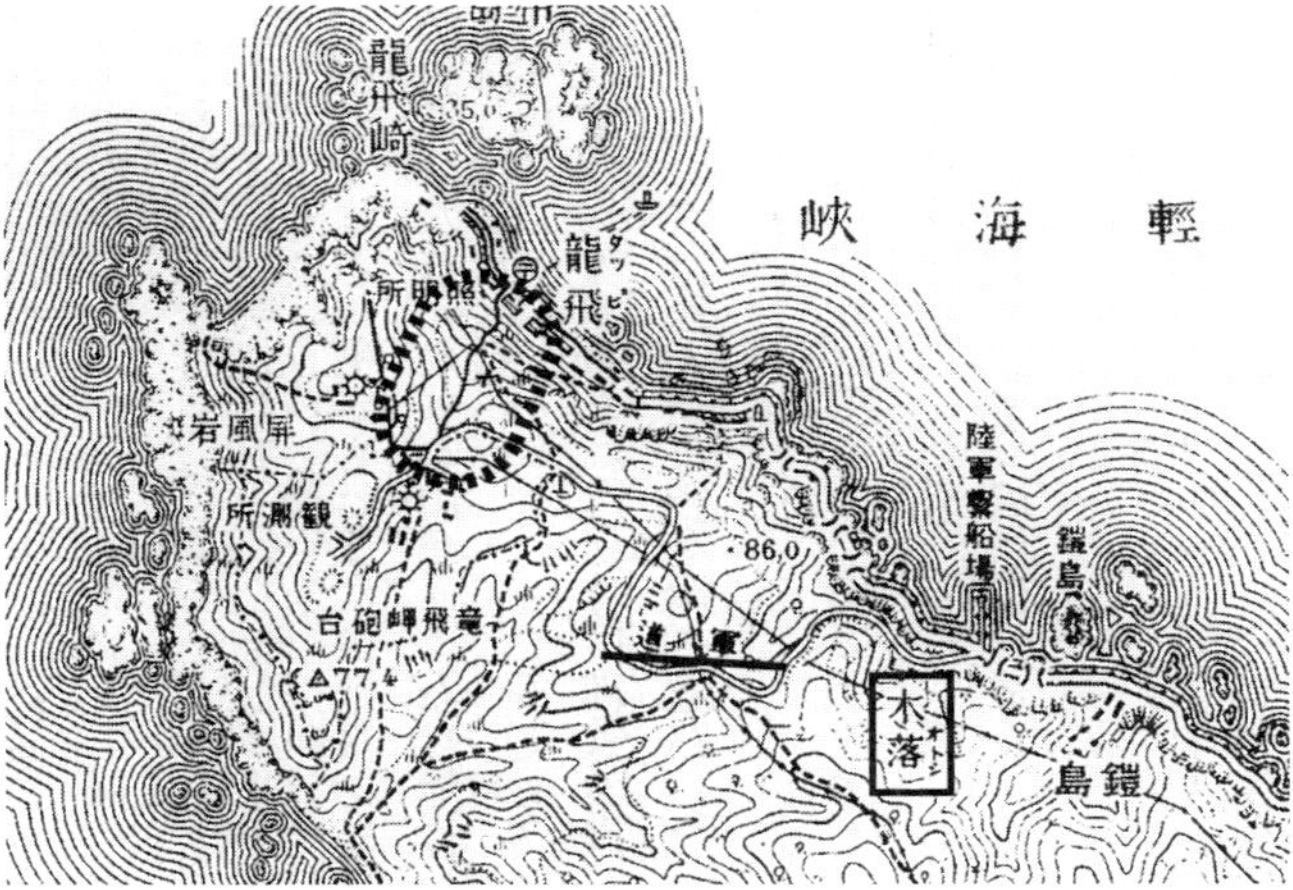

図1―9　1：25000地形図「龍飛崎」の比較。昭和15年当時（上）と現在。戦前は、国道339号の迂回路が「軍道」と示されていたことがわかる。「階段国道」の原型も確認できる

龍飛崎砲台へとつながる唯一の車道は「木落《きおとし》」という集落にある陸軍繫留《けいりゅう》場《じょう》から延びる道となりますが、それは地図上では「軍道」と示されています。今でも、国道三三九号は「階段」で不通となっているため、その迂回路としてこの旧軍道が使われています。この道が国道三三九号とはならずに階段区間が国道となったことは、階段国道を語る上での謎となっていますが、推定されるには戦後になってからの「軍道」の管轄とその引き継ぎで、何か公道とはなりえない事由があった可能性があります。

いずれにせよ、当時も、その軍道以外には、道らしい道はありませんが、かろうじて、図1―9の点線で囲まれた部分に細線の道が見て取れます。現在の地図と照らし合わせるならば、これが階段国道に相当する道路になり、当時は、龍飛地区から津軽要塞へと延びていた道であったことが確かめられます。この道が伝えられるところの里道であった可能性はあり、少なくとも昭和一〇年代には地図上に示されるほどの道路としては存在していたことを伝えています。

かつての津軽要塞へとつながっていた里道は、戦後になってから「階段県道」そして「階段国道」へと飛躍していくことになるのですが、経年ごとに階段は補強され、路面も舗装化されるなどのメンテナンスが施されて今に至っています。

「幻の県道」から、国道昇格へ

県道時代には長距離にわたっての不通区間があったため、階段区間が路線中にあっても目立つものではなく、また注目されるものではありませんでした。目標とすべきことは約二〇キロメートルにわたる不通区間の解消であって、小泊から龍飛崎へとつなぐ道を地図上に描くことでした。

県道の指定を受けた昭和四〇年。青森県は形式こそ「三箇年計画」を立案し、それに基づいて「幻の県道」の未開通区間を整備する動きは見せます。

しかし、これはあたかも日本海の荒海が打ち寄せる岩肌の表皮を撫《な》でるようなもので、僅《わず》かに道路改修を施した程度でした。その後は予算が計上されることもなく放置される有様。そのような状況は新聞記事の格好のネタとなり、「幻の県道」という見出しで紙面に取り上げられる要因ともなりました。

この「幻の県道」に機運が訪れたのは昭和四六（一九七一）年のことです。ひとつに青函《せいかん》トンネルの着工に関わる材料運搬専用道としての構想がありました。もう一つには、「津軽国定公園」に指定される可能性から、観光道路として津軽半島周回道路の計画が具体性を帯びてきたためです。

そして、翌昭和四七（一九七二）年には建設省が策定した「新・道路五箇年計画」（第七次五箇年計画）も後押しして、現実的な県道の整備が決定されます。起点は小泊から青函トンネル龍飛口事務所構内を終点とする一九・一キロメートルで、当初、五箇年計画に基づいて全線開通は昭和五一（一九七六）年と定められました。着工式も昭和四七年八月一一日に催され、それまでの進展の遅さが嘘のように手際よくスケジュールが組まれていきました。

後に「竜泊《たつどまり》ライン」と呼ばれることになるこの区間は、工事の方法にも大きな特色がありました。小泊から龍飛までの一九キロメートルのうち、小泊から七キロメートルの工事を請け負うことになったのは、陸上自衛隊だったのです。

自衛隊による道路工事の例は、日本の中でも事例が多くあるものではありません。それでも、この前後を含めても、青森県では四例ほど自衛隊による道路開削の支援を要請していますので、当時の青森県の財政事情を察することができます。

なお自衛隊の公共工事の参入については、『自衛隊法』の第一〇〇条にある「土木工事等の受託」という項目の「自衛隊の訓練の目的に適合する」工事に当たれば、このような工事は認められるようになっています。道路開削の支援を要請することは、この条項を根拠として合法的な範囲内で行なわれたものでした。

工事着工から二年後、ついに「その日」が訪れました。

昭和四九（一九七四）年一一月五日に開催された「道路審議会」。ここでは次期の国道の候補選定となった「全国の主要都道府県道七三路線」が諮問《しもん》されて、即日に全路線の国道昇格の答申が下されました。

その中には「幻の県道」の「中里今別蟹田線」も含まれており、先に述べたように主要地方道弘前五所川原線、五所川原蟹田線との三路線を統合し、国道三三九号として指定されることになりました。

国道指定の政令が施行されたのは翌年の昭和五〇年四月一日。この日から、未開通区間は「幻の県道」から「幻の国道」として語られるようになります。それだけではありません。もうひとつに「階段国道」が決定した日ともなったのです。

国道昇格を受けることでの最大のメリットは、建設費にかかる国庫の負担率が高まることにあります。**国道三三九号**もその恩恵に与《あずか》ったはずですが、それでも全線が貫通に至ったのは昭和五七（一九八二）年一一月八日のことでした。工事着工から一〇年目のことです。

これにより、地図上では初めて津軽半島を周回する道が刻まれることになりました。ただし、実際に通行が可能となったのは、ガードレールなど付帯設備が完了した昭和五九（一九八四）年一〇月二二日であったので、着工から一二年目で一般に供することができたとするほうがよいでしょう。

一般公募から「竜泊ライン」という名前がつけられ、ここに国道三三九号は青森県弘前市を起点として津軽半島・龍飛崎を周回し、三厩村までの約一〇五キロメートルの延長を有する連続した道路としてつながったのです。

青函トンネル工事専用道路

竜泊ラインの建設目的であった青函トンネルのための材料運搬専用道に対しては、道路が昭和五九年に竣工したため、その好機を逸するものになりました。

ここで少し、国道と青函トンネルの約二〇年の歳月を、時系列の対比のみに留めてまとめてみることにします。

まず、青函トンネルの経緯は、終戦直後の昭和二一（一九四六）年に地質調査が開始されたことに始まり、昭和二八（一九五三）年には鉄道敷設法予定線として位置付けられました。

このトンネル建設に具体性が帯びるのは、よく知られているように昭和二九（一九五四）年九月の洞爺丸《とうやまる》の遭難によるものです。この事故をきっかけに約一〇年の調査期間をかけ、昭和三九（一九六四）年五月、ついに北海道の吉岡調査斜抗からトンネル工事が着工されました。

一方、本州の龍飛側からは昭和四一（一九六六）年三月に斜坑の掘削《くっさく》が始まりました。それぞれ、約四年の歳月を経て坑底に到達。ここから先進導坑および本坑の開削が進められ、昭和五八（一九八三）年一月に先進導坑が津軽海峡を越えて本州と北海道とがつながりました。そして、昭和六〇（一九八五）年三月一〇日に本坑が全貫通します。

この時系列と国道三三九号の工事を比較すると、竜泊ラインが竣工《しゅんこう》した五カ月後には青函トンネルの大動脈である「本坑」が貫通してします。別の見方をするならば、竜泊ラインの一九キロメートルにかかった工事期間は、青函トンネル（延長五三・八五キロメートル）の本坑の開削にかかった年月と、かけた人員数が異なるとはいえ、ほぼ等しい歳月となってしまったのです。

肝心の青函トンネルのための材料運搬専用道はどのようになっていたのかといえば、竜泊ラインの竣工に先立つ六年前の昭和五三（一九七八）年の夏には三厩村側に建設されていた青函トンネル工事専用道路が完成し、その道路が役割を担っていました。現在は、「あじさいロード」として知られている道です（図1―10）。

あじさいロードは国道と並行して造られた道で、国道よりも山側に沿って龍飛崎へと伸びています。路線の流れから見ても明らかなように、この青函トンネル工事専用道路は、工事終了後には国道三三九号の新道（バイパス）として予定されていたものでした。

このように、竜泊ラインが竣工《しゅんこう》した昭和五九（一九八四）年一〇月の段階で、三厩村側の「青函トンネル工事専用道路」＝国道三三九号の新道（バイパス）予定ルートも併せて、龍飛崎は自動車による通行ができる周回道路の目途《めど》は立っていました。あとは、青函トンネルの工事完了の知らせを待つだけでした。暫定《ざんてい》として指定しておいた階段国道も、これで抹消される準備は整ったと地元関係者は考えていたことでしょう。

しかし、今でもこの道は路線変更はなされてはいません。これは、青函トンネル工事専用道路が国道三三九号のバイパスとなるよりも先に階段国道そのものの存在が全国区で広く知られるようになり、観光資源として認知されたからなのでしょう。階段区間を降格させるよりも現道のままで残しておいた方が観光の集客力の面でよい、という判断が生まれるほど認知度が高まってしまったことにあります。

かくいう私も、階段国道については八〇年代後半にはテレビで紹介されていたという薄れた記憶があります。異なる番組で二回ほどは見たと思います。その一本はクイズ形式となっていて、「郵便局の集配バイクでさえ通れない国道があります、どのような道なのか」とゲストに問う内容となっていました。

このように青函トンネルの完成を前後に、マスメディアで映像が流れる頻度《ひんど》は間違いなく増えたに違いありません。少なくとも、私もその影響を受けた一人。番組や情報源は違っていても、おおよそ似たような情報を得て足を運んだ人は確実にいたことでしょう。それが連

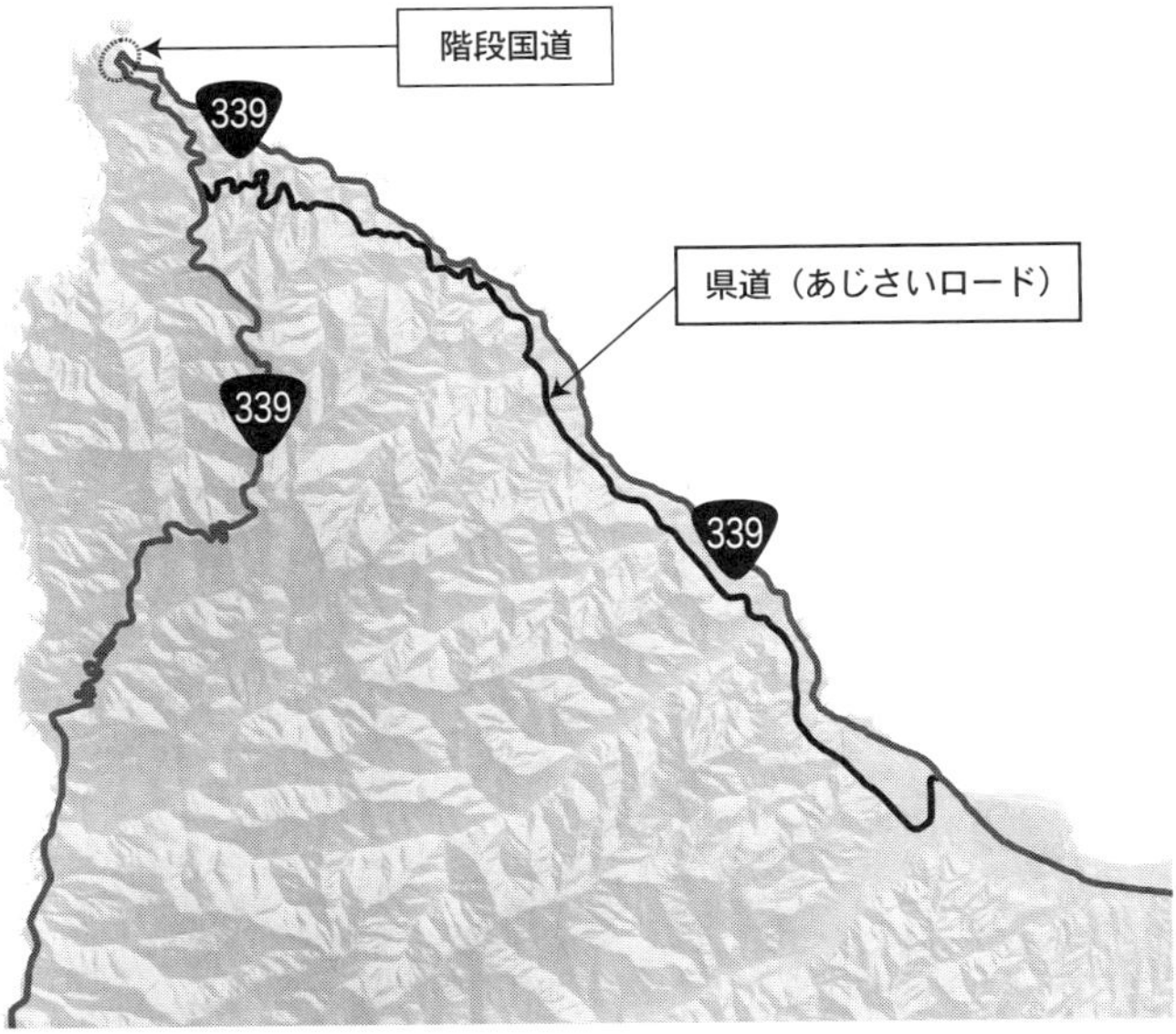

図 1—10　国道 339 号と県道「あじさいロード」

綿とつづき、今でも階段国道が国道として残り続けている要因の一つになっています。

なお、「青函トンネル工事専用道路」こと、あじさいロードは青森県道になり、国道への昇格を待ち続けています。

国道昇格の基準とは？

国道三三九号は国道の前時代となる県道時代から車が通れない階段だけでなく、人すら通行が困難な未開通の断崖・奇岩の海岸によって断絶していた道となっていました。では、道がないのに国道が指定されるのは、どのようなプロセスを経ているからなのでしょうか。その手続を当時の組織名で抄録的にたどってみることにしましょう。

都道府県が管理と修繕の主体となる旧二級国道型の国道は、都道府県から挙がってくる陳《ちん》情《じょう》・請願《せいがん》を含めて数多くの候補が建設省に寄せられます。それらは建設省の省議《しょうぎ》を経て篩《ふるい》にかけられることになります。

この建設省の省議で選別された路線は、建設大臣を長とする「道路審議会」に諮問《しもん》され、基本的にここで答申された路線は建設省としての決定案となります。決定案は、その後に関係省庁（法務局、大蔵省など）へ経緯説明がなされ、閣議を経て政令によって公布されるようになっています。

国道が選定される最大の関門は建設省の省議です。ここを通過しないことには国道の道は閉ざされることになります。その採択方針がどのようなものであったのかについては、参考となるのは初めての二級国道の追加指定がなされたときの昭和三一年の基本方針です。『二級国道の路線の追加指定について』（田村稔著）と題する総説には、当時の建設省での選定基準として、以下の三つの条件を満たすことが採択の基準となったことが述べられています。

・現在、主要地方道であること
・延長が百キロメートル以上であること
・路線値が百五十を下らないこと

ポイントとなるのは一番目の事項の「主要地方道」であることとの条件です。主要地方道とは、建設大臣が指定する主要な都道府県道、または市道という道路のことで、地方の幹線道路網を形成するのに特に重要とされる路線という定義になっています。これは、県道であっても建設省がその路線の選定に関わるとともに国は財政的な補助を与えるもので、ほぼ国道予備軍となるのがこの「主要地方道」です。したがって、まずはその道路が主要地方道でないと、国道昇格への道が閉ざされる可能性は格段に高くなっていました。

残り二つの計量的な指標は、まだ昭和国道の黎明《れいめい》期では厳密に議論されていました。とくに、三番目の「路線値」というものは、路線の重要性を判断する基準として、人口分布、工事生産額、自動車交通量という要素について計量化したものです。国道路線を選考するにあたり、その論理的な支柱ともなった「国土係数理論」という概念も併用しつつ、国道昇格のための「篩《ふるい》」の指標としました。しかし、その後に繰り返されていく路線追加の改正では流動的な印象を残します。

このように、どのような道であっても国道としてなりうるものではなく、階段区間や、車両通行不能区間があるといった事情は別にして、主要地方道でない限り国道には昇格ができにくくなっていました。

国道三三九号が誕生したのと同じ昭和五〇（一九七五）年、国道へと昇格した他の路線についてはどうだったのでしょうか。このとき昇格したのは国道三三三号から国道三九〇号までの五七路線で、先に述べたように、これらはすべて「主要地方道」組でした。このことからも、昭和三一年当時の建設省の基準は、二〇年後の国道選定の基準にも反映されていま す。

国道、県道にせよ、現実に車が通れる道で構成させることを、法令上で規定しているわけではありません。法令では、道路の起点、終点、および経過地を公開できる範囲で示さなければならないことは義務付けられていますが、未開通区間も含まれる道路を排除してはいないのです。

原則として、国道や県道は自動車通行が可能な道路が指定されます。それでも、例えば、後に新設やバイパスなどの改良整備を計画している道が考慮されていれば、現道における自動車通行が困難な道であっても国道としての指定から外される要件にはなりません。

将来に新しい道路を建設するのか、それとも市街地を迂回《うかい》する程度のバイパス整備をもって改修するのか。そのような判断は交通量や技術面、そして金銭面で調査する「計画」段階で精査されます。そこで分析されたデータから素案をつくり、次のステージで「整備」へと進んでいくことになります。

階段国道の区間についても、当時の三厩村の建設課副参事の方は「いずれは階段区間も整備して供用するということで、そのまま昇格させた」と語っており、計画路線をうかがわせる別ルートの建設が考えられていました。それが青函トンネルの工事専用道路であったのです。

階段国道を残すのは、国か県か

国道は字面から「国の道」と解されるため、路線の選定から建設および管理にわたってあたかも国に帰属しているかのような印象を与えるものですが、そうではありません。

もともと、戦前の道路法（大正道路法）の法令のもとでは「国道＝国の所有」として中央集権的に帰属されていました。

しかし、第二次大戦の終結により、連合国軍最高司令官総司令部（ＧＨＱ）が主導して内務省を解体し、そして地方自治の自主性を重視する政策をとりました。内務省解体によってあらたに誕生した建設省においても、計画をすすめていた新・道路法の制定、そして国道路線の選定では、国道とはいえ地方自治というオブラートを纏《まと》わせることになったのです。

その結果、国道は国の造営物であっても管理者は国ではなく、国の委託機関としての都道府県（知事）が管理者との立場を原則論で貫くことになりました。これにより、その国道が通る場所の都道府県が、国道の管理を任せられることになりました。

では、「国」は国道とどのように関わっているのでしょうか。

国および各地方自治体と国道との関わりについては次の四段階において、それぞれ異なっています。

国道路線が決まるまでには、まず、国道の起点、終点、および経過地というアウトラインを定める「国道の指定」があります。そのアウトラインが定まれば、実際の道路の中でどの道を国道とするのかを決める「道路の区域」の指定がなされます。原則として、国は「国道の指定」というアウトラインを定める段階のみに関与し、地元の現状の道路でどの道を国道とするのかという「道路の区域」を決めることは道路管理者（各都道府県）にまかされています。

ここまでは、国道を決めるまでの流れになります。その後の国道を造ること、そして完成したらそれを維持することは、国と都道府県とでどのように分担されているのでしょうか。国道の新築や改築という比較的に投資規模が大きい段階は、国はその費用の半分を出資しますが、国が重要性を高いと判断した国道の区間——これは国が直接に管轄する意味からも直轄国道と呼ばれ、法令上では「指定区間」とされるもの——については、国は、その費用の三分の二まで負担するようになっています。

その国道が壊れないように保守をすることや、路面の修繕などの管理は基本的に各都道府県で面倒をみなくてはならず、その費用負担もすべて各地方自治体の経費でまかなわれます。国が管轄する「指定区間」といえども、管理は国が請《う》け負いつつも、その費用のうち四五％は各都道府県が持たなくてはなりません（表1—11）。

このように、「国道」といえども、基本は建設費については国と地方の折半、管理費に至っては各都道府県の財布から捻出《ねんしゅつ》されていることを念頭におけば、これまで抱いていた「国道」のイメージとは変わってくるのではないでしょうか。

階段国道については該当する区間は直轄国道には指定されてはいないので、その管理の主体となるのは青森県であって国ではありません。つまり、「道路の区間の変更」――この場合は階段区間を昇格、降格させること――も青森県によって決められるようになっています。

仮に通行に不自由な階段なる道が国道であっても、地元のコンセンサスが得られていれば、国道から解除しないのは、国の意志ではなく地方（県）の意志が尊重されていることになります。

こうして、「都市伝説」となった階段国道

国道であっても断続区間があることは決して珍しいことではありません。現在においても、そのような道は後述する点線国道として日本全国に点在しています。

例えば、最も長い点線国道である谷川連峰を縦断する群馬県・新潟県の国道二九一号（「第七道」で後述）は、代表的な車両通行不能区間であり、実際に現地を訪れても、まったく国道らしからぬ道なのです。

行政の役割	国と地方の権限(分権)
国道の指定	国が起点、終点、および経過地を指定
国道(道路)の区域	原則は各都道府県が決定
国道の新設・改築	原則は都道府県が行なう。費用は国と都道府県との折半。 道路の重要性等に応じ、特定の区間（指定区間や直轄国道と呼ばれる）については国の負担比率は2/3、地方1/3。
国道の維持・修繕	原則は都道府県の管理で地方財源による100％負担。国は国道の重要性に応じ、特定の区間（指定区間や直轄国道と呼ばれる）については55％を費用負担する。

表1―11　国道に関する国と地方の役割分担。国道といえども、都道府県の役割・負担の割合は大きい

しかし、これらの国道には階段国道のような「当時の役人が現地の確認もせずに……」という類の都市伝説の話は耳にしません。

疑問が氷解しないのは、なぜ、階段国道だけにこのような都市伝説が生まれたのか、ということです。「階段」と「国道」というミスマッチが生んだ諧謔《かいぎゃく》なのでしょうか。それとも何か別の要因があったためなのでしょうか。

その階段国道が観光資源となりえた一つの要因は、「国道標識」の設置が考えられます。国道標識はいつ設置されたのか。この謎が、実は一番の本質を突くものと考えます。

これまで国道三三九号の変遷をたどってきたように、県道から国道になったのは昭和五〇年のことでした。昇格した時点で、国道標識はなくとも階段国道にはなっていたのですが、この階段区間にあの青い国道標識が設置されなければ、これほどの観光資源にはなりえなかったことでしょう。

たとえ、その〝国道らしからぬ道〟が国道であっても、国道標識がなければ一般には国道とは認知されることはありません。酔狂《すいきょう》な国道ファンに付き添われて、「ここが国道だ」と教えられたとしても、あの青い国道標識がなければ、国道と感じられるものではありません。階段国道も、国道標識がなければ一部の国道ファンだけが喜び勇んで駆けつけるレアスポットで終わっていたと思います。

階段国道に関しては、たった数本の国道標識の設備費用を考えればその効果たるや絶大で、いまさら外すことはできなくなっています。国道標識の効用がこれほどに強い場所も日本には数カ所しかありませんが、階段国道は間違いなく、日本で最も知られた奇想天外の国道となりました。

文化は、階段道路から

冒頭のアワビの収益で洞門の工事をした「碑修復之記」にある「文化はまず道路から」の一文が、改めて反芻《はんすう》されます。

碑文にもあるように、文化をもたらすものが道路として考えられた時代のことでもありました。隔絶《かくぜつ》した地域を結ぶことは最新のトレンドを享受できる機会を与えるとともに、慣習を一律均等化させることにもなります。それを「文化の均衡化」とするならば、道路はその一つの役割を負うものになりました。

しかし、産業が発展し、地域格差が生まれることで「不均衡《ふきんこう》」が生じました。その不均衡は「ストロー現象」による地域から都市部への人口流出を伴い、道路は地方の衰退を招いてしまうことになります。日本の多くの地域で抱える課題の、都市部と地方部との不均衡、格差にもつながってゆきます。

今では小さいながらも一つの文化――それをあえてサブカルチャーと呼ぶならば――を発信しているのが階段国道・国道三三九号です。

この道は道路が文化を造り、人を呼び寄せる磁力となっています。文化的な温度差をもつ地域をつなげるのが道路であって、本来、道路は文化的なポテンシャル（勾配《こうばい》）を生みだすものではありません。

人は何も流出するばかりではありません。その土地に文化があれば、逆に人を流入させることもできます。

――文化は道路から――。そのことを階段国道は示しているように思えます。

第二道

国道
174
ROUTE

港町・神戸にある日本最短国道

（兵庫県）

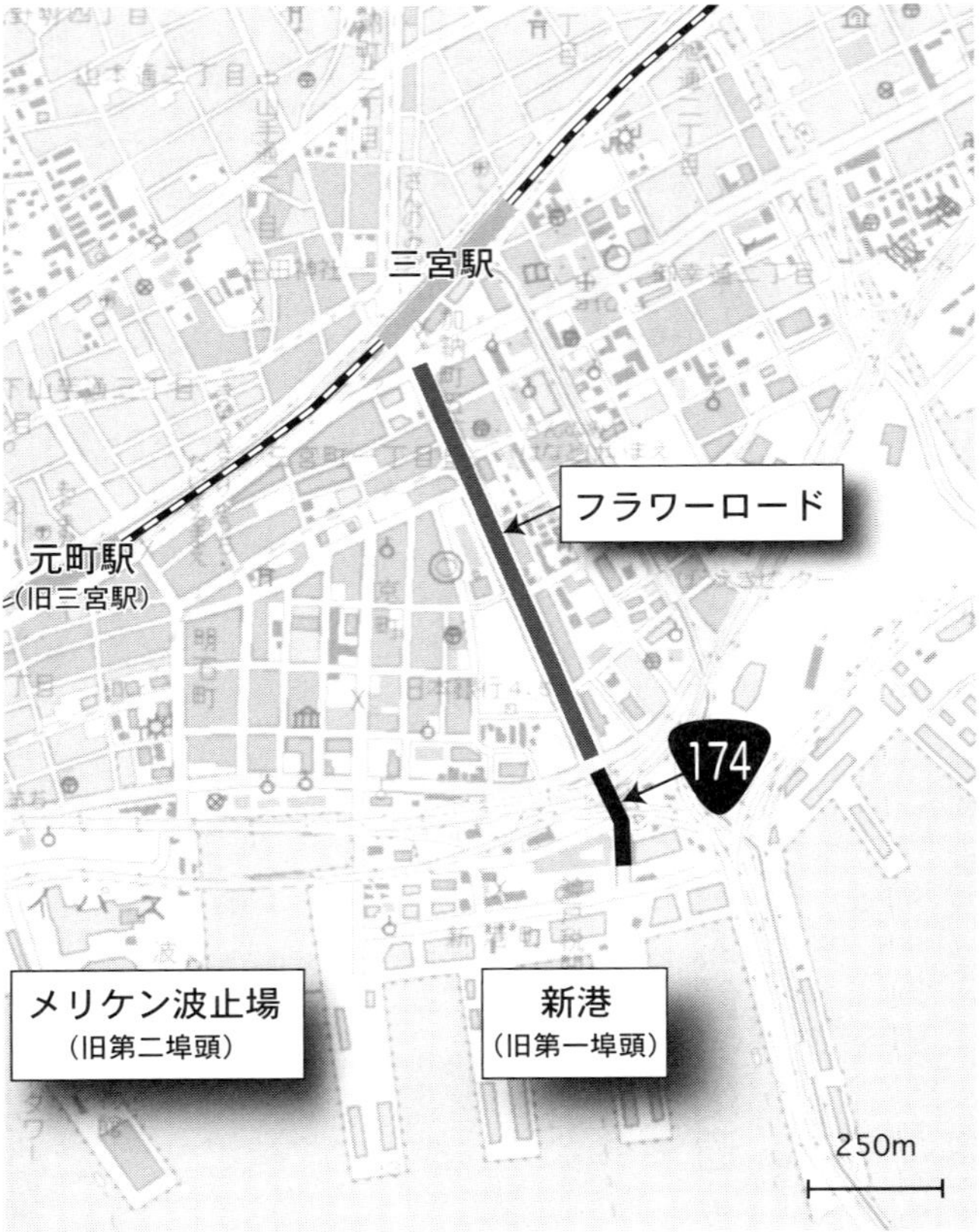

図2―0　国道174号の路線図

日本で一番短い国道との出会い

もう二〇年前のことになります。夏の北海道を自転車で走っていた頃がありました。陽が傾きかけると、その日の宿となるライダーハウスと呼ばれる簡易宿泊所に飛び込み、専ら一夜の宿のように使いながら翌日の目的地に向かう、そんな自転車旅を楽しんでいました。

ライダーハウスという場所は、ただ単に一夜の宿を求めるだけではなく、夜になると一人二人とお酒やツマミを持ち寄り、夜な夜な「道ネタ」を肴《さかな》として歓談する場でもありました。それまで見ず知らずだった人たちは、お互いの自己紹介を兼ねながらツーリング戦歴を挨拶代わりとして話の輪の中に加わり、打ち解けたムードの中、深夜まで談笑が響き渡ります。

夏の「夜咄《よばなし》の茶事」といえば聞こえはいいかもしれません。ネットがない時代ではありましたが、ネットがあろうとなかろうと、このような夜咄は情報収集・情報交換の有力な手段となるものです。

——日本で一番短い国道が、神戸にある——。

まだ、大学生になりたての初めての夏でした。自分には披露できるほどの戦歴はありませんでしたが、そんな熱く語る兄貴分にも見えたライダーたちの戦歴に耳を欹《そばだ》てているだけでも楽しく、その中で聴いたネタが国道一七四号との初めての出会いとなりました。

見知らぬ神戸の街。その異郷の地にある港へとつづく国道はどのようなものなのだろう……。写真で観ただけの神戸ポートタワーが唯一の神戸港のイメージでした。その前に国道標識を示す「おにぎり」がポートタワーを借景として聳《そび》えているかと、勝手な期待を膨らませたのです。

翌年の春、四国への遠征の途中で神戸に立ち寄ることにしました。そして、夏の「夜咄」で得た情報だけをたよりに神戸港へ赴《おもむ》きました。神戸港として最初に思い描いた神戸ポートタワーに足を運んだのは言うまでもありません。ここにあるはずもない国道を探してホテルオークラを周回し、メリケンパークの中をそれこそ彷徨《さまよ》いました。

しかし、どれほど歩いても国道の気配は感じられてきません。なさそうだ……、とお目当てのモノが見つからないことを悟り始めると、気だるい徒労感は、いつしか倦怠《けんたい》感へと変わってゆきました。

神戸港が「メリケンパーク」ではなく、隣の「新港」である事実を知ることになったのは、遠征から帰ってからのことです。なぜ、もう少し粘り強く探さなかったのかと悔やんでも後《あと》の祭りでしたが、なぜ、事前調査をしなかったのかと悔いたものでした。

再起を期して、その二年後にもういちど、ほろ苦い想い出をかみしめつつ三宮《さんのみや》を訪れました。そして、まだ見ぬ日本で一番短い国道に、ときめきに似た高揚感を抱き国道一七四号へとつながるフラワーロードを歩いてゆきます。

ようやくにして着いた場所は、そして憧れていた国道は、しかし、あまりにも想像との乖《かい》離《り》がありました。

阪神高速の高架下の歩道にしばし佇《たたず》むと、頭上を車が通るたびに高架橋の継ぎ目から発せられる「ガタッ、ゴトッ」の鈍い音が反響しては消えてゆきます。ほとんど、阪神高速の高架下が国道区間といってもよいほどに短いのが国道一七四号です（写真2―1）。

国道の端点にある立派な神戸税関の建物も、遠目からは阪神高速に遮《さえぎ》られては絵になりません。しばらくカメラのファインダーを覗《のぞ》く気持ちにもなりませんでした。

――なぜ、ここが国道になったのか――。

誰もが思う疑問を、当時の自分も抱きました。まだこの頃には港国道にそんなにも強い関心を抱いていなくても、「国道制定の謎」を感じさせるには十分な道でした。

要諦《ようてい》だった六つの港へとつながる道

時計の針を一〇〇年以上前の明治時代まで戻すことにしましょう。

明治時代には、既に神戸港へとつながる国道がありました。その道から端を発して、大正、そして「昭和国道」の国道一七四号へと継承されていくのですが、その事蹟《じせき》をたどることは、まさしく「なぜ、ここが国道になったのか」に対する一つの答えを与えてくれます。

神戸港へつながる道が路線番号を有する国道として初めて公《おおやけ》に現れるようになったのは、明治一八（一八八五）年のことでした。この年に日本で初めて国道の路線番号制が導入され、神戸港へとつながる国道は、起点を東京とする国道三号として指定されたのです。

初期の明治一八年に制定された路線数は四四路線。その後、次の大改正が行なわれる大正九年までに順次増えていくことになり、最終的に国道は六一路線となりました。これらは総称、「明治国道」として語られます（明治国道については「第六道」で詳しく述べます）。

神戸港につながる国道三号は初期の四四路線中、実に第三番目の上位路線となります。この神戸港に限らず、明治国道の四四路線の筆頭から上位の八路線はすべて「開港場」（六港）につながる港国道で、その路線は次のようになっていました。

一號　東京ヨリ横濱（港）ニ達スル路線
二號　東京ヨリ大坂港ニ達スル路線
三號　東京ヨリ神戸港ニ達スル路線（筆者注：東海道、西国《さいごく》街道経由）
四號　東京ヨリ長崎港ニ達スル路線

写真 2―1　高架下に埋もれるようにして存在する国道 174 号（2001 年撮影）

五號　東京ヨリ新潟港ニ達スル路線
六號　東京ヨリ函館港ニ達スル路線
七號　東京ヨリ神戸港ニ達スル別路線（筆者注：中山道経由）
八號　東京ヨリ新潟港ニ達スル別路線

横浜港、大阪港、神戸港、長崎港、新潟港、函館港……いずれも馴染みのある港ではないでしょうか。

最後の国道七号と国道八号の終点はそれぞれ国道三号と国道五号と同一になっていますが、それは経由するルートが違うだけのことです。神戸港に達する国道についてみると、国道三号は東京からスタートして京都までは東海道を経由するのに対して、国道七号は東京から中山道経由で京都に向かう路線となっていた違いです。国道三号と国道七号は京都で合流し、そこから神戸港までは重複するようになっていました。

いつの時代でも、そしてどのような組織でも、あるカテゴリーに対してナンバー制を導入するような場合にはプライオリティー（優先順位）の考えは根底にあります。少なくとも、よほど攪乱《かくらん》を目的するような陰謀的な意図がない限りは、重要性が高いと判断された事象から上位に据《す》えられていくものでしょう。

明治国道の港国道は、その番号の若さからも明らかなように、明治政府の中でも最重要路線だったことを示すもので、開港場への道路が当時の行政の重点施策だったことになります。

とりもなおさず、開港場は当時の政府が喉から手が出るほどに欲していた外貨獲得のための貿易港で、まさに開港場は国家にとっての生命線であり、新生日本の要諦《ようてい》でした。

例えば、開港場の一つであった横浜港には信州、上州方面から運ばれくるシルクが集まり、ここから世界へと輸出されてゆきました。その生糸輸出額は、当時の日本の国家予算の半分以上の規模とされています。

一方で当然のことながら弊害もありました。幕末から明治初頭にかけては、欧米諸国と日本との間での金と銀の交換比率（金銀比価）の為替的な「カラクリ」によって、開港場を通じて日本から大量の金が流出しました。このため、国内では強烈な物価上昇を引き起こし、徳川幕府に対する強烈な不信を煽《あお》ることにもなりました。

幕末の根底には、疲弊《ひへい》しきった経済状態と民衆の怒りが沸々《ふつふつ》としていました。倒幕運動は何も有名志士の奔走《ほんそう》のかっこよさだけではなく、それが起爆剤となって煮えたぎった世論に引火したことも変革の大きな動力にもなりました。

もっとも、国道が制定された明治一八年の段階ではこのような弊害は克服されていましたが、鎖国から脱却するまでの期間に大きすぎるともいえる授業料を支払ったことになります。そのような開港場を国道としてつなげた明治政府の意向を考えながら、改めて地図を見返してみると、国道のとらえ方も変わってきます。

明治時代の神戸港の姿

明治時代の神戸の姿、そして国道の道筋はどのようになっていたのでしょうか。神戸大学附属図書館が保有する『神戸市細見全図』（明治二三年）という地図には、国道制定当時に近い神戸の町が描かれていますので、この地図を羅針盤として明治時代の神戸港に導かれる国道を遡《さかのぼ》ってみることにしましょう。

都市形成がまだ成熟していない明治二三年の神戸の街並は、瞠目《どうもく》するほどにシンプルです。海岸線も幾何学的な人工施設はまだ見当たらず、まさに自然で綺麗《きれい》な湾曲を描き出しています（図2―2）。

当時の神戸港の位置関係を把握するための指標には、県庁と「三宮ステイション」の配置関係が注目できます。現在、県庁の南にある駅は「元町《もとまち》駅」となっていますが、かつては元町駅が「三宮停車場」であったことは鉄道関連の書籍に詳しく記されています。

神戸港は外国人居留区にある「第一波止場《はとば》」と、それよりも西側に位置し、現在のメリケ

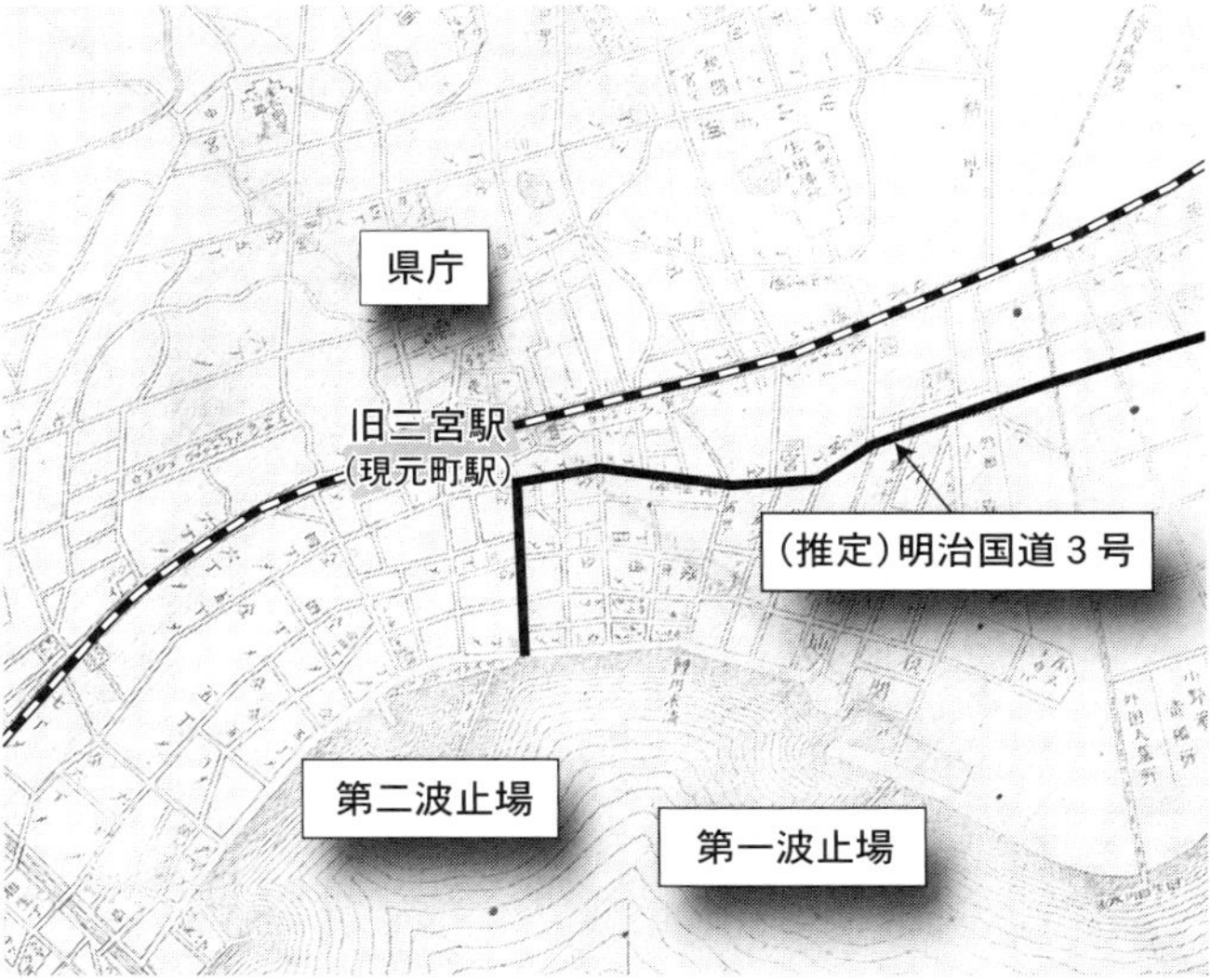

図２—２　明治23年『神戸市細見全図』(神戸大学附属図書館蔵)

ンパークの西端に相当するところの「第二波止場」とに分かれていました。時代とともに第一波止場と第二波止場は細胞が増殖するかのように肥大化していき、第一波止場は神戸新港へ、そして第二波止場はメリケンパークへと変貌してゆきますが、明治初頭にはそのような気配はまだ感じられません。

どちらの波止場をもって国道の終点であった神戸港とするかは難しいことながら、あえて国道の筋道を描くとどのようになるのでしょうか。第一波止場もしくは第二波止場へと向かう明治国道の道筋を推定してプロットしてみることにしましょう。

外国人居留区と「明治国道」

まず、基本線となるのは現在の国道二号となっている西国街道の道筋です。すでに述べたように、明治の国道三号は京都から西国街道を踏襲《とうしゅう》しました。図2—2のとおり、大阪からの道は西国街道の道路しかありません。その線を地図上でたどると、街道筋は旧生田川《いくたがわ》水路を渡って神戸に入り、「元町通」につながるようになっています。

神戸の区域内に入って、旅人が最初に眼にしたのは「内外人遊園」の大きな敷地でした。『神戸市細見全図』上にある「遊園地」は旧生田川堤防地に作られた巨大な公園で、公式には「内外人遊園」と呼ばれていました。内外人という言葉には日本人も施設を共有できる意図が込められたものでしたが、実態としては外国人専用に近いレクリエーション施設であったとされます。

なお、この遊園地が「東遊園地」と呼ばれているのも、この旧生田川の場所のほかにも神戸の西側、そして南側にも公園計画があったためです。しかし、その計画は遂行されることなく終わり、「東遊園地」のみが発展していく中で、潰《つぶ》されることなく残り続けました。現在でも神戸市役所の南のフラワーロードに沿う場所に規模は縮小されていますが、地図上で確認できます。

この東遊園地までは、「神戸港」が第一波止場であろうと第二波止場であろうと、明治国道三号の共通線となります。

しかし、ここからが頭を悩ませるところです。はたして神戸港が、第一波止場と第二波止場のどちらを指していたのか……。順に考えていくことにしましょう。

まず、東遊園地から第一波止場に向かう道で最短ルートを探《さぐ》ってみることにします。地図を眺めれば、外国人居留区にあってメインストリートとなっている「京町筋《きょうまちすじ》」の突端に第一波止場があるので、その「京町筋」が国道に該当する候補になります（図2―3上）。これより京町筋が国道であったと考えたくなりますが、外国人居留区の真ん中を日本の国道が通過できたかどうかは疑わしい背景があります。

新暦の明治元（一八六八）年一月一日に神戸港は開港し、その半年後の六月には外国人居留区が竣工しました。安政《あんせい》五（一八五八）年に結んだアメリカ、オランダ、フランス、イギリス、ロシアとの安政五カ国条約によって、外国人居留区には治外法権《ちがいほうけん》および永代《えいたい》借地権の二つの特権が与えられることになり、神戸の街に出現した外国人居留区に対しても、当然のことながら、この二大特権が付与されました。そのため、外国人居留区という区域は、事実上、日本にあって日本の行政が介入できない「外国」となっていました。

治外法権は明治三二（一八九九）年七月になって諸外国との不平等条約の是正によって解消され、日本の行政権が及ぶようになりました。しかし、「明治国道」が制定された明治一八年は、まだ治外法権が罷《まか》り通っていた時期であり、行政権が及ばない外国人居留区の中を「日本」の国道が通過していったことは考えにくいのです。

では、その外国人居留区が及んだ範囲はどこまでになっていたかといえば、東は現在のフラワーロードとなっている旧生田川から、西は現在の大丸百貨店から南へ延《の》びる西町通（現在の鯉川《こいかわ》筋で愛称はメリケンロード）まで、また北は元町通、南は海岸線として囲まれた区域となっていました。

なお、西の境界である西町通は、外国人居留区が定められた明治元年にはまだ姿が見えず、鯉川という細い川が流れていました。そのため、当時の外国人居留区の両端は川で区切

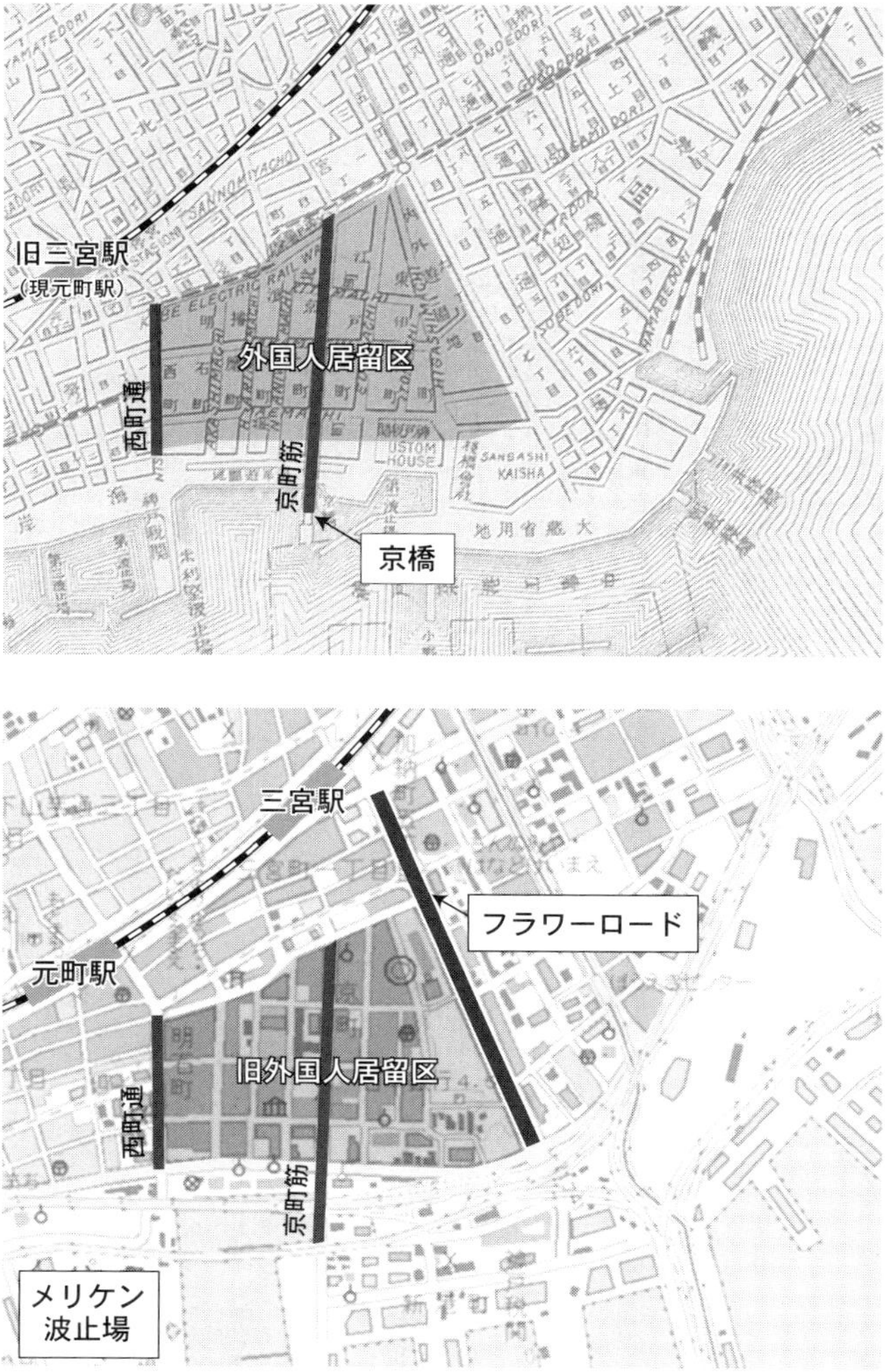

図２—３　明治45年（上）と現在の地図上に外国人居留区の位置を表わしたもの。区画がほぼ完全に維持されていることに驚かされる。明治45年の地図は、『実測神戸市地図』（神戸大学附属図書館蔵）によった

られていたことになります。川で隔てられることなく道路でつながるようになったのは、鯉川が明治八年に建築家であったボンクル・ブロゾルによって暗渠《あんきょ》化されてからです。

外国人居留区を「侵犯」せずに神戸港へ達するためには、どの道を進めばよいのでしょうか。

そのルートの一つには西国街道から元町通を進み、「三宮駅」前の元町一丁目（現在の大丸百貨店のある交差点）から西町を経て海岸部へと向かっていく西町通が浮かび上がってきます。

このルートが国道であったことを決定できる史料はまだ見出せていませんが、この道筋が「明治国道」ではないかと推定されるのも、大正時代になって新たに「大正国道」として再編された折に、このルートが国道として指定された経緯を持つからです。そのことを考えると、明治時代にはその下地が出来上がっていたのではないかと想定されます。

道路は都市のまさにリブ（骨格）に相当する基本フレームで、そのリブから肉付けされるかのように次第に成長していきます。約二〇年後の明治四五（一九一二）年の神戸の姿を見てみると、図2―3（下）のとおり、現代の町並みのプロトタイプといってもよいほどに、まったく違和感がありません。

この時期になると、西町通から先に延びる突端には、すでに改良を終えた「メリケン波止場」があります。そして、国の玄関口ともなる神戸税関（西）の施設もあります。仮に、当時の国道の終点が第二波止場であった場合には、メリケン波止場へと通じていく道が国道であったことが想像されます。

いずれにせよ、この明治国道の段階では現在の国道一七四号の姿は見えてきません。どちらかといえば、二〇年前の自分が「メリケンパーク」へと足を運ぶことになった内在的な心象をそのまま映し出しているかのような道筋が明治時代にはあったことになります。

では、その後の港国道はどのように移り変わっていくのでしょうか。次には明治から大正への地図を取り出して、その道筋を追いかけてゆきます。

最初の『道路法』に記された国道三八号

大正八（一九一九）年、日本で初めて『道路法』が制定されたのを受けて「明治国道」は幕を閉じます。そして、新たに再編された国道である「大正国道」が誕生しました。

ここで、改めて「明治国道」「大正国道」、そして「昭和国道」について図式化させると、表2―4のような時代区分となります。

明治国道、大正国道はその体系がとられていた期間がいずれも三十数年であったのに対して、戦後になって制定された「昭和国道」は優に半世紀を超えて、現在まで継続しています。「大正」は元号としては一五年にも満たない短い期間でしたので、大正国道も短かったように思えてしまいますが、明治国道とは時間的にほぼ対等の期間を継続しました。

先の明治国道で国道三号として神戸港へと続いた道は、大正国道では「国道三八号」となりました。

なお、このようなことはどこに記載されているのかといえば、『官報』です。過去の明治時代から大正時代にかけての官報は、主要な県立図書館であれば必ず蔵書があるもので、原紙かマイクロフィルム、もしくは『法令全書』で書棚に陳列されています。法令名や法令番号さえ分かれば、容易に原文にありつけるようになっています。

神戸港に向かう「国道三八号」も、あえて出典の法令名を明記しておけば、内務省告示第二十八号「国道路線認定ノ件」（大正九年四月一日）という文書に記載されています。

この「国道路線認定ノ件」の告示方法の最大の特徴は、明治時代よりも詳細な「経過地」が記されるようになったことで、国道三八号については次のように路線が通る箇所《か》の記載がなされています。

三十八號　東京市ヨリ神戸港ニ達スル路線
經過地

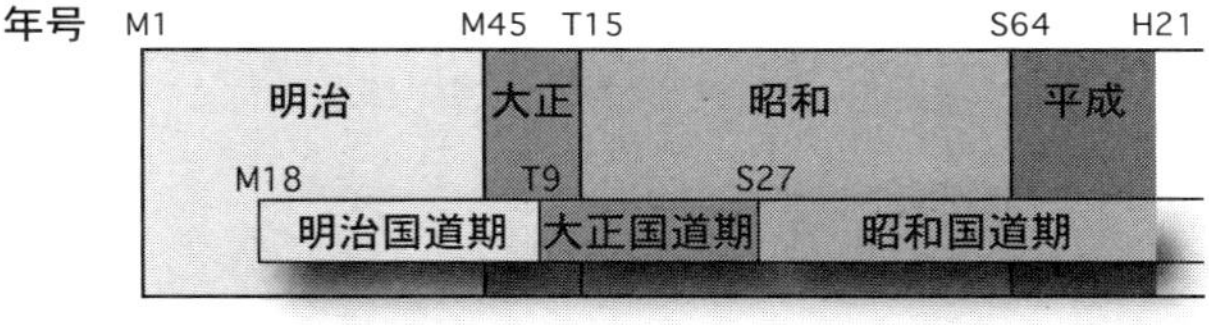

表２―４　「明治国道」「大正国道」「昭和国道」と、実際の元号とのズレを示したもの

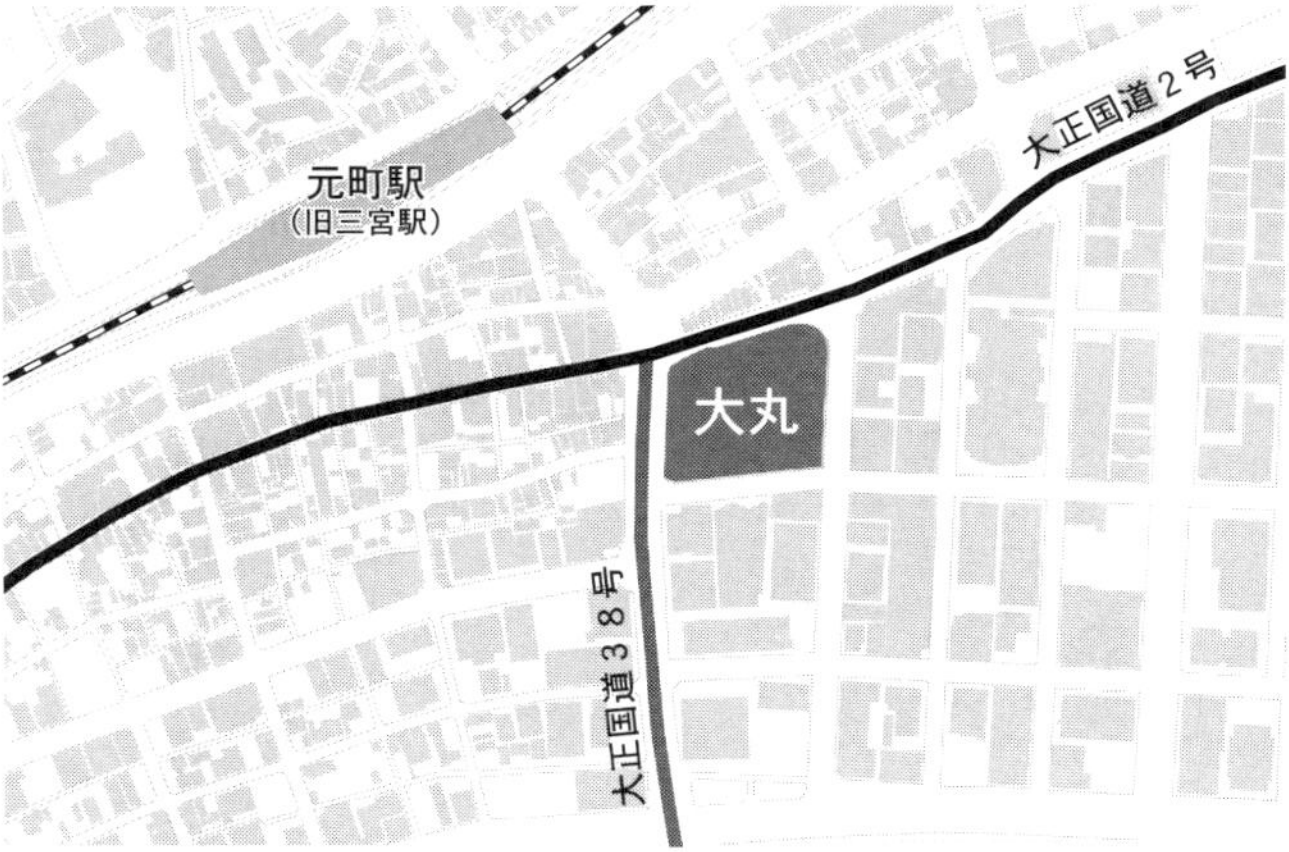

図２―５　「大正国道」期の市街地図。国道２号は、今の元町商店街を通っていた

二號路線（神戸市元町一丁目ニ於テ分岐）（神戸市西町通經由）

なお、この中で「二号路線」、すなわち大正時代の国道二号というものは東京から鹿児島までを一気につなぐ長大な国道でした。偶然にも神戸区間においては大正国道と現代の昭和国道は同じ路線番号の「二号」となっていますので、イメージしやすくなっています。

大正国道も明治国道のスタイルを引き継いで基本は東京を原点（起点）とする方針がとられました。国道三八号の場合は、神戸までは国道二号と重複するようになっていて、単独区間はその国道二号から枝線のように分岐しました。その分岐点となったのが「元町一丁目」です。

「元町一丁目」というのは現在でも神戸の中心地であり、神戸っ子ならば誰でもが馴染みのある交差点でしょう（図2—5）。大丸百貨店が交差点の南東の一角を占め、かつての西国街道であった「元町通」は、この交差点を境に元町商店街となります。その商店街は、古き良き時代からの諸々《もろもろ》をぎゅっと濃縮したような空間がアーケードに覆《おお》われています。

もう一つの経過地として記されているのは「西町通」。これは、「元町通1」交差点からメリケン波止場（現在のメリケンパーク）へと南下する鯉川筋（メリケンロード）に該当します。先の明治国道で推定した根拠となっているのも、この大正国道での路線指定が明治国道から引き継がれているのではないか、という推測に基づくものです。

では、大正国道の終点が意味するところの神戸港がメリケン波止場であったかというと、大正国道ではさらに東に折れた「第一波止場」であったのではないかと考えられることがあります。

もう一度、法令の「経過地」を見返してみましょう。

「(神戸市元町一丁目ニ於テ分岐)」「(神戸市西町通經由)」と二カ所の経過地の記載があります。

もし、メリケン波止場が終点であった場合には、わざわざ「(神戸市西町通神由)」と書く必要はありません。元町一丁目から分岐した道（＝西町通）を経ることは自明なため、終点がメリケン波止場であれば二重記載にもなります。

したがって、「神戸市西町通神由」と書くからには、メリケン波止場は国道三八号の終点ではなく、経過点にすぎないことになります。文末に「経由」とあることが、大正国道では「第一波止場」が終点となっていた可能性が高いことを示唆しています。

新税関の落成と国道整備の深い関係

神戸港は産業的・貿易的な強化を図り、明治末期から第一波止場の湾岸埋め立ての拡張工事を行なっていました。大正九年の段階では現在の神戸港の象徴的な形ともなっている「凹凹型」埠頭《ふとう》への拡張工事が完了しています（図2―6）。

かつての「第一波止場」は京橋の連絡橋も取り込んで「新港」として近代港湾に生まれ変わりました。メリケン波止場は第二波止場と合体して機動性を増していましたが、産業的な港湾の点では「第一波止場」が主体となってゆきます。

現在の港国道でも見出せる特徴の一つとして、端点となっている場所には「税関」があります。大正年間では、その税関がどこに位置していたかといえば、京橋にありました。国道二号に面した地方合同庁舎付近、つまり今の阪神高速京橋パーキングエリア付近です。当時はまだ第一波止場が埋め立てられていなかったので、税関前には海が面するようになっていました。

しかしこの税関も、大正一一（一九二二）年には原因不明の謎の出火で全焼してしまいました。翌年から、現在の税関が位置する所で再建が始まり、落成を見たのは五年後の昭和二（一九二七）年のことでした（図2―7）。

偶然にもその新税関の落成と符合《ふごう》するかのように、翌年の昭和三（一九二八）年に国道三八号の神戸港に達する経過地の変更がなされました。それまでの「元町一丁目」から「神戸加納町《かのうちょう》六丁目」へと分岐点が変わったのです。

図2—6　すでに「新港」の形ができあがっている。大正9年『神戸港沿岸利用状況調査図』（神戸大学附属図書館蔵）より

図2—7　新旧の「税関」と国道174号の位置関係

「加納町六丁目」の住所は現在の神戸市役所付近となります。つまり、東遊園地に面した今のフラワーロードなる道が、戦前の昭和三年に国道三八号として指定を受けたのです。

この時期の大正末期から昭和初期にかけては阪神国道（現在の国道二号）の大改造が行なわれました。それに合わせてフラワーロードの道筋も「臨港国道」の名で神戸新港へとつなぐ幹線道路として大規模な改良が施されました。国道三八号のフラワーロードへの指定変更は、その大規模改良工事の成果報告のようなものでした。

税関の移転はちょうど阪神国道の改良の時期とタイミングが重なりました。税関の建て替えにあっては、そのような道路形成の流れの一環が逆に影響していたのではないかと思えるほどに、タイムリーな出来事として一致したのです。

それにしても、この国道三八号の経路変更は、その後の「日本で一番短い国道」が生まれたことを考えると、実にエポックメイキングな出来事となりました。戦後のしばらくは、フラワーロードは国道三八号の座を維持していたことになりますが、もうお気づきでしょうか。この国道三八号が「昭和国道」でそのまま国道一七四号の原型となるのです。ただ単に、路線番号を「国道三八号」から「国道一七四号」と置き換えさえすれば、今の国道一七四号が、実は昭和初期から脈々と生き続けていることがわかります（図2―8）。

昭和三〇年代からの高度成長期では、道路も拡幅とバイパス化が本流となってゆきます。

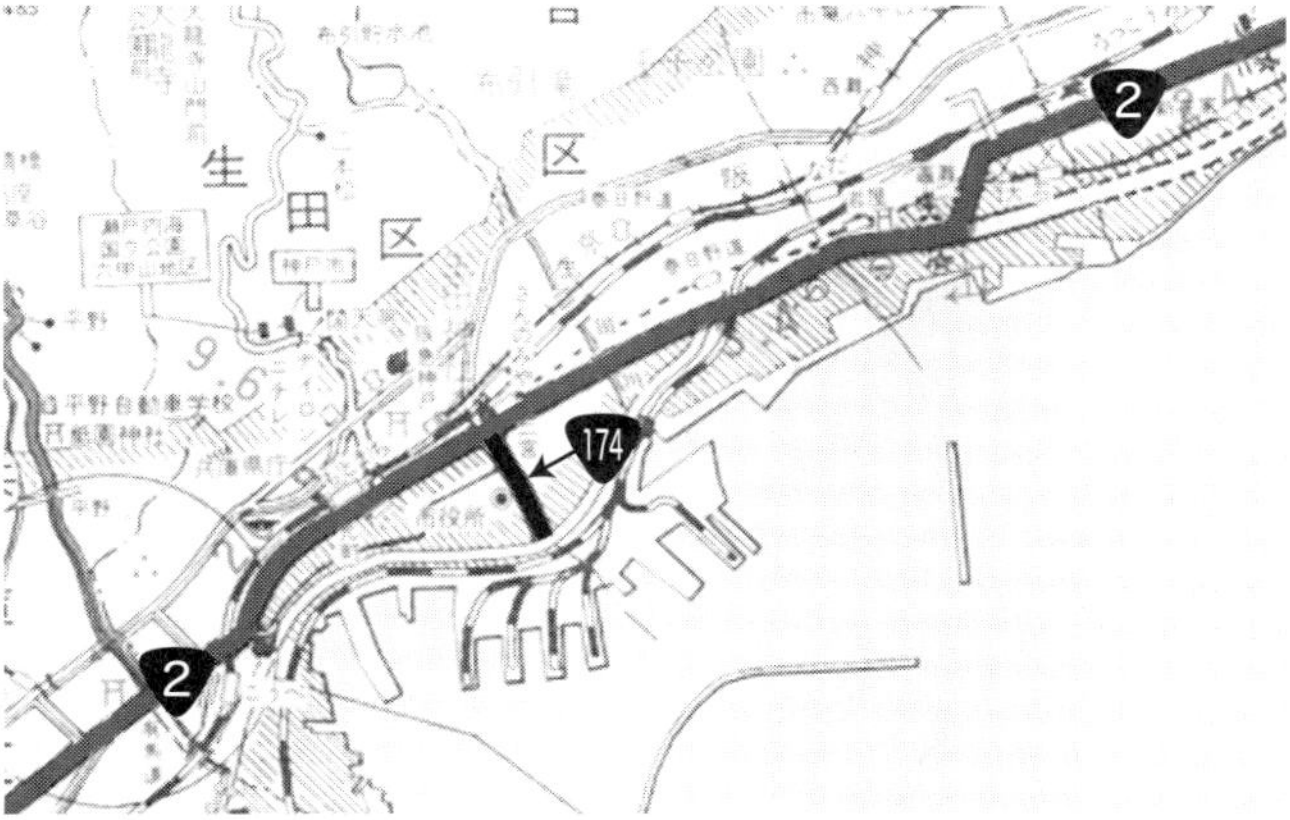

図 2―8　昭和 37 年の道路地図帳にも、国道 174 号の姿を見ることができるが、今よりずっと長い

現在の国道二号もその流れに違《たが》わず、昭和三七（一九六二）年になって三宮区間が鉄道の高架橋に沿う道（現県道二一号）から「海岸通」へとバイパス的なルート変更がなされました（昭和三七年一一月二八日建設省告示二九〇八号）。

そのルート変更は、それなりに長い延長を有していた国道一七四号の起・終点間の距離を一気に縮め、二〇〇メートルにも満たない姿へと変えてしまいます（図2—9）。日本で一番短い国道が生まれた瞬間です。

日本における港国道の意義

時代の変遷によって、国道一七四号は本来の重要港へつながる意義よりも、今では「日本で一番短い国道」の称号を戴《いただ》き、「港国道」を訪れる人を和ませるだけになっています。そのような短い国道にも、脈々と受け継がれた過去があることを知る人は多くないでしょう。明治国道のルートについては不明瞭な点があるにしても、少なくとも大正時代からは国は積極的に第一波止場＝「神戸新港」へと導かれる道を「国道」としたことは確かなようです。

港を重視することは、日本が島国という地政学的な要素からくる避けることができない必然的な条件です。日本の活動を維持する糧《かて》を得るためには、空港であれ、港湾であれ、すべ

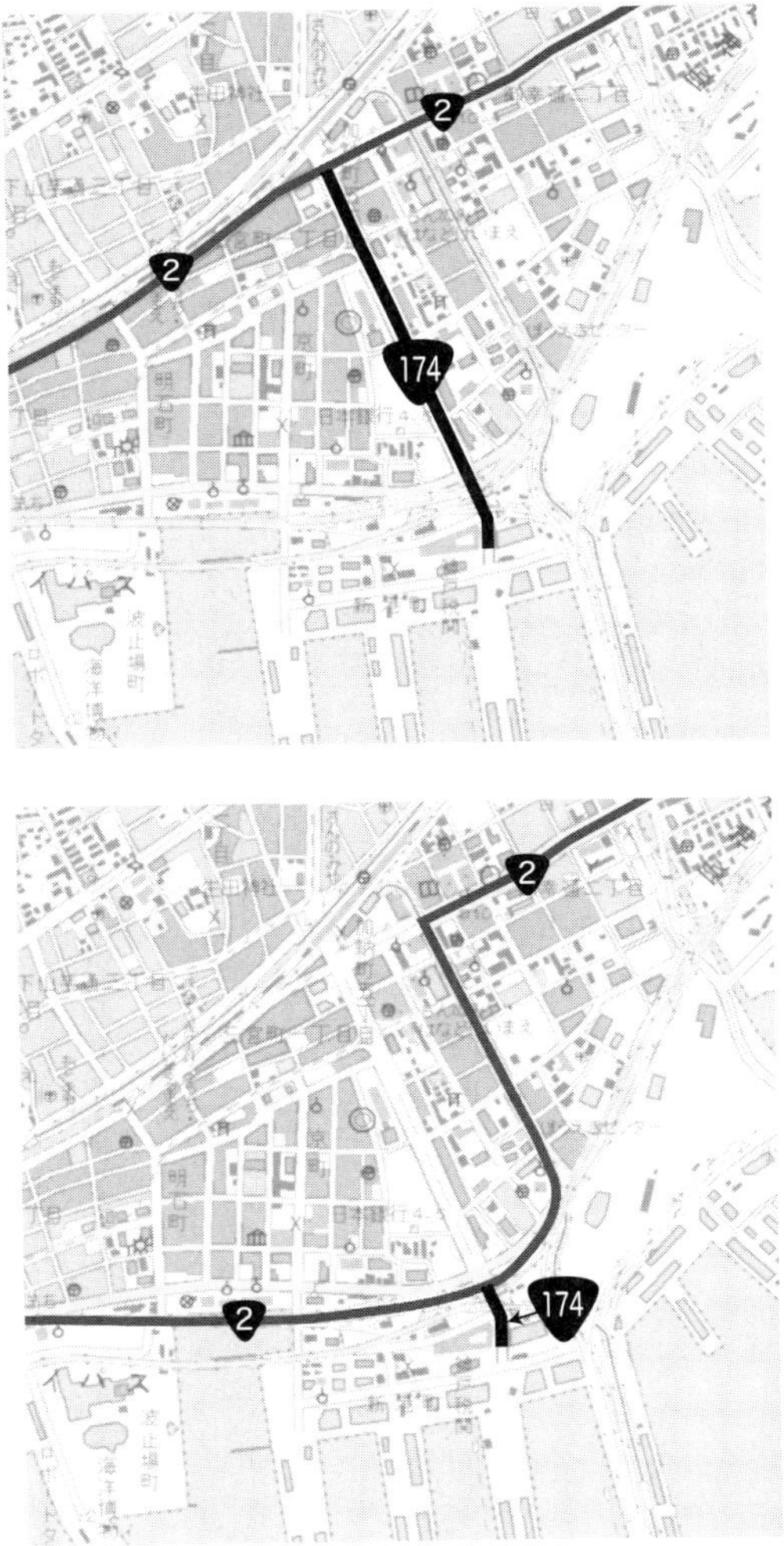

図2―9　国道2号の区間変更によって国道174号は短縮された

てを「港」を通じて行なわなければならない宿命にあります。

外貨獲得のための輸出、資源獲得のための輸入。航空輸送という手段がなければ、船舶による方法にすがるしかないのが日本という国のボトルネックな点でもあります。これだけ航空手段が発達している現代でさえ、輸入に占める船舶手段の比率は九九％を超えています。

――長い航路を経て港に引揚げられた重要な資源を適切に、そして滞《とどこお》りなく運ぶためには、その基盤となる道路をきちんとしておきたい。輸送損失があってはそれこそ資源損失にもなり、大事な資財を失うことにも等しい――。

「港国道」を重要視するのも、そのような意義を見出すならば、明治時代から主要な港湾へ導かれる道が国道の対象となっていたことは、まったく不自然なものではありません。

明治時代から受け継がれてきた開港場へつながる国道は、戦後の新・道路法のもとでは、政策上のコンセプトである「特定重要港湾」の概念を導入し、そのＤＮＡを昭和国道へと継承していくことになります。

それでは、そもそもの「港国道」という概念は道路法ではどのように記されているのでしょうか。港国道の定義も含めて、次章で掘り下げてゆくことにします。

第三道

国道
177
ROUTE

漁港へ向かう国道（京都府）

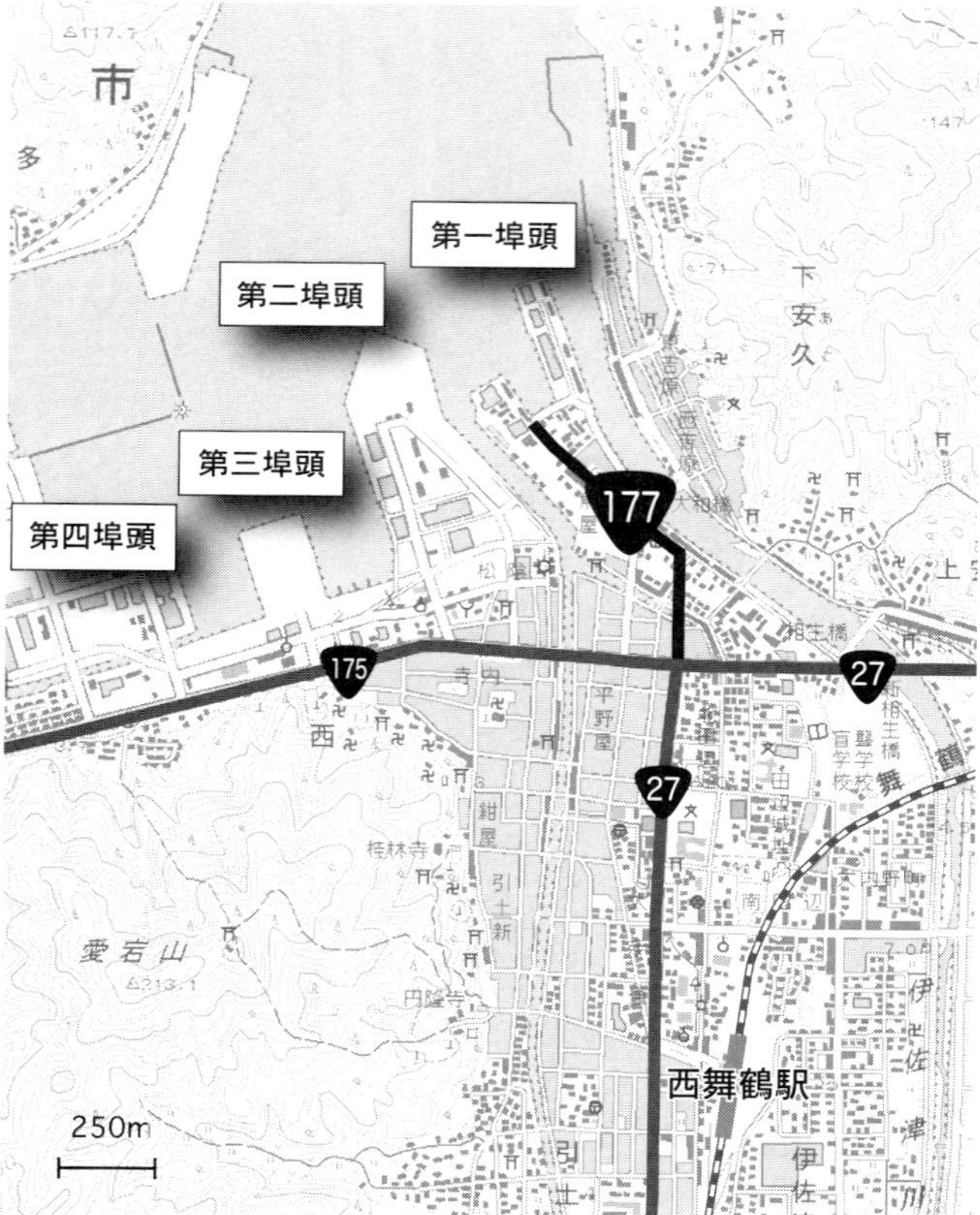

図3—0　国道177号

日本海の漁港と国道

京都府・舞鶴《まいづる》市。日本海・若狭《わかさ》湾の入江に面した町で、ここでとりあげる国道一七七号が通っている港町でもあります。地図を広げると、西舞鶴駅付近に南北に沿って伸びる国道二七号と、丹後半島へと向かう国道一七八号との交点に、国道一七七号が短くも顔を覗《のぞ》かせます。まるで鉄道用語である盲腸線のようです。短いだけに、どのようになっているのかと気になりだしたら、じっとしていることはできるものではありません。さっそく、その国道二七号との交点となる国道一七七号の法令上の終点を訪れてみることにしましょう。

初めてここを訪れた時は、まわりを見渡しても、そして、その交点から国道一七七号をトレースしはじめても、想像しているような港町ではないことに多少の戸惑いを覚えたものでした。スタート直後から、この国道は日本全国にみられるような平屋建築の住宅街の中を通り過ぎていくので、港町というよりもどこか中規模都市のレプリカのような光景が続いてゆく記憶が残っています。

地図上で示されるところの左に折れていく「逆くの字」型のカーブに入ると、次第にその住宅街は時間をとめたかのような趣《おもむき》になり、また、道幅も急に拡《ひろ》がりをみせるような「錯覚」に陥《おちい》らせる変化を示します。そのような拡がりを感じさせるのも、道幅に対して沿道の建屋の高さが低くなったためなのでしょう（写真3―1）。

そのような錯覚にとらわれながら国道一七七号を進んでゆけば、潮の香りが鼻腔《びこう》を擽《くすぐ》るようになる頃、起点となる舞鶴港に到着します。そして、ここで「第二の錯覚」に惑わされるはずです。

到着した港は神戸港のような産業港ではなく「漁港」の敷地。鷗《かもめ》が舞う穏やかな湾。漁船がたなびかせるエンジン音。静かに響く波の周期……。にわかに国道をたどってきたことさえ嘘であったかのように、国道一七七号は海に遮《さえぎ》られるようにして終わります。その延長は短くも、あまりにも不思議な結末です。

その国道一七七号も、港国道と呼ばれるカテゴリーに属しますが、その姿は神戸の国道一七四号とはまったく雰囲気を違《たが》える道となっています。いったい港国道という道は、どういう国道なのか。その謎を探るために、日本で一番短い国道の国道一七四号につづき、港国道について考えてみることにします。

港国道は五〇年間に三本しか増えていない

現在の港国道は前章の国道一七四号を含め、そのカテゴリーに属する路線は二〇〇八年の段階では一五路線あります。戦後、昭和二八（一九五三）年に港国道が初めて登壇《とうだん》した時には一二路線でした。それから半世紀経っても三路線しか増加していないところに港国道の不

写真 3—1　国道 177 号の沿線風景

思議さがあります（ちなみに、同じ期間に増えた国道の総数は二八一本）。

港国道の本数を多いと見るか少ないと見るかは人によって意見が分かれます。国道の全路線本数が四五九本であることからすれば、約三％強が港国道のカテゴリーに属することになります。その三％の港国道が日本のどの地区に分布しているのかを所在場所について白地図上にプロットすると、おおよその港国道の姿が浮き彫りになってきます（図3―2）。

前章の導入部で示したように、港国道には港湾を起点とする国道と空港を起点とする国道の二種類があります。図3―2のプロットでは、黒丸が「港湾」にある国道、白丸が「飛行場」にある国道を示しています。上図が港国道の制定された直後、すなわち昭和二八年の段階のプロット図に対して、下が現在（二〇〇八年）の港国道の分布となります。

双方の割合についてみてみると、2／3が「港湾」、そして1／3が「飛行場」となっていて、比重として「港湾」が優勢です。港国道は関東以北や北陸・山陰地方にはなく、いわゆる教科書的に表現されるところの「太平洋ベルト地帯」にほぼ集約されています。

また、昭和二八年から現在までにかけて増加した三路線の港国道は、すべてが空港施設に関連する国道でした。成田《なりた》闘争の難産の末に開港した成田国際空港、沖縄返還後の那覇空港、そして人工島という構造体では日本で初めて空港を海上に造成した関西国際空港の三本。思いの他に増加数が見られていないのが港国道の実態にもなっています。

図3―2　港国道の分布の変遷。昭和28年（上）と現在。港湾を起点とするものはまったく増えていない

プロットからは、一見すると主要な「港」は含まれているようにも見えますが、詳細をつめていくと、例えば飛行場では国際空港として開港しているセントレアこと中部国際空港が含まれていないのに、あまり聞き覚えのない「岩国空港」が入っているなど、少し不可解な選択がなされています。

港湾にしても、日本には多くの「港」があるはずなのに、どのような港が選ばれているのかという点では、このプロットだけからはまったく判断できません。

『道路法』にみる港国道の定義

一般に、国道の体系を記述しているのは基本法の『道路法』に集約されています。法律の詳細・仔細《しさい》をここで述べるのは単調になるだけなので、港国道がどのように条文で記されているのかに留めることにしましょう。

港国道はその第五条の（一般国道の意義及びその路線の指定）という項目に次のように指し示されています。

第五条第一項第四号．港湾法（昭和二十五年法律第二百十八号）第二条第二項に規定する特定重要港湾若しくは同法附則第五項に規定する港湾、重要な飛行場又は国際観光上重

要な地と高速自動車国道又は第一号に規定する国道とを連絡する道路

法律の表現や言い回しの難解さには辟易《へきえき》しつつも、港国道として語られる国道というものは、その要件を端的に示せば、起点の港が以下の三条件の一つに該当すればよいことになります。

・港湾法で規定する特定重要港湾
・港湾法の附則第五項に規定する港湾（準特定重要港湾と呼ばれる）
・重要な飛行場

前章で述べた神戸港は第一番目の「特定重要港湾」に該当する港湾に含まれるものです。また「特定重要港湾」なる港湾は、『港湾法』からたぐっていけばその所在は『港湾法施行令』という法律の次に重要な政令の中で明記されていて、昭和二八年の段階で指定されていた「特定重要港湾」と定義された港は次の一〇港でした。

東京、川崎、横浜、清水《しみず》、名古屋、四日市《よっかいち》、大阪、神戸、下関《しものせき》、門司《もじ》

国際海上の輸送網の拠点という貿易の重要性の観点からは、確かに選別される一〇港は日本の顔となる玄関口として衆目一致するところがあります。このうち下関港を除いた九港は、現在でも港国道がつながっているように、特定重要港湾は港国道の中核となっています。

では、港国道の第二番目の要素の「港湾法の附則《ふそく》第五項に規定する港湾」、および第三番目の「重要な飛行場」とはどこのことを示しているのでしょうか。

「港湾法の附則第五項に規定する港湾」は略式として準特定重要港湾と呼ばれますが、それらはどのような港であるのかは字面を追っただけでは想像もできません。また空港施設についても、何をもって「重要」なのかはとらえどころなく、その表現が漠然としすぎています。

法令という文章で書かれた中に込められた意図に触れるためには、「今」の視点ではなく戦後の昭和二〇年代の様相からとらえて考えてみなければならなさそうです。まずは、「港湾法の附則第五項に規定する港湾」こと「準特定重要港湾」からみてみることにしましょう。

なぜ、漁港に国道が？

港国道が太平洋ベルト地帯に集約されている傾向がある中で、唯一、その一帯から外れている港が京都府にある舞鶴港でした。準特定重要港湾の一つです。日本海に臨む要港で、新潟港、金沢港、敦賀《つるが》港とともに北方交易の中枢となっている港です。

その舞鶴港を起点とする国道が、国道一七七号として指定されています。延長は七〇〇メートルと、これも国道一七四号と同様に一キロメートルにも満たない短い路線で、日本で四番目に短い国道としてその名を連ねています。国道二七号から港までは歩いてでも行けるほどに短く、冒頭にも記したようにその港の姿は大きな想像との乖離を生むようになっています。

もし準特定重要港湾というイメージをもったまま訪れたならば、「道を間違えた」と、きっと思うことでしょう。そのように思って地図を見返しても、紛らわしい枝線があるわけでもありません。ならば、「港を見間違えていたのか……」、と埠頭を見渡しても「第三種漁港舞鶴港」と公式の表示がなされた港以外にめぼしい港はありません。間違いではなく、ここが国道の起点の端点なのです。

はっと、思い返すかのように、起点から市街地へと戻って、ある地点に立ちます。その地点で見上げるのは西舞鶴の市街地にある国道二七号北向きの「案内標識」です。ここには、通常ならば地名が記されるはずの方向標識ですが、国道一七七号の向かう先には「漁港」と記されています（写真3―3）。

表現はストレートで、その事実を知ればとてもユニークな標識です。行きがけに通過したときには、まさか本当に漁港で終わるなんて思いもしません。それだけに、改めて港の端点に立ってからこの案内標識を見ると、国道一七七号が漁港に向かう国道として語られていることを、肌身に感じて実感できます。

しかし、その道を走った者が誰でも感じるのは、「なぜ、漁港に国道が？」の疑問と心の中のわだかまりでしょう。

道路法では「準特定重要港湾」とされているのに、現実の港が漁港とはどのようなことなのでしょうか。少なくとも、準特定重要港湾という港の威厳は、今では感じられない埠頭の光景になっています。行きつくところ、国道一七七号の謎は「準特定重要港湾」というのはどのような港なのか、という疑問を探ることからはじまります。

準特定重要港湾という港

少しだけ「国道」から離れて、まず日本の港というものについて背景をみていくことにします。「港」といっても人それぞれに思い出の港があるはずで、皆それぞれにイメージする

写真3―3　国道177号が漁港へ向かうことを示す道路標識

港があるのではないでしょうか。

『港湾法』という法律で区分されている港は、日本の港の中でも工業的な貿易港が強い側面の港を分類したもので、さらに複雑ではありますが「港湾」にも六つの区分がなされています（表3―4）。

おおよそ大別すると「重要港湾」か、それでない「地方港湾」もしくは「避難港」かに区別されます。国道の指定要件は「重要港湾」でも、とりわけ「準特定重要港湾」もしくは「特定重要港湾」でなければ指定資格を持っておりません。なお、その格上となる「指定特定重要港湾」は平成一七（二〇〇五）年に新たな概念として登場したばかりのもので、港湾法が誕生した折にはまだ存在していませんでした。

ここで予《あらかじ》め断っておきますが、「準特定重要港湾」という用語は法令上にはありません。しかし、行政への問い合わせにおいては「港湾法の附則第五項に規定する港湾」なる港が「準特定重要港湾」で通じるようにはなっています。

準特定重要港湾（「港湾法の附則第五項に規定する港湾」）という港についても、文字どおりに港湾法の末尾にある「附則」からたどっていくと、関連する「港湾法施行令」という政令に行きつきます。そこには「準特定重要港湾」として選別される港というものが「国内産業の開発上特に重要な港湾」としての目的が掲げられています。

重要港湾	国際海上輸送網又は国内海上輸送網の拠点となる港湾
港湾法の附則第五項に規定する港湾(準特定重要港湾)	国内産業の開発上特に重要な港湾
特定重要港湾	重要港湾のうち国際海上輸送網の拠点として特に重要な港湾
指定特定重要港湾	いわゆるスーパー中枢港湾のこと。平成十七(二〇〇五)年に誕生
地方港湾	港湾法を適用する港で、重要港湾以外の港湾
避難港	

表3―4　『港湾法』における港の区分。国道になれるのは、特定重要港湾と準特定重要港湾に至る道

港湾法の筆頭に登場する「特定重要港湾」と、港湾法の末尾に登場する「附則第五項に規定する港湾」は、共に港湾法施行令という同じ政令の中では隣り合うようにしてそれぞれの港が記されているのです。

「附則第五項に規定する港湾」が「国内産業の開発上特に重要な港湾」として有用な施設であるならば、もっと堂々と港湾法の筆頭に挙げてもよさそうなものでありますが、そのようにはなっていないのが法令の不思議さでもあり、輪をかけて複雑にしています。

以降、話の縺《もつ》れによる混乱を避けるために「附則第五項に規定する港湾」＝「準特定重要港湾」として進めることにします。

準特定重要港湾となれば、産業の発展に寄与する工業都市に隣接した港が想像されるものでありますが、実際の政令で記されているのは次の五港だけです。

横須賀、舞鶴、呉《くれ》、苅田《かんだ》、佐世保《させぼ》

福岡にある苅田港以外は、旧軍港として栄えた港に他なりません。これが「国内産業の開発上特に重要」な港か、と首を傾《かし》げたくなる気持ちが生まれるものですが、行政的な言葉の表現として解釈するならば、それらの港は「開発上」とあるように「開発された」わけではなく、これから「開発させていく」という発展途上にある港としてみなされるものになるのでしょう。

「準特定」の意味と『旧軍港市転換法』

旧軍港都市の横須賀、舞鶴、呉、佐世保の四都市は、明治から大東亜戦争（太平洋戦争）が終結するまで、それこそ国が全面的に介入して都市を形成した軍港都市でした。その地域の産業基盤であり、好むと好まざるとにかかわらず、市制から一般の生活まで軍港に大きく依存していたので、まさに生活母体となっていました。

しかし、その軍港は終戦によって一夜で不要なものとなり、解体されることになりました。そのため戦後は日本の都市の中でも軍港都市は失業率がとりわけひどく、市制も完全に疲弊するほどでした。

その救済措置として昭和二五（一九五〇）年に『旧軍港市転換法』という法律が制定されます。これは、旧軍港であった都市を「平和産業港湾都市」に転換することにより、「平和日本実現の理想達成に寄与する」ように国の所有地であった軍事施設の土地を積極的に産業用に転用させていくことを謳《うた》ったものでした。

つまり、地元の経済や下請《したうけ》業務を支えていた「軍港」の代わりとなる新たなパートナー、それも「平和産業」を生業とする民間資本を誘致することで、地元産業の崩壊を防ぐことが期待されました。代表的な転換には、横須賀の追浜《おっぱま》飛行場が日産自動車の追浜工場へと大規模に生まれ変わった事例が思い起こされるでしょう。

しかし、あくまで産業が立ち上がるまでは眼の前にある直近の苦難をどのように凌《しの》ぐかが切実な課題でした。港湾にしてもその一つで、設備があれば必ずそれに対するメンテナンス(改築費)が発生します。莫大《ばくだい》なメンテナンス費は税から賄《まかな》われていることは今も昔も変わりはありません。

通常、「重要港湾」に指定された港は、改修費用について、半分が国から補助金で賄われ、残り半分は管理する各地方自治体から税金が投入されます。さらに港湾が「特定重要港湾」となれば、国からの補助金の比率は高まるように配慮されています。

旧軍港市の場合には、たとえ「重要港湾」とはいえ、その半額ですら賄うには重い費用負担でありました(そもそもが疲弊都市への救済措置なのです)。そのため、その機能が「特定重要港湾」という国の中枢となる港湾には相当しないものの、「重要港湾」でありながら「特定重要港湾」と同等の補助が付与される港湾ということで「準特定重要港湾」のカテゴリーが生まれることになりました。

平成一二年度に港湾法が改正されて、今では特別の施設を除いて負担率・補助率は「特定重要港湾」と「重要港湾」では基本的に同額となりました。これにより、準特定重要港湾なる港湾整備における補助率、負担率の面での恩恵・メリットは事実上解消されています。

港国道の制定は、昭和国道が制定されたのが終戦後の間もない時期であり、旧軍港市転換法の三年後のことです。道路法案が練られていた時期が、まさに戦後の復興という中で行なわれていたことを改めて考えるならば、港国道で選定したかった港が「準特定重要港湾」であってもおかしくはありません。しかし、この準特定重要港湾の中で国道の対象となったのは、唯一、舞鶴港のみでした。

なぜ、舞鶴港だけであったのか。それは大いなる謎で解明には至っていません。ここでは舞鶴港の生い立ちについて見ておくことにして、国道の謎に迫るバックボーンを形成しておくことにしましょう。

西と東の舞鶴を訪れる

舞鶴という地域は、西と東にあたかも二つの街が形成されているかのように分かれています。ＪＲの駅には「西舞鶴」と「東舞鶴」とあるように、港も「舞鶴西港」と「舞鶴東港」の二つの大きな埠頭があります。

これも歴史を紐解《ひもと》けば、西舞鶴と東舞鶴には別々の生い立ちがあります。旧来の西舞鶴は古くから城下町として栄え、商業的伝統を強く持っているのに対して、東舞鶴は明治三四年に舞鶴鎮守府が開かれてから発展を遂げたいわば海軍の町。両者は昭和一八年に舞鶴鎮守府が取りもって合併をして、ひとつの市制になりました。

舞鶴港のうち旧来の軍港は、このことから「東港」側に位置します。今でもここは海上自衛隊の基地となっているように、かつての軍港は今でも軍事的な港となっています。

一方で、国道が指定されているのは「東港」ではなく「西港」側です。西港は大きく第一埠頭から第四埠頭からなり、国道は第一埠頭に一筋の線をつけています。

産業上の重要な港となっているかと問われるならば、少なくとも国道が伸びている埠頭には、そのような産業の気配は今では希薄となっています。西港の産業上の主力はむしろ第二・第三・第四埠頭側に移りました。仮に第二・第三・第四埠頭にかけて国道の道筋がついていたならば、産業と結び付いた国道の姿としてまだ理解も得られやすいものですが、第一埠頭からは、第二・第三・第四埠頭に勝る特徴は見えてきません。

国道が素案とされたのはあくまでも昭和二〇年代の視点が必要です。そのことをもう一度念頭において、その時代の立ち位置で舞鶴を眺めてみましょう。

舞鶴の地図をなぞる

近年になって、戦後まもない昭和二〇年から昭和二二年にかけての日本の都市部の地形図がオンラインで閲覧することができるようになっています。ここでは戦後に旧米国陸軍地図局（U.S. Army Map Service）によって作成された地形図で、通称AMS地図と呼ばれている地形図を参照してみることにします。縮尺は一：一二五〇〇スケールなので、国土地理院の一：二五〇〇〇地形図と対比できます（図3―5）。

AMS地図での『Maizuru』は宮津、舞鶴（西舞鶴）、および東舞鶴の三構成となっているほかに、ガイド一枚の四分割構成からなっています。舞鶴地区を現在の国道一七七号が伸びる第一埠頭について比較すると、戦後六〇年以上の時間を経た変遷を実感できます。

当時は、まだ西港は第一埠頭と第二埠頭しかありませんでした。そして、その両埠頭には西舞鶴駅から分岐した旧国鉄の引き込み線が描かれています。これは、昭和六〇（一九八五）年まで現役の路線であった臨港鉄道で、JR舞鶴港線の昭和二〇年当時の姿となります。第一埠頭には終着駅となる海舞鶴駅（後の舞鶴港駅）の駅名も記されています。また第一埠頭の端点にある「税関（Customs）」も確認できます。

この第一埠頭は明治四一年から大正元年にかけて整備された施設で、舞鶴港の中でも最も古い部類に属する港湾施設となっています。今では老朽化が激しいことや、また第一埠頭の岸壁の水深がマイナス二・五メートルからマイナス五メートルほどしかないため、大型船舶の接岸には向かなくなりました。そのこともあり、その座を第二から第四埠頭へと譲らざるえない状況となっています。

なぜ舞鶴港が……？

昭和二〇年代初頭、舞鶴西港の第一埠頭は朝鮮や中国（満州）からの引揚《ひきあげ》港として人の波が押し寄せた場所となりました。昭和二〇年に始まり、あしかけ五年にわたって続いた引揚事業は、全国で一〇港が指定された引揚港で展開されました。舞鶴港もそのうちの一つでしたが、舞鶴港のみは昭和二五年以降も引揚港としての責務を負いました。

では、そのような責務があるからこそ舞鶴西港が国道として指定された理由になったのか、と問われれば、否《いな》と考えています。

実際に舞鶴西港が引揚港であったのは昭和二一年一一月までで、それ以降は、代わって舞鶴東港が引揚船の停泊地としての変更がされています。仮に引揚港としての実績があったとしても、昭和二八年に国道が指定されるときの要件として、六年前の過去の実績が重要視されたとは考えにくいのです。

このように、引揚港以外に準特定重要港湾の中で舞鶴港のみが選ばれた理由を探ろうとし

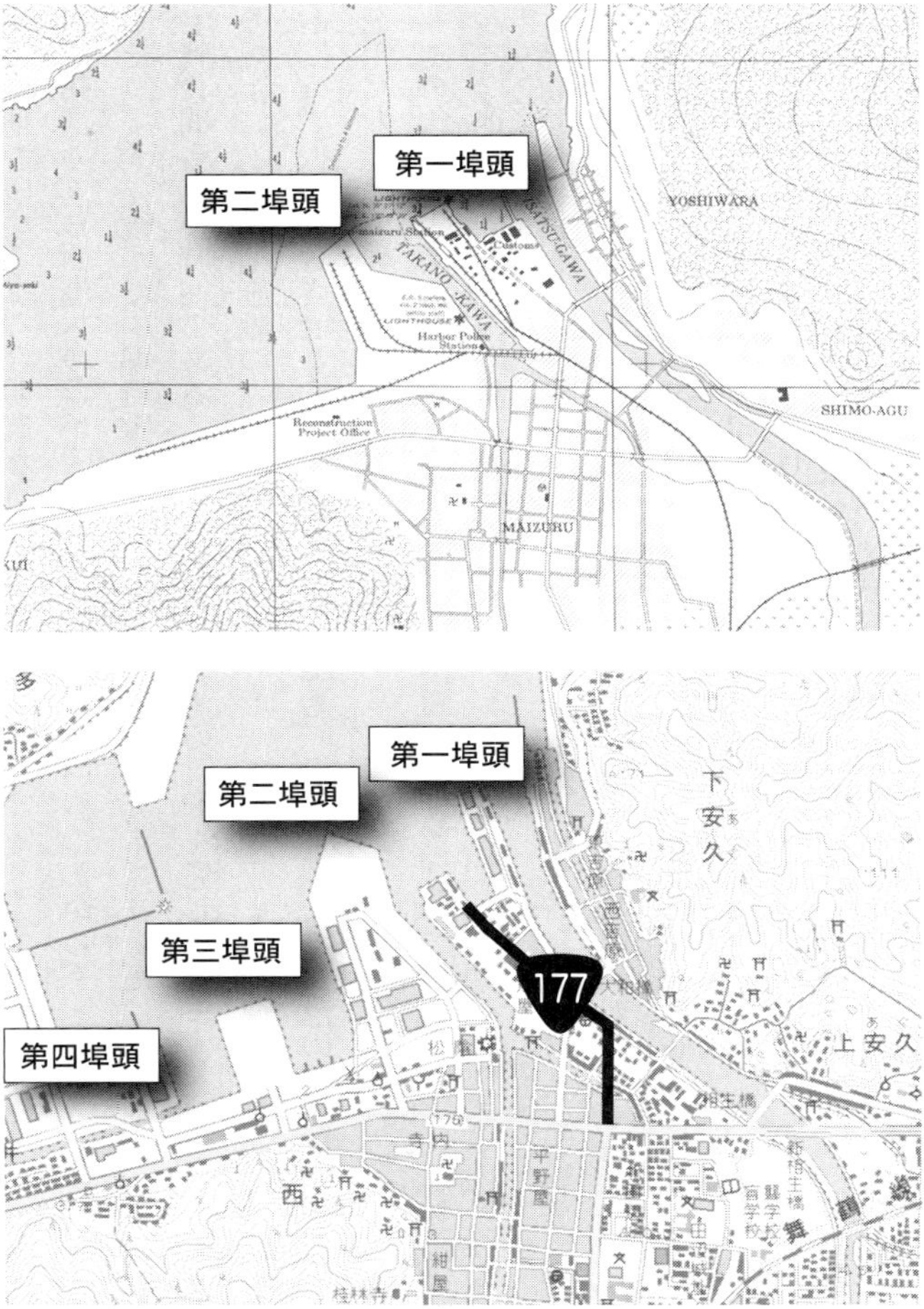

図3―5　昭和20年（上）と現在における舞鶴西港の第一埠頭から第四埠頭の位置関係。かつては港湾の中心であった第一埠頭の状況がよくわかる。昭和20年AMS地図『Maizuru』テキサス大学図書館（http://www.lib.utexas.edu/maps/ams/）より

ても、他を圧するような明確な特徴が見出せません。

舞鶴港のうち西港への道が国道として選ばれていることからも、旧軍港の救済目的ではなさそうです。確かに、準特定重要港湾の旧軍港的なカテゴリーだけから判断すると、あたかも戦後間もない時期であることから旧軍港救済の目的を感じさせます。でも、それは港湾法の規定による港湾施設のみで十分な話であって、道路行政までは迎合《げいごう》する必要はないことでしょう。仮に迎合させることであったとしても、西港ではなく東港の港湾に通じる道が国道として指定されればよいだけのことです。

そのように考えれば、西港へ通じる道が国道として選ばれていることに、純粋に商業港としての地位にあっての港が選ばれているかのように感じられます。

特定重要港湾だけを見てしまうと、どうしても、その所在は太平洋ベルト地帯に固まってしまいます。そのため、港湾の中にあっては日本海に面する港湾が一つも選ばれなくなる不均衡が生じることになります。それを是正する方法論として準特定重要港湾という地位を見出したのかもしれません。港湾施設に伸びる臨港鉄道という重要施設とも結びつくため、そのようなインフラを補佐する目的も見出すこともできそうです。

しかし、日本海に面する港湾ということであればその雄となるのは敦賀《つるが》港です。輸出入量、港湾設備においては舞鶴と同格以上のものを有しており、地理的にも、近畿・関西をカバーするには舞鶴より強いものとなっています。臨港鉄道もあれば、その歴史たるや舞鶴港線よりも古く、かつ現在でも現役です。

したがって、日本海に面する重要港湾として舞鶴港を見出す決定打がなく、これが舞鶴港を国道として指定した理由が解けないところの謎なのです。

今では、過去の歴史を消しゴムで擦《こす》ったかのように、鉄道路線は綺麗に地図上からは消えています。唯一、その時代の名残りを留《とど》めるのが国道一七七号ですが、その当時の面影すら感じられないほどに、国道は静謐《せいひつ》な世界に閉ざされています。

国道一七七号がある第一埠頭は役割を終えて、第三埠頭、そして第四埠頭への足がかりとなりました。そのことからすれば、産業の発展に寄与したことは嘘ではありません。

しかし、それにしても、「今」の国道一七七号にはどのような役割が期待されているのでしょうか。昭和二八年からすでに半世紀が経っていても、それは見えてきません。

重要港湾でもあり、漁港でもある唯一の港

最後になりますが、国道一七七号は準特定重要港湾につながっているはずなのに、現場の第一埠頭は漁港となっているのはなぜなのか、という疑問が残されています。

答えは第一埠頭の西半分が準特定重要港湾の施設で、東側半分が第三種漁港施設となっているためです。

第一埠頭に漁港があたかも「寄生」するようになったのは、第二埠頭の竣工とも関係しています。昭和四（一九二九）年から、足かけ九年にわたって第二埠頭が増築されました。この第二埠頭の完成によって、第一埠頭は漁港として併用することが認められます。それ以上の経緯は不明ですが、戦後になってもその共生関係は認められ、昭和二六（一九五一）年には「準特定重要港湾」と同時に「第三種漁港」としても指定を受けることになりました。

このように、国道が指定される以前から共存共栄が図られていたわけであって、現在の姿はあくまでも産業港としての役割が薄れたぶん、漁港の姿が顕著になってしまったからにほかなりません。ただし、一歩、海へ踏み込むと、港湾区域と漁港区域とが重複して指定されている状態となっています。

同一港湾施設で重要港湾と漁港とが隣接（共有）している港は日本の中では、この舞鶴西港しかありません。日本でも珍しい港であり、その特例なる第一埠頭に国道が伸びていくのであれば、また違った意味でこの国道の面白さを感じ取ることができるのではないでしょうか。

第四道

国道
189
ROUTE

米軍基地につながる「港国道」（山口県）

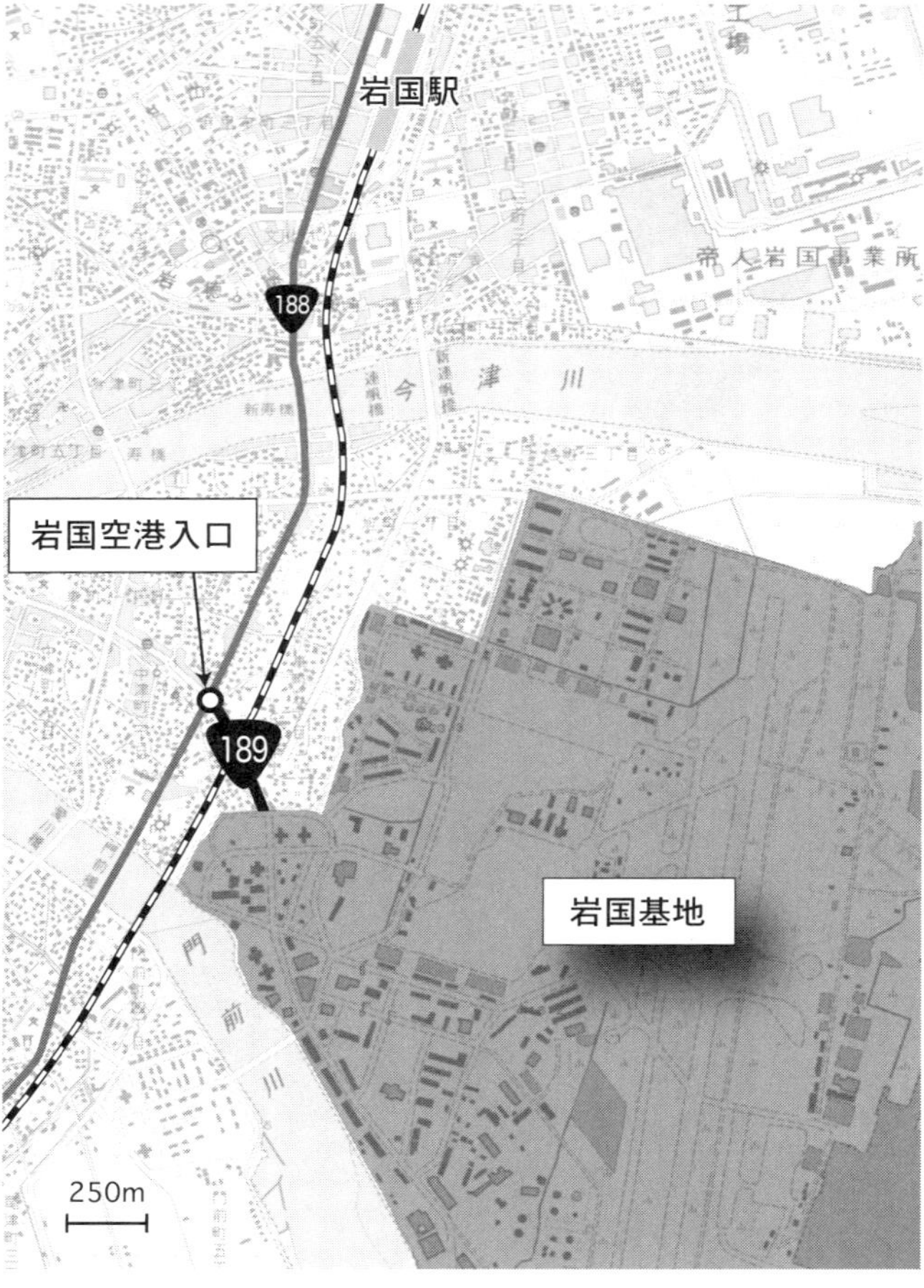

図 4—0　国道 189 号の路線図

岩国《いわくに》空港はどこへいったのか……

岩国という街を訪れた時は五月雨《さみだれ》がしたたる薄暗い夕方でした。国道二号から分かれて、岩国駅前から国道一八九号を南下するようにして車を走らせますが、数キロメートルほどは国道一八八号と重複するため、この区間内には国道番号で下位路線となる国道一八九号を示す標識は眼につきません。

国道一八九号へと向かうためにマークするのは、唯一、「岩国空港入口」の信号機です。この信号を左折すれば国道一八九号の単独区間の始まり、やや喧噪《けんそう》とした国道一八八号から離れてゆきます。ここから、法令上の起点となる岩国空港までは、約四〇〇メートル。ＪＲ山陽本線の踏切が中継地点であり、踏切を越せば否応なく起点の「岩国空港」が見えてきます。

しかし、その様相は明らかに「基地」、それも米軍基地であって、想像するような空港ではありません。では、国道一八八号から分岐した「岩国空港入口」の信号機にある「入口」は間違いなのかと、ここでも標識と現実の景色との狭間《はざま》で揺さぶられます。

手元の県別道路地図をまさぐるようにして拡げ、車のトリップメータから逆算させても、ほぼ、この施設が起点の所在となることは間違いなさそうだ、と思い至るまでに数分。そうこう逡巡《しゅんじゅん》している間にも暮色蒼然《ぼしょくそうぜん》たるさまはいよいよ強まってゆきます。あとは、起点の現場へと向かう覚悟を持つだけなのですが、「基地」という土地柄、なかなかの勇気を必要とします。

初めてその起点を訪れた時には、どこまでが「日本」で、どこからが「アメリカ」なのかと、とりとめもなく躊躇《ちゅうちょ》したものです。正確に描かれているかわからなかった時代の地図を片手にして、まさに足を忍ばせるように基地のゲートに近づいていてゆくと、衛兵が正面に歩み寄ってきて制止を求められました。

——ならば致し方ない——、と、ある程度の距離を保ち、写真を撮るためにカメラでフレーミングをとるのですが、それでも衛兵は完全に不審者扱いした瞳でこちらを見つめていることがファインダーを通じても伝わってきます。

いずれにしても、居心地が悪いことには変わりはありません。「空港」という本来は未知の世界へフライトする前の心の躍動感が得られる場所が、この空港では早く退散したくて仕方がないほどに後ろめたい気持ちにさせてくれました。数枚のシャッターを切って、そそくさと退散するのに時間はかかりませんでした。

基地に入る手前には左手に大きなプレートが設置されているほかに、国道の路面には一文字の黄色のラインが引かれています（写真4—1）。後日、国道一八九号の起点を地図で確かめてみると、そのラインを境にして地図上では基地施設とする配色で描かれていることが確かめられました。国道路面に示された黄色の一本のラインが境界線を意味するようです。

では、起点はどの位置になるのでしょうか。

デジタル地図上で示される所の起点は、その基地施設内。該当する起点には、日米の国旗が掲《かか》げられている掲揚《けいよう》台があります。日の丸と星条旗の掲げられる二本のポールの間に見えない「国境線」を感じさせますが、日本の国旗が掲げられている地点が国道起点、と見据えても強《あなが》ち間違っていないようになっています。

衛兵に制止を求められた基地敷地へのゲートというものは、道なりに左手に回り込んだ場所に設けられていますが、さすがにここまでは国道ではなかったようです。

では、岩国空港はどこへいってしまったのでしょうか。国道が生き証人となっている、その失われた空港をたどることにします。

「重要な飛行場」とは

前の二つの章では、神戸港と舞鶴港とをみてきました。港国道で規定される、

- 港湾法で規定する特定重要港湾
- 港湾法の附則第五項に規定する港湾（準特定重要港湾）
- 重要な飛行場

のうち、上位二つのケースについての国道がどのようなものかをたどってきました。岩国空港は、港国道の三番目のパターンである「重要な飛行場」に該当します。そもそも、「重要」というやや主観がかった表現なため、その核となる「重要な飛行場」という規定も曖昧《あいまい》な表現となっています。また、何をもってして「重要」なのかは道路法の中では明確に記されてはいません。

ポイントとなるのは海の港の港湾については港湾法という法律が参照されますが、空の港の空港については、道路法の中ではそれを参照すべき基本法は示されておりません。

誤解がないように付言すれば、現在は空港整備にかかる基本法は『空港法』（旧名：空港整備法）の行政法があり、その中で空港は第一種空港から第三種空港までに格付がなされています。空港法は道路法が制定された後の昭和三一年に施行されたため、国道制定時の昭和二八年の段階では日本の空港に関する行政上の法令的な区分がなかった状況でした。あくまでも「重要な飛行場」という独特の言い回しになっているのは昭和二八年の名残りともいえるでしょう。

しかし、その後に該当する空港法という基本法が施行されたのであれば、その空港法を改正のタイミングで織り込んでもよさそうなものですが、なぜか今でも道路法では空港法が反映されていない不可思議な瑕疵《かし》を残しています。

写真4―1　国道189号の起点付近。手前のラインがそれか？　後方に日米国旗の掲揚台が見える

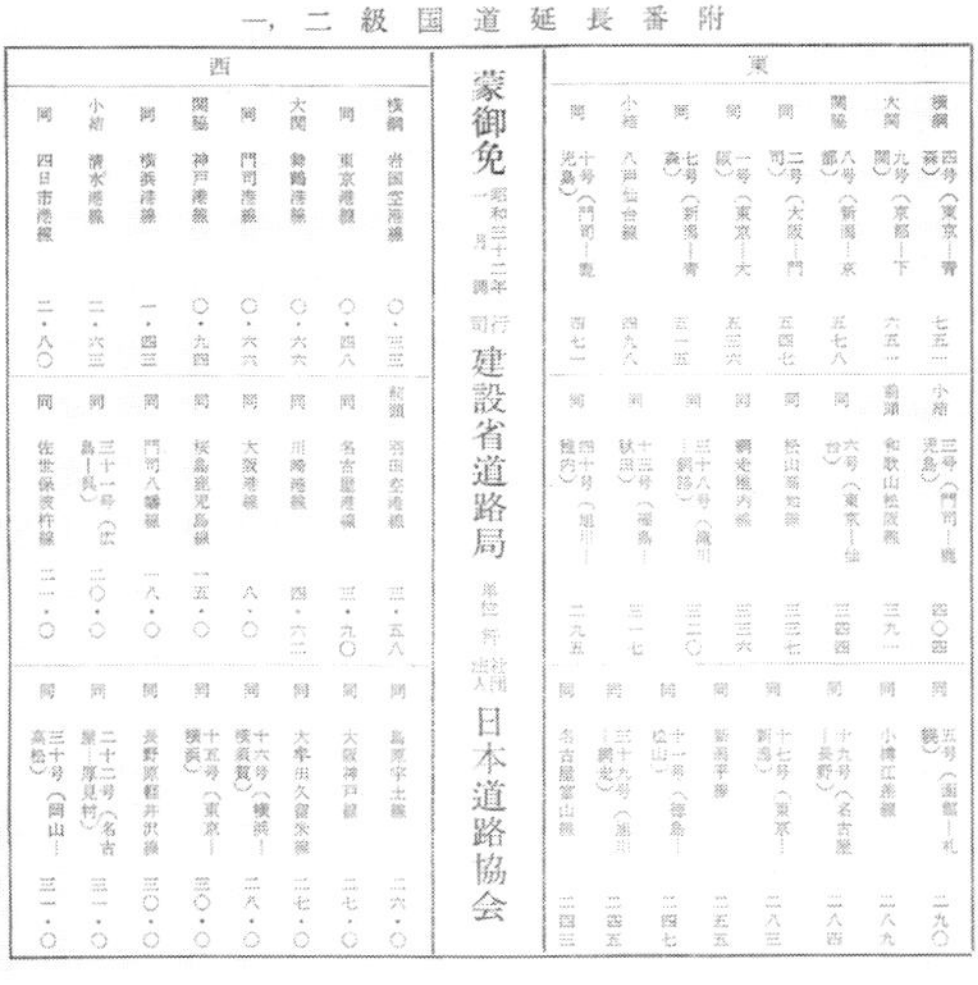

一，二級国道延長番附

蒙御免　昭和三十二年一月調

行司　建設省道路局

単位　粁

勧進元　社団法人　日本道路協会

西		
横綱	岩国空港線	〇・三三
同	東京港線	〇・四八
大関	鈴鶴港線	〇・六六
同	門司港線	〇・六六
関脇	神戸港線	〇・九四
同	横浜港線	一・四三
小結	清水港線	二・六三
同	四日市港線	二・八〇

図4―2　国道番付。西の横綱に「岩国空港線」とあるのが、国道189号

もう一つ、航空行政の基本法には『航空法』（昭和二七年法律第二百三十一号）がありま す。こちらは道路法が制定された同じ昭和二七年であるため参照法令としても準拠できそう です。

実際、道路局長から通達されている『都道府県の路線認定基準』（平成六年）は表題にも あるように都道府県道の路線認定のマニュアルとなっていますが、ここでは「飛行場」とし て『航空法第百条』で規定する定期航路が発着する空港とする指示が出されています。

しかし、この航空法第百条の条文、航空運送事業を経営しようとする者が国土交通大臣に 許可を得るための必要事項についての付記であり、本来参照とすべき都道府県道が接続する ための空港施設の条件とは直接に結び付いてはいません。

「重要な飛行場」が公文書として登場するのは『道路法』（昭和二七年六月）が制定された 翌年のことでした。昭和二八年の「二級国道」の政令の布告二日前の段階で、「告示」とい うランクを下げた形式で、さらっと「岩国飛行場」と「羽田《はねだ》飛行場」が掲示されました。た だし、これもどのような定義でそれらが選択されたのかは、その根拠となるような条文は建 設省告示には記されていません。

結論から先に述べれば、この「岩国飛行場」と「羽田飛行場」の共通点は、戦後、日本で 初めての国際空港として昭和二七年六月に開港した飛行場であったことです。東日本の玄関口が羽田国際空港、そして西日本の玄関口が岩国国際空港として認められた翌年に「重要な飛行場」として建設省から告示され、空港に通じる港国道に反映されました。その岩国国際空港に導かれた国道が、国道一八九号だったのです。

意外に思うかもしれませんが、当時、西日本の玄関口は「大阪」ではなく「岩国」でした。だからこそ、当時の国際空港が羽田と岩国の二カ所に限られていた飛行場であったことを知るならば、道路法で記載されていた「重要な飛行場」という表現も自ずと氷解してゆきます。

なお、この国道一八九号は、制定当時の延長は起点の基地から国道一八八号までの三三〇メートル。「第二道」の国道一七四号が誕生する前には、「日本で一番短い国道」でした。昭和三二年に道路分野ではトップジャーナルである『道路』には、今も昔も変わらぬ企画の「国道番付」なるコラムがあり、行司を建設省道路局として長短二四路線のリストが掲載されています。西の「横綱」には旧路線名である岩国空港線の国道一八九号が見て取れます（図4―2）。

国際空港の誕生のなかで

元をたどれば、国際空港の開港のタイミングは日本の航空行政の新生を象徴するものでした。

第二次世界大戦の終結は日本の航空産業の解体と技術開発の停止を余儀なくし、民間資本による航空会社の設立はＧＨＱ（連合国軍最高司令官総司令部）の規制対象となっていました。

このような規制は昭和二六年になってようやく解除され、その年の八月に「日本航空株式会社」が設立されることになります。資本金一億円、日本政府が介入する半官半民の組織としての誕生ではありましたが、会社設立当初は保有する飛行機は一機もない状態でした。

また、これと並行して運航予定とする国内線の飛行場も全国で八カ所がピックアップされました。北は北海道の千歳《ちとせ》飛行場にはじまり、青森・三沢《みさわ》飛行場、宮城・松島《まつしま》飛行場、羽田飛行場、名古屋・小牧《こまき》飛行場、大阪・伊丹《いたみ》飛行場、山口・岩国飛行場、そして福岡・板付《いたづけ》飛行場が飛行場の予定地となりました。

この年の昭和二六年九月に日本はサンフランシスコ講和条約に署名するので、ＧＨＱの日本の航空産業の制約解除は正式な「戦闘状態の終結」と日本の主権回復のための前準備としてみることもできます。

翌昭和二七年四月になって講和条約は日本国内の手続を経て発効されることになりましたが、同時に「日米行政協定」という後の地位協定も施行されます。

この行政協定では、羽田を除く日本の飛行場はアメリカ軍の施設となりました。そのため、日本はアメリカからそれらの空港を「借りる」という形式をとることになりました。また、羽田飛行場については、唯一、日本の所有する施設となりましたが、同じくアメリカに「貸す」ことになり、すべての飛行場は日米が共同で使用する施設だったというのが当時の飛行場の実態でした。

道路法が公布された同じ昭和二七年六月、まだ日本航空株式会社が国際路線をもたないのにもかかわらず、先に「羽田飛行場」と「岩国飛行場」とが国際空港として開港されました。日本航空株式会社の国際線への進出は翌年の昭和二八年一〇月のことで、これをきっかけとして日本航空株式会社は特殊法人に改組《かいそ》されてゆきます。

したがって、この時代にはまだ「空港」というインフラが正式に公共の足となるほどには整備されていませんでした。そのような、ナショナルフラッグである日本航空ですら昭和二八年になってようやく立ち上がったばかりの時期に道路法が公布されたことになります。「重要な飛行場＝国際空港」であることも関係者の間で調整されていたことは予想されます。それが昭和二八年になって建設省告示として示されたことになります。

「重要な飛行場」から、米軍航空基地へ

昭和二六年に「道路法案」が議員立法として当時三三歳であった田中角栄《かくえい》（元首相）から提出されました。日本列島改造論は内閣総理大臣時代の昭和四七（一九七二）年のことですので、根幹となる道路に対するビジョンは、それよりも二〇年前にバックボーンが形成されていたことになります。

道路法案では、とりわけ国道が「国際空港」との接続を考慮するという大正国道にはなかった概念を織り込ませました。しかし、法案の中では「国際空港」とは明記せずに、その表記を「重要な飛行場」として留めてしまったため、そのニュアンスが伝わるものではありませんでした。

そのため、道路法案の審議では、共産党の池田峯雄から「重要な飛行場」がアメリカ軍の軍用施設とみなされ、港国道の真の目的というものが、当時駐留していたアメリカ軍施設もしくはそれに準ずる軍事施設へとつながる「軍事国道」なのではないかと勘ぐられました。その「重要な飛行場」なる飛行場には、立川《たちかわ》飛行場や横田《よこた》飛行場が含まれるのではないかと疑われ、当時の道路局長であった菊池明が詰め寄られる一場面もありました（昭和二七年五月六日建設委員会）。

つまるところ、法案がまとめられた昭和二六年の段階では、日米行政協定によって国内の

すべての飛行場がアメリカ軍の施設もしくは共同使用になったことを考えれば、それに通ずる道路（国道）というものは、それに準ずるアメリカ軍の資産と考えられても否定できない要素を十分に残していました。

この質疑に対して、田中角栄は戦後の新憲法のもとでの理念に基づいた道路法を構築することを力説し、アメリカ軍への特別な便宜《べんぎ》を供与したいという考えは毛頭ないと言い切っています。

しかし、時代の流れは当時の田中角栄にも予想できるものではなかったのか、港国道が制定された五年後の昭和三三年に変化が訪れます。岩国空港はアメリカ軍海兵隊が主導権を握るようになり、戦後から一七年を経て、昭和三七年七月にはついに米海兵隊岩国航空基地(MCAS IWAKUNI)が発足したのです。

平成年間になった現在も岩国はアメリカ軍の駐留する航空基地となっています。民間空港としては昭和三九年を最後に定期便の就航がなくなり、事実上、岩国国際空港としての施設はここで潰《つい》えました。

池田峯雄の懸念が強ち外れていなかったのは、岩国飛行場が米軍基地へと転化していったことを見ても明らかでしょう。国道一八九号が「軍事国道」ではないにせよ、当初の目的としなかった軍事施設へとつながる唯一の国道になり、田中角栄が唱えた理念とは一八〇度異なる情勢になってしまったのです。

だからといって国道が解除されるわけではありません。今でも〝非〟民間施設である岩国空港へとつながりを持たせているのは、必ずや再び民間空港へ復活させることを希求《ききゅう》している表れでもあります。

また、空港法では、国際空港は「第一種空港」となっていますが、ここには「岩国空港」の名はありません。そもそも、空港法には「岩国」は空港施設として名がないのです。唯一、その理念を道路法のみに刻まれているかのように映ります。

港国道をめぐる最も難解な「謎」

国道一七四号、国道一七七号、国道一八九号の港国道の三つのパターンについて概要を見てみると、港国道が考えられた昭和二〇年代の中盤においては、日本の貿易、航空行政と国道というインフラが相互連携する意図がみてとれます。港湾とのつながりは明治からの開港場を踏襲《とうしゅう》する流れを汲《く》みつつ、一方で新たな輸送手段となる航空をも取り込む斬新なものでした。

しかし、それが現在の立場で振り返ると非常に不自然に感じるのは、港国道の姿がほぼ昭和二八年当時のままで取り残されているからなのです。

例えば、国道の指定要件の一つであった「特定重要港湾」は、現在（平成二〇年）では北海道から九州にかけて満遍《まんべん》なく広がりを見せ、昭和二八年よりも倍増しています（表4―3）。しかし、その増加分の港湾に対して国道が新たに指定されることはなく、昭和二八年から「港湾」へとつながる国道は一つも組み込まれていません。

空港にしても然《しか》りです。すでに空港法によって国際空港は「第一種空港」に規定されていますので、それを参照することは問題がないように思えます。今でも道路法が空港法を参照しないのは、空港法では含まれていない「岩国空港」を固守するためだけなのでしょうか。

また、起点・終点位置がまったく変更されていないということも港国道の謎とされるものです。その最たる例が「羽田空港」にある国道一三一号です。

昭和三〇年代の地図と現代の地図を比較するとこれだけ羽田空港は「進化」を遂げたのかと感慨深く見ることができます（図4―4）。国道一三一号の起点は今も昔も変わらず穴守《あなもり》橋（稲荷橋）で、この橋を渡れば羽田空港の敷地内に入ることには変わりはありません。

平成五（一九九三）年には新ターミナルが完成し、鉄道、モノレールという代表的な交通インフラはそれに向けて大移動しました。また、道路については、港国道ではありませんが、都道三一一号の環状八号（通称：環八）は新ターミナル側まで延伸《えんしん》されて国道三五七号と接続するようになっています。

特定重要港湾	港　湾　名
昭和二十八年 （十箇所）	東京港、川崎港、横浜港、清水港、名古屋港、四日市港、大阪港、神戸港、下関港、門司港
平成二十年 （二十三箇所）	室蘭港、苫小牧港、仙台塩釜港、千葉港、東京港、川崎港、横浜港、新潟港、伏木富山港、清水港、名古屋港、四日市港、大阪港、堺泉北港、神戸港、姫路港、和歌山下津港、水島港 、広島港、徳山下松港、下関港、北九州港、博多港

表 4—3　昭和 28 年と平成 20 年の特定重要港湾を比較。指定された港湾の数は倍増している

図 4—4　国道 131 号の起点は、羽田空港（東京国際空港）である。昭和 40 年代（上）と平成 20 年の周辺図を比較してみると興味深い。空港の規模は巨大化し、その中心施設は東へ大きく移動しているにもかかわらず、国道 131 号の起点はまったく変更されていない。あたかも現在における港国道の存在意義を物語っているかのようだ

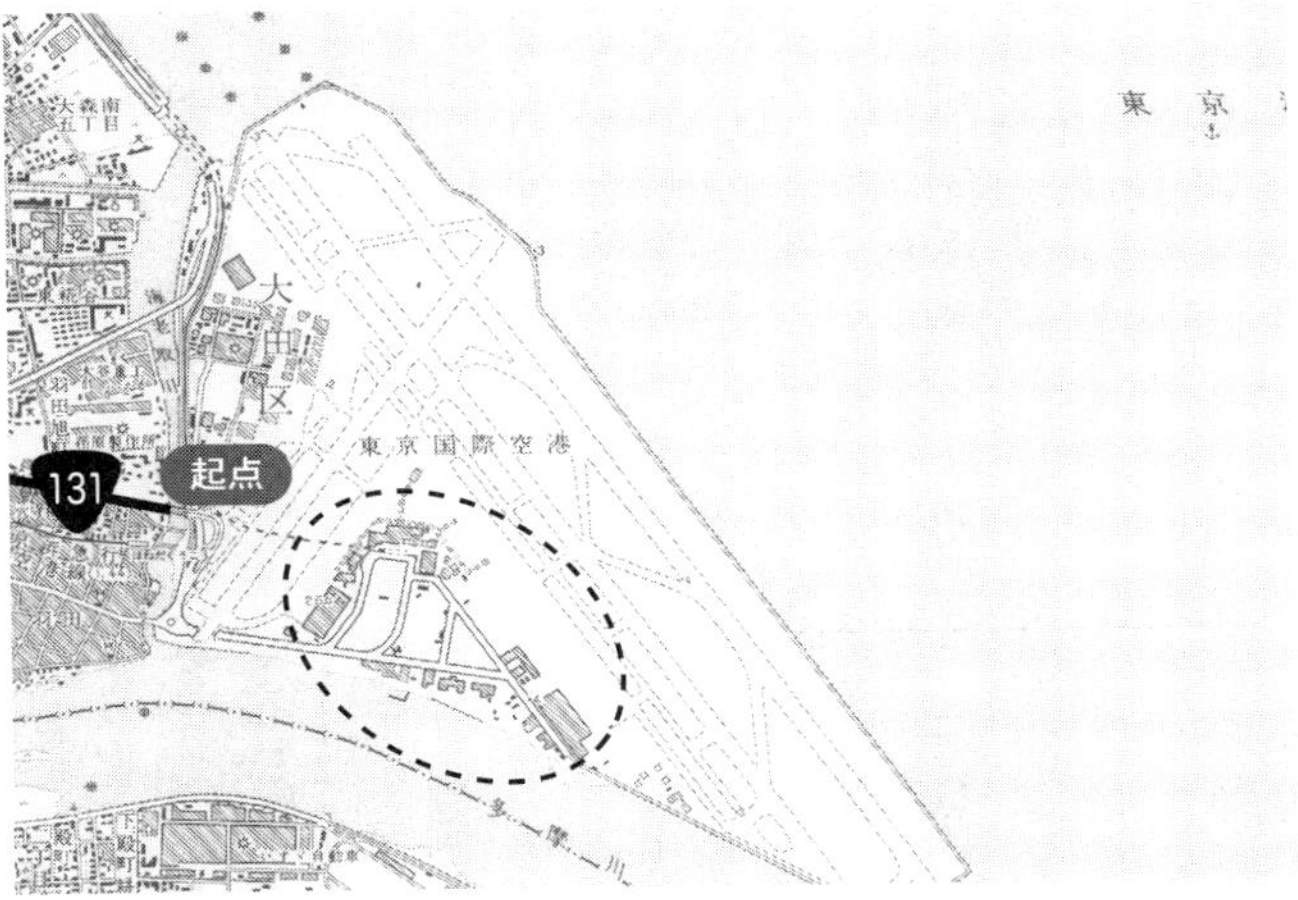
東京
大田区
東京国際空港
131
起点

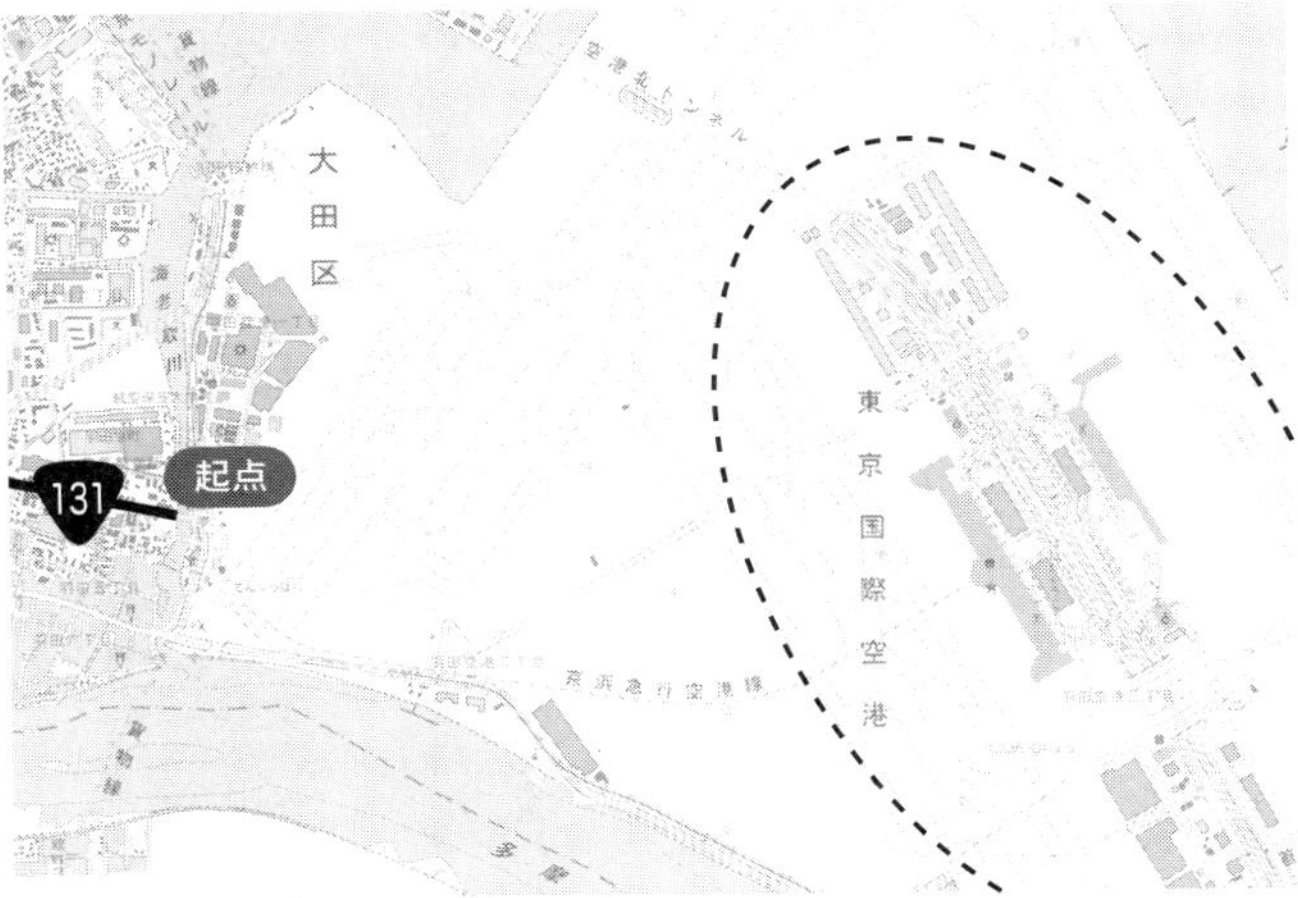
大田区
東京国際空港
京浜急行空港線
131
起点

国道一三一号に限れば、せめて起点を環状八号にあわせて移動させて国道三五七号の接続地点まで延ばしてもよさそうなものですが、そのような起点変更の修正はされることなく、今でも旧ターミナルの位置にかつての面影を留め続けています。

このように港国道は昭和二八年からはほとんど手を加えられることなく、あたかも道路法制定当時の理念を抱いたままで静置されているのです。

首都高・湾岸線のように、かつての港国道のコンセプトは、現在では高速道路がその役割を負うようになりました。湾岸線は羽田空港からの乗客や物資でダイナミックな流れを形成し、あたかも日本の動脈のようになっています。

昭和国道の制定された当時には港湾施設・空港施設に対するアクセシビィリティの考え方の中に「高速道路」の概念は存在しませんでした。その役割が「高速道路」に譲られたという大きな変革の中で、港国道は取り残されたという側面があります。

ならば、それに即した法改正で港国道も順応できればよかったのですが、「増加」もすることがなければ、「廃止」にすることもなく、かといって「延伸」などの路線変更さえなく今に至っています。

その行政の対応が実は最も難解な「謎」となります。

第五道

国道 58 ROUTE

「海上国道」にあった巨大ロータリー（沖縄県）

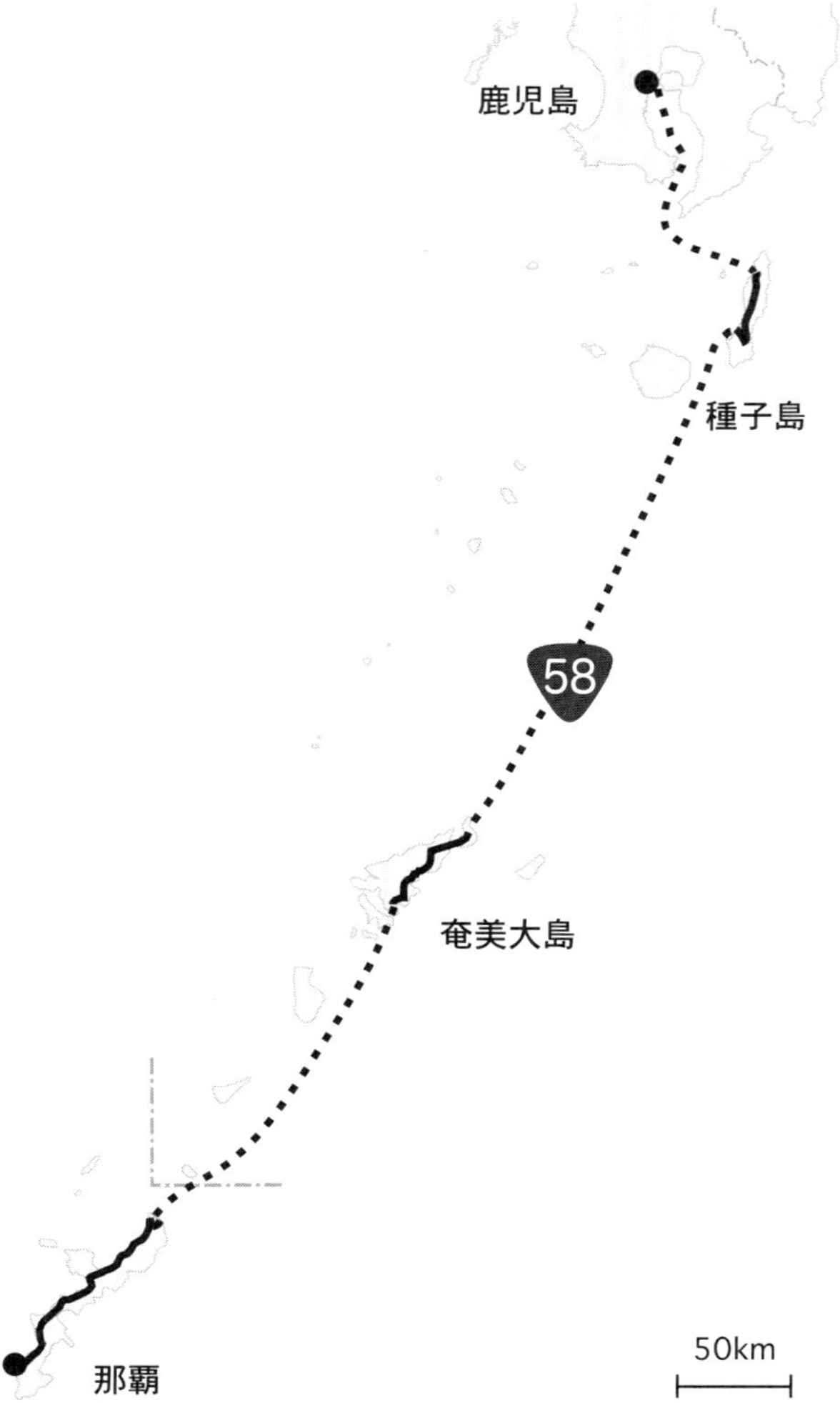

図 5—0　国道 58 号の路線図

海と島々をつなぐ国道

――海を走る国道――。

遠く、海原を隔てて道が一つにつながる、そのような国道が日本にはあります。それらの道は「海上国道」と呼ばれますが、もちろんのこと、海上に道があるわけではありません。海づたいに国道が一つの線として結ばれている道、それが「海上国道」になります。

日本に数ある海上国道の中でも、最も長距離なのが国道五八号です。起点を鹿児島市、終点を沖縄県の那覇市とする重要路線で、この国道は種子島《たねがしま》、奄美《あまみ》大島、そして沖縄本島と島から島へとスキップするように伝ってゆきます。もし、海上ルートまで実延長とみなすならば、国道四号（東京都中央区―青森市）を抜いて日本一長い国道ともなります。その国道の全体図を地図上で簡単になぞってみることにしましょう。

起点の鹿児島市内の国道五八号は、国道三号、国道一〇号の交差点でもある照国《てるくに》神社前に始まります（図5―1）。一〇〇メートルほど国道一〇号と重複してから、桜島を正面に海岸へと向かう道が鹿児島市における単独区間となり一キロメートルにも満たない道となっています。一見すると、国道五八号の端点は街の中に取り残されているようにも見えますが、護岸工事による海岸線の変化は、ここにも国道遺跡を残すことになりました。

種子島へ向かうフェリー乗り場は、ここからすぐの「南港」にあります。約四時間の船旅となりますが、実は私はまだ種子島の国道五八号を制覇しておりません。ですので、ここではあえて、その区間の記述は割愛することにします。

続く、奄美大島の国道五八号に向かうことにしましょう。奄美における国道区間は島という閉じられた中にありながら、約七〇キロメートルにも及びます。そのため、端点から端点まで走り切るだけでも優《ゆう》に二時間の旅となります。まして、ちょっとした国道探索をしていると、休憩時間も含めれば数時間はあっという間に過ぎてゆきます。とくに、奄美を初めて訪ねる人は、立てたスケジュールを台無しにすることもありますので注意をしなければなりません。

島の地形は南国のリゾートアイランドを連想させるような平坦な島ではありません。むしろ、本当に「島」なのかと思えるほどの起伏に富む山岳ルート、南国を思わせる密林地帯となっています。

それでも、かつての国道五八号の姿を知る人からは、「これでもよくなった」と聞きます。それは、奄美大島における国道五八号がたどる標高を示す「縦断図」を眺めれば、一目でわかるでしょう。島を訪れたことがない人でも、厳しい地形を想像することができます（図5―2）。かつては激しいアップダウンに道はなぞられていましたが、今ではその起伏部の直下に二〇〇〇メートル級のトンネルを有し、鹿児島県下のベスト一〇にランクインするも

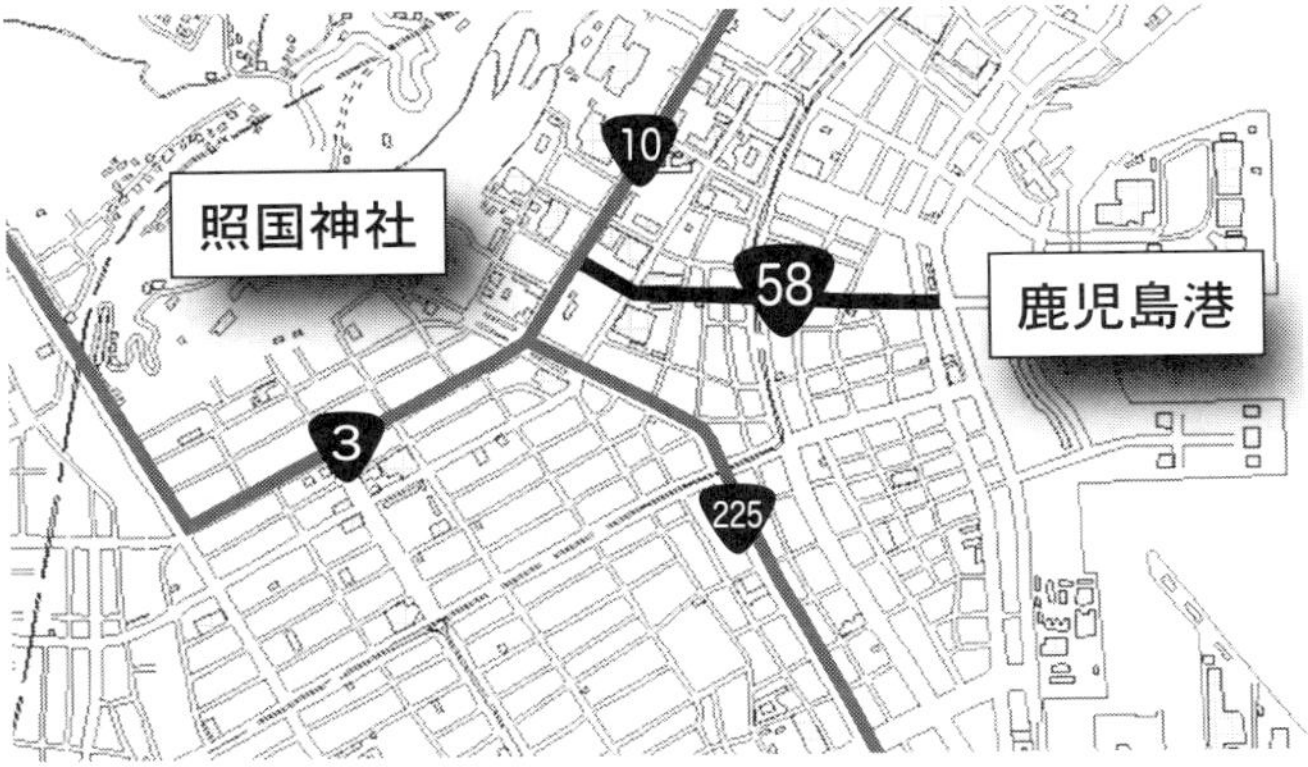

図5—1　鹿児島市内の国道58号。1キロメートルにも満たない陸路を経て、鹿児島港に至る。ここから先は「海上国道」

のが四本もあるほど大規模なものとなっています（表5―3）。

ようやくにしてたどり着く奄美第二の港街・古仁屋《こにや》は、国道五八号の鹿児島県下における終着点となり、その町に入る手前には目立つことなく顕彰碑が立てられています（写真5―4）。

「すべての道に感謝を」

もし、この一文に首を傾《かし》げるならば、帰路には長大なトンネルを通らずに国道の旧道を訪ねてみるとよいでしょう。きっと、その刻まれた想いを感じ取ることができます。

フェリーも「国道」？

沖縄の国道五八号を訪れる前に、海上国道について考えてみることにします。

――海上をゆく航路は道路となるのか――。

第三者からすると、そのようなふとした疑問を抱くもので、またどのような理由によるものなのかと知りたくなるものです。そのような疑問は、何も今にはじまったわけではなく、昭和国道が制定される際の昭和二〇年代に国政においても議論されていました。

昭和二七（一九五二）年五月二七日の大蔵委員会。その答弁の中で国道間を結ぶフェリーの扱いについての解釈が問われる場面がありました。

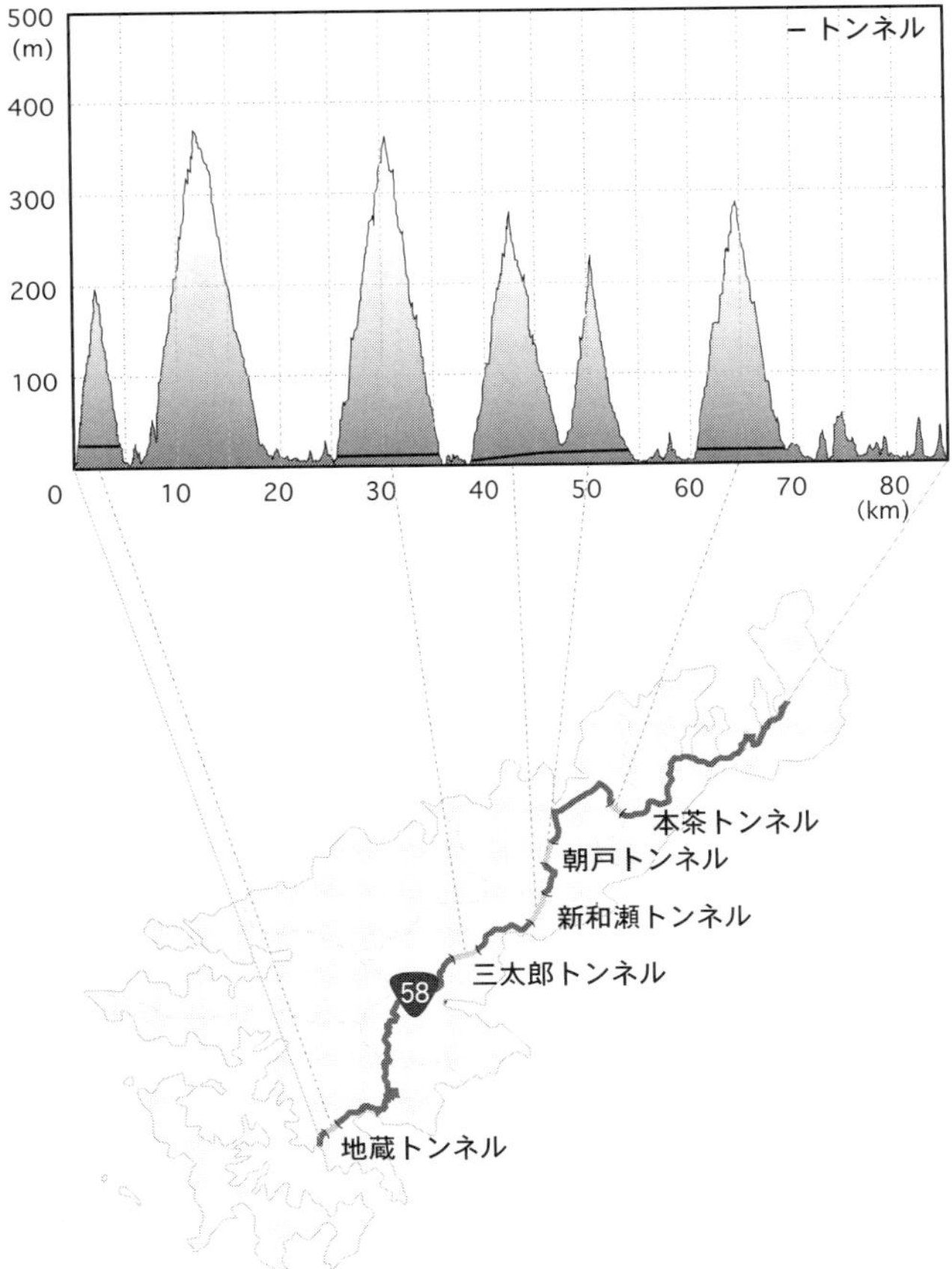

図5─2　奄美大島を通る国道58号の縦断図。トンネルがなければ、この国道は想像を絶するほど過酷な道のりとなるであろう。ただし、左から二つ目のピーク（網野子峠）を貫くトンネルは今もない（縦断図は『カシミール3D』で作成）

元来、道路法では、河川を渡る「渡船《とせん》」は道路の付属物として認められています。では海を渡るフェリーについてはどうなのか……。

政府委員として答弁に立った当時の建設省の代表（淺村廉《あさむらきよし》）は次のように語りました。

「只今お尋ねの問題は、道路法では渡船と称しておりまして、渡船は道路の附属物と考えられております。渡船と申しますと、この動きます船と、それから船着場と、両方合わせまして一体とした施設として渡船という言葉で現しております」

と、まずは道路法における渡船と道路の関係について述べたあとに、

「どこまでが渡船かと申しますれば、これはおのずから常識的に限界がありますのでございますが、例えば御説のフェリーのような問題は、渡船としてその対象に織込んで考えて差支えないものでございます」

と、フェリーが「渡船」という枠に収まる認識について言及しました。

この答弁の考え方は「渡船は道路の付属物。また、フェリーは渡船の一部。したがって、フェリーは道路の付属物（ここでは国道）となる」というロジックによって、海上国道の概念が示されたことになります。その後、昭和国道が制定されるとこの概念はさらに発展して、海上区間を渡るフェリーに対して国道としての補助費があてがわれる根拠ともなりました。

順位	トンネル名	路線名	供用開始	所在地	延長(m)
1	久七トンネル	国道267号	H．16	大口市	3,945.0
2	国見トンネル	神之川内之浦線	H．14	肝付町	3,300.0
3	高尾野トンネル	国道504号	H．15	出水市	2,605.0
4	新和瀬トンネル	国道58号	H．13	奄美市	2,435.0
5	三太郎トンネル	国道58号	H．1	奄美市	2,027.0
6	和光トンネル	国道58号	H．17	奄美市	1,820.0
7	朝戸トンネル	国道58号	H．5	奄美市	1,725.0
8	武岡トンネル	国道３号	S．63	鹿児島市	1,506.0

表５─３　鹿児島県内の長大トンネルベスト８（鹿児島県庁発表）。うち４本が奄美大島の国道58号上にある

写真５─４　国道58号の鹿児島県下における最南端の地、古仁屋。ここに顕彰碑がある

そのような補助費の対象となった海上国道の一つに、兵庫県・神戸を起点とし、明石《あかし》を経て徳島（鳴門《なると》）に向かう国道二八号があります。国道二八号は淡路島《あわじしま》を渡らなければならないため、「明石―淡路（岩屋《いわや》）」の航路と「淡路―徳島」（現在、航路は廃止）の二カ所に「海上」区間を有しますが、かつては、これらのフェリーは国道でありながら、日本道路公団が管理する「有料道路」となっていた時期がありました。

「第八道」でも述べますが、戦前までの旧道路法では道路の付属物であった「渡船」は、「有料道路」として料金を徴収することが認められていました。戦後、『道路整備特別措置《そち》法』という有料道路の根拠法の制定にともない、上記の二航路については阪神地方と四国を結ぶ国道フェリー事業の重要性が認められ、その港湾施設と航送船建造費を対象として、当時の金額で二億八二〇〇万円の融資がなされました。

現在は、明石―淡路（岩屋）航路も民間企業へ事業継承されたことによって、そのような補助費では賄《まかな》われてはいませんが、「海上国道＝有料道路」となっていた時代が昭和国道の黎明期《れいめいき》にはありました。

では、国道五八号の海上国道も、そのようなフェリー事業に対する補助を目的としていたのかといえば、それは異なる事情によるものです。国道五八号の場合は、沖縄返還による緊急措置的な特例と離島振興の二つの政策を含む国道となっています。

昭和四七（一九七二）年に、沖縄がアメリカから返還され、それまで琉球列島米国民政府が管理していた「軍道」および「軍営繕道《えいぜん》」と、琉球政府下の「政府道」が、日本国政府へと引き継がれました。沖縄返還によって誕生した当時の国道五八号は、現在のように種子島と奄美大島を経ず、ダイレクトに鹿児島と沖縄本島とをつなぐルートとして指定されました。このとき、沖縄本島における国道五八号の区間は、琉球政府時代に沖縄の主幹線道であった一号線（軍道一号＋軍営繕道一号＋政府道一号）をそのまま引き継いでいます。

沖縄返還から三年後の昭和五〇年四月一日に編入された種子島と奄美大島の国道区間は、『離島振興法』（正確には『奄美群島振興開発特別措置法』）による開発と関連します。前述の奄美大島に連なる長大なトンネル群というものは、その振興開発に基づく整備の賜物《たまもの》で、現在の海上国道の意義は、どちらかといえば、奄美に限らずこの「離島振興」に重点が置かれているといっても過言ではありません。

このように国道五八号は、フェリーという航路を前提としない国道路線であったことから、各島々の国道端点の間を結ぶ海上国道区間では、「非連続性」（端点から端点へ直接渡ることができない）が生じてしまうようになっているのです。

国道五八号は沖縄本島で終着しますが、ここには、かつての「一号線」であった証を示す一つの遺構が残されています。その遺構こそが、国道五八号の原点ともなります。

沖縄県の国道五八号――その終点

東京・羽田空港から那覇空港までフライトで約二時間半。一歩、空港に降り立つと、窓枠から注ぎ込む日差しの角度と強度からも南の島に訪れたことを実感します。到着ロビーを出ると待ち受けるレンタカーカウンターに向かう人が多いのも観光立県ならではの沖縄の光景です。

空港から那覇市内中心部へと車で向かう道は、港国道の一つでもある国道三三二号を行くことになります。この国道三三二号の起点は那覇空港となっていますが、現在の国土地理院の地形図ではかつての「旧ターミナル」と現在の「新ターミナル」の二カ所が国道の起点となっている、いわばタコ足の二重状態となっています（図5―5）。

このような変則的な指定を受けている国道もかなり珍しい部類といえるでしょう。そのような旧起点が降格していない状況が続いていることに興味を抱いてしまうのは、「国道」を嗜《たしな》む者ならではの視点であって、「鉄道」にはない楽しみ方です。

車を市内へと走らしていくと、数分で那覇港の埠頭を左手に眼にすることになり、カーブの線形に任せてハンドルを左へと切ってゆくと、沖縄で唯一の鉄道交通網の「ゆいレール」の高架が眼前に迫ります。その「ゆいレール」と国道とが上下に空間を通じて一体化する地点が、国道五八号の法令上の「終点」です。しかし、これからお話しする国道五八号にあっ

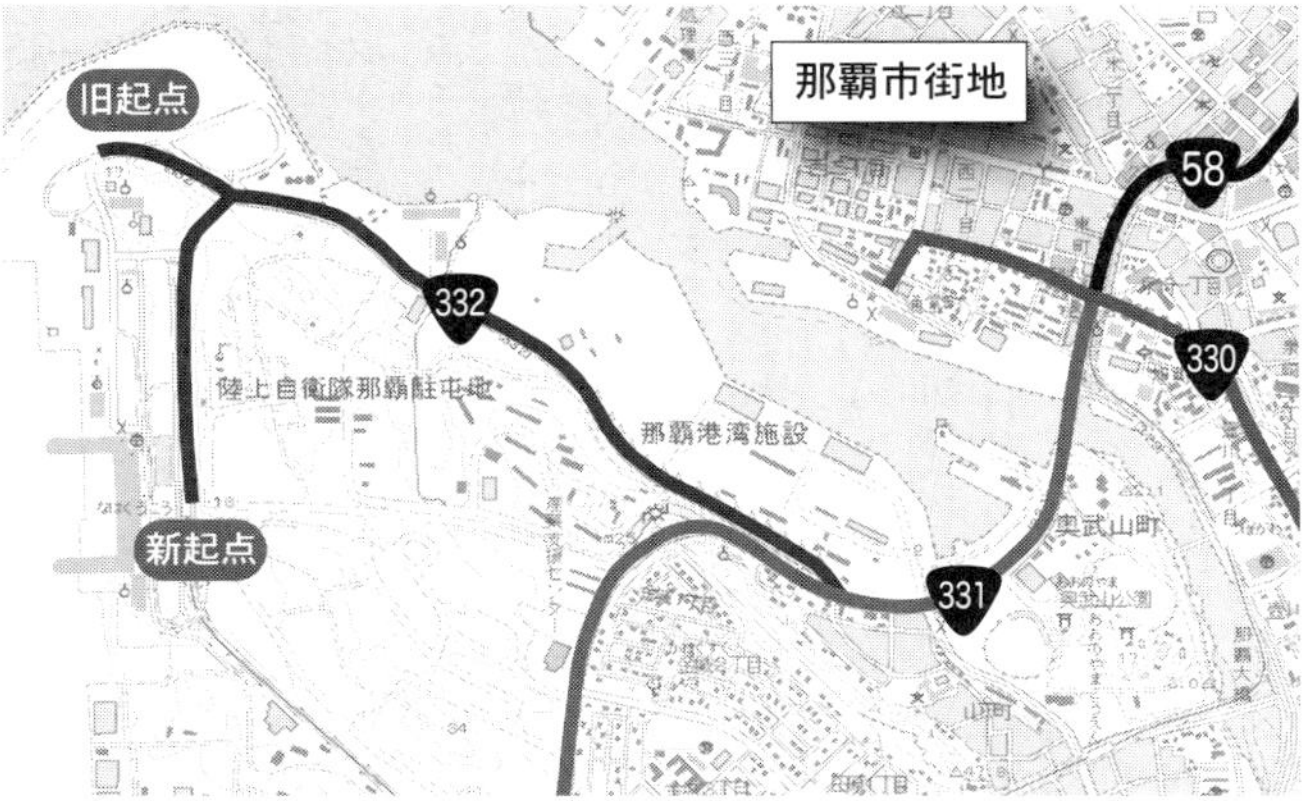

図5―5　国道332号で見られる珍しいダブル起点

た一つの巨大ロータリーを語る上では、この終点から話を起こすことにします。

ロータリーの地・嘉手納《かでな》へ

この国道五八号という道は、沖縄本島を初めて訪れた人にとっては、この島が抱える「明」と「暗」の強烈なコントラストを感じさせるほどに沖縄を象徴する道となっています。

いざ実際に車を走らせてみると、那覇から嘉手納までの約一時間の道のりには、ほとんど絶え間なくアメリカ軍施設が続くことに気がつくはずです。その現実を見せられると、頭の中で想像していた以上にイメージと現実との乖離《かいり》が拡がっていくもので、沖縄に住む人でない限りは、その現実を理解しようとすることに、そもそもの無理があることを悟ります。

島の南北に通じていることから、観光にせよ、地元の生活道としての機能にせよ、好むと好まざるとにかかわらず国道五八号を使わなくては動くに動けない中で、アメリカ軍施設がいかに贅沢《ぜいたく》な土地を占有しているのかを「初めて」知ることになります。

普天間《ふてんま》飛行場、嘉手納飛行場と隣接する二つの巨大な基地によって、膨大な土地が占拠されています。日本で最大の飛行場の羽田空港よりも広い敷地面積を誇る嘉手納飛行場はアメリカの飛地のようなもので、日本にありながら日本ではありません。アメリカの占拠という不条理と、このインフラに依存して生活基盤が形成されていることが明らかな条理との間に

写真5―6　平成15年当時の嘉手納ロータリー

あって、あたかも国道五八号がその明暗の区分線となっているかのようです。

週末や夕方にもなると、米軍関係者が所有する車につけられる「Y」ナンバーの乗用車が基地の構内から国道五八号へと繰り出されてきます。横浜に住んでいると、横須賀ベースや厚木《あつぎ》ベースでも同じような乗用車を見かけることから比較的に馴染《なじ》みがあるとはいえ、それでも沖縄で目にする「Y」ナンバーは桁違いに多いと感じます。

車窓から流れていく景色には、アメリカ家具を扱ったリサイクルショップが並び、どことなく東京・横田基地の国道一六号の面影と似た店が軒《のき》を連ねます。那覇から嘉手納まではモノトーンの印象が残り、少なくとも沖縄の南国の象徴的な色であるスカイブルーが描きだされるものではありません。

那覇市街地から目的とする嘉手納までは、国道五八号を通って一時間ほどの距離。そんな鈍《にび》色のミリタリー色にも似た色彩の記憶が残されていく中で、かつては、本島北部へと向かうドライバーに訴えるかのように、コカコーラの真っ赤な下地の巨大看板が「嘉手納ロータリー」にはありました。それが、また、ロータリーに到着したと実感させる一つの視覚認知にもなっていました（写真5―6）。

何もコカコーラの看板が珍しいわけではありませんが、「アメリカ的な光景だ」と思わせてしまうほど、嘉手納に向かうまでの間にアメリカ（基地）の存在が脳裏に焼きつけられたものでした。しかし、今はそのような看板もロータリーの再開発とともに撤去されてなくなりました。円筒形の集合住宅を感じさせたロータリーの移住空間もすっかりと変容して、かつてのイメージは払拭《ふっしょく》されました。

ロータリーを俯瞰《ふかん》する

かつてのロータリーの内側は、まるでコロシアムのように建屋で囲われていて、あたり一面の視界を遮《さえぎ》っていました。嘉手納ロータリーが「円形」となっていることが眼で確かめられるならば、よりその実存が感じ取れるものですが、円形建屋が邪魔をして歯痒《はがゆ》さを感じさせたものです。

人は地球が「球」であることを地上からは自らの視覚でとらえられないように、嘉手納ロータリーも「円」であることを知るにも、三次元の軸に自らの視点を据えて投影させなければできません。もちろん、現場上空を通過できれば、それに越したことはありません。その点、航空写真や地図といったアイテムがインターネットでは手軽に入手できるようになって、疑似的な俯瞰《ふかん》がとてもたやすくなりました（写真5—7）。

嘉手納ロータリーが再開発される前は地図では一二〇度方向に大きく三枝から構成される主要道路が、あたかも開花するような構造で描かれていました。円形の直径はおおよそ一六

○メートル、面積にして二万㎡（六千坪）。一〇〇坪の家でも六〇軒分のキャパシティをもつ非常にダイナミックなロータリーでした（図5―8）。

三方の道路をつなぐロータリーは、ある意味で贅沢な交通制御機能といえます。通常の街中で、たとえ三方向の交点があったとしても、そこは叉路《さろ》とするのが一般的な道路の設計というものです。

ロータリーという構造は、叉路とするよりも敷地面積を余計に使うため、地価に見合ったものでない限りはロータリーとするメリットは見出せません。現代の価値観に照らせば、一《いっ》刀両断《とうりょうだん》で切り捨てられる構造体にもなります。

それだけに、なぜ、三叉路にせずにロータリーとしたのかと不思議に思っていました。ロータリーとするメリットがあったならば、何かしらの「メッセージ」が込められているはず。そんな疑問を抱かせるからこそ、嘉手納ロータリーのある国道五八号は魅せられる国道となっていました。

「ロータリーとはそんなに珍しいものなのか」と問われれば、国道のロータリーはこの嘉手納ロータリーに限定されるものではないため、珍しいと言い切ることはできません。それでも、国道の路線内にあるものに限ってカウントすれば、全国には多いと呼べるほどには存在していません。

写真5―7　空から見た嘉手納ロータリー。上方に比謝橋。右下の黒く塗りつぶされた部分は、嘉手納基地。国土地理院の空中写真（昭和45年撮影）より。

日本を見渡せば北海道・釧路市の国道三八号、旭川市の国道四〇号、兵庫・豊岡市の国道四二六号に大小含めてロータリーの円形が描かれていますが、それでも嘉手納を除いて三箇所ほどしか見当たりません（図5―9）。その中でもひときわ巨大で、日本の都市計画にはまったくそぐわず、歪《いびつ》ともいえる大きさで格別であったのが、この嘉手納ロータリーだったのです。

昭和二〇年の嘉手納ロータリー

嘉手納ロータリーの建設時期についてはいくつかの憶測があります。大東亜戦争（太平洋戦争）の終戦前後に、アメリカ軍によって建設されたことは関係者の間では異口同音に語られます。少なくとも、日本人の手ではなく欧米人によって建設されていたと知るに及んで、疑いを抱くことなく肯定できるのも、「ロータリー」という構造の特殊性が日本の土地・風土とは重なり合わないためでしょう。

ロータリーの建設時期については不確定であり、史料やヒアリングなどを通じても、バラバラな答えが返ってくるだけでした。昭和二〇年代であることは伝わってくるものの、漠然と「戦前」「占領下」「戦後」と三分されるものでした。

その裏付けとなる確定できるような一次史料を見出すことができずにいたフラストレーシ

図5―8　1:25000 地形図「沖縄市北部」（昭和49年）より

ョンも、今ではインターネットの普及によって解消されつつあり、そのような苦い経験は一昔前のこととなりました。

嘉手納ロータリーについては、まず沖縄県の一次史料が集約されている沖縄県公文書館の電子アーカイブ（http://www.archives.pref.okinawa.jp/）から手掛かりを得ることができます。

沖縄県公文書館では「米国収集写真資料」という貴重なコレクションを保有し、沖縄戦から占領統治下の沖縄に至る一万七千枚弱の写真、それも日本側からではなく、アメリカ側（軍および琉球列島米国民政府）が撮影した写真を米国国立公文書館から地道に収集しています。

このコレクションの中で嘉手納ロータリーの検索をすると、アメリカ軍によって嘉手納飛行場が建設された時期と重なりがある写真がヒットします。その中の一葉が写真5―10で、昭和二〇（一九四五）年六月一四日に撮影された写真には、はっきりと嘉手納ロータリーが撮影されています。

さらに、眼を惹《ひ》くのはそのキャプションで、

「沖縄ではめったに見かけないロータリー（Traffic Circle）。嘉手納飛行場近辺の軍用車両の渋滞を緩和するため米海軍設営部隊によって建設された」

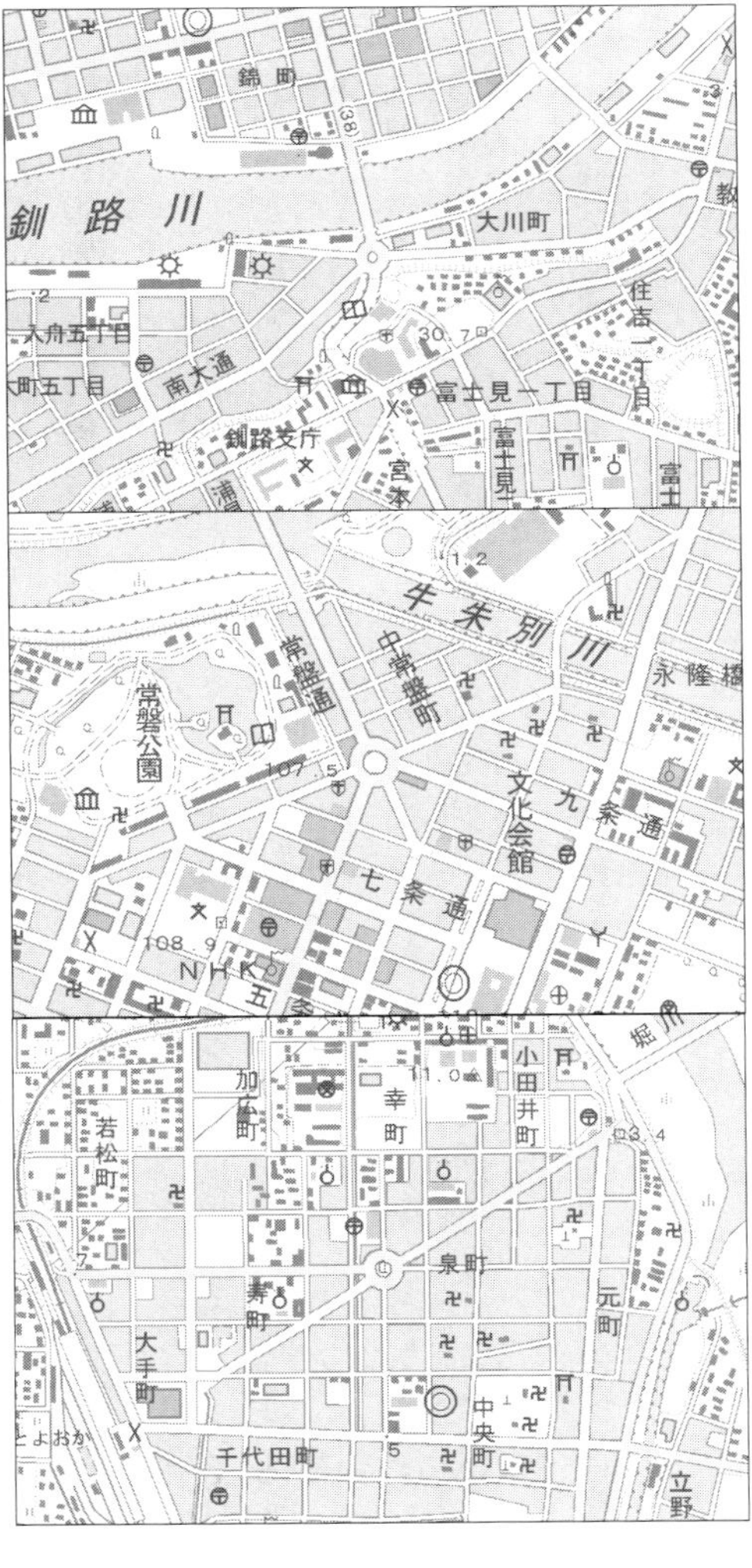

図5—9　国道にあるロータリー。上から、国道38号（北海道）、国道40号（北海道）、国道426号（兵庫県）

と、撮影者が記録したと思われるコメントが付記されており、軍用目的として建設されたことが明らかです。

このような軍事目的があったことはアメリカ軍が建設した経緯があることから推定されていたとはいえ、写真を観察すると、幾つもの新たな「発見」があります。

その一点目は道幅（幅員《ふくいん》）。映像で残されている車の影の大きさから推定されることは、サークルの道幅としては優に三車線分が余裕をもって確保された車線構造となっていることです。

二つ目は、写真右手前に二本の路線。その一本が現在の国道五八号に相当する道で、それまでの旧道と比較するまでもなく、ロータリーと同じ幅員の規格の道をこれも短期間で整備を完了しています。

三つ目には、今はなき「旧道」が明確に写っていること。この旧道が走っていた区間は、現在では完全に嘉手納飛行場の敷地内となっていて、道筋すら完全に消滅してしまっています。

もちろん、今となっては滑走路が海側へと延長されたことが明白なので、そのために旧道がなくなってしまったことは理解できます。当時のアメリカ軍が旧道を拡幅せずに新たにバイパス（新道）を建設した理由が、その後に「計画」されていた滑走路の延長・拡幅までを

写真5—10　終戦の2週間前に撮影された嘉手納ロータリー
(沖縄県公文書館蔵)

想定した敷地確保のための道路の付け替えであったとするならば、すでに沖縄戦以前の段階にあって、占領下での滑走路延長のプランニングが完全に出来上がっていたことにもなります。

ロータリーはなぜ建設されたか

この写真はキャプションの記録に従えば、嘉手納ロータリーは「六月一四日」に撮影されています。航空写真で明らかなように、平坦にして巨大な円形道路が六月の時点で完成し、厳然として「存在」していたことになるのです。

撮影日の「六月一四日」という時期は、まだ沖縄戦は終結していません。現在でも沖縄では旧日本軍の組織的戦闘が終結した日にあたる六月二三日を「慰霊の日」として県内各地で慰霊祭を執《と》り行なっているように、「六月一四日」の時点は、戦後の安定期ではなく戦時下、それも沖縄戦が展開されていました。

ロータリーの歴史は、戦時下で建設が進められていたことを、まさに明言しているのです。

沖縄戦の経緯は、昭和二〇（一九四五）年三月一七日に硫黄島が陥落したことによって、アメリカ軍は兵力を一気に、そして一挙に沖縄戦へと集中させることになりました。

その三月二六日には、まず慶良間《けらま》列島に上陸。つづいて、四月一日には沖縄本島の西海岸に展開し、読谷《よみたん》、嘉手納、そして北谷《ちゃたん》の三箇所から上陸が遂行されます。中央を寸断して南北に日本軍を追い詰めていく「アイスバーグ作戦」は、また一方で航空施設である嘉手納飛行場（日本側施設名：沖縄中飛行場）および読谷飛行場（日本側施設名：沖縄北飛行場）を確実に占拠し、自陣の航空インフラとして整備させた後に、日本本土への爆撃拠点へと転用することがミッションとなっていました。そのミッションを担ったのが、写真のキャプションにある「米海軍設営部隊（部隊名：Sea Bees）」でした。

米海軍設営部隊に従軍したG.B.イングラム氏の回想録によれば、主力部隊と同じ四月一日に、設営部隊の三分の一は比謝《ひじゃ》川よりやや北部の「Hagushi Beach」に上陸したとされます（図5──11）。その残りは陽動作戦に従事しつつ、最終的に四月一二日に全部隊が上陸を終えたとしています。

四月一一日から一三日にかけては、日本側は第二次神風特攻を敢行し、また、イングラム氏も手記の中で僚艦が特攻機によって撃沈していく様子を克明に記していることからも、決して容易《たやす》く上陸できたわけではなく、激しい戦火の中でした。上陸後は読谷と嘉手納の中間地点に位置する「Makibaru」（牧原《まきばる》）にキャンプを設営し、以後はここを拠点としてインフラの整備にあたります。

米海軍設営部隊の与えられたミッションの一つは、道路の改良、とくに嘉手納飛行場と読谷飛行場とをつなぐ道路の拡幅工事でした。両飛行場をつなぐ道は、現在でも国道五八号となっているように沖縄本島の幹線道路となっていたことは当時も変わりません。アメリカ軍もこの道を第一の道として考えたようで、上陸後に「合衆国一号線」と路線名をつけ、道路が確保されて延伸していくたびに、その路線番号の標識を打ち立てていったとされます。そしてこの番号は、戦後になって琉球列島米国民政府が指定する「軍道一号」および「政府道一号」として継承されてゆきます。沖縄で「一号線」というトップの座についた道路は、そのような出生の秘密があるのです。

しかし、当時の沖縄の道路状況は基本的に一・五～二車線の幅員で、日常下であれば不自由しない道幅であっても、大型トラックの往来となると機能不全となりました。日本の道路は構造としても機能としても、大量輸送を目的とした場合にはあまりにも脆弱《ぜいじゃく》だったのです。イングラム氏の手記の中にある嘉手納ロータリーの改修前後の写真比較は、それを明確に対比しています（写真5―12）。

ロータリーの構造は、基本的に信号を必要としないで交通管制ができるという点で特徴をもちます。ロータリーが大きければ大きいほど、その円周上に車両を「蓄《たくわ》える」ことができます。その円周に等しい距離に収まる車両数が、車両流入／流出に関わる交通容量（バッ

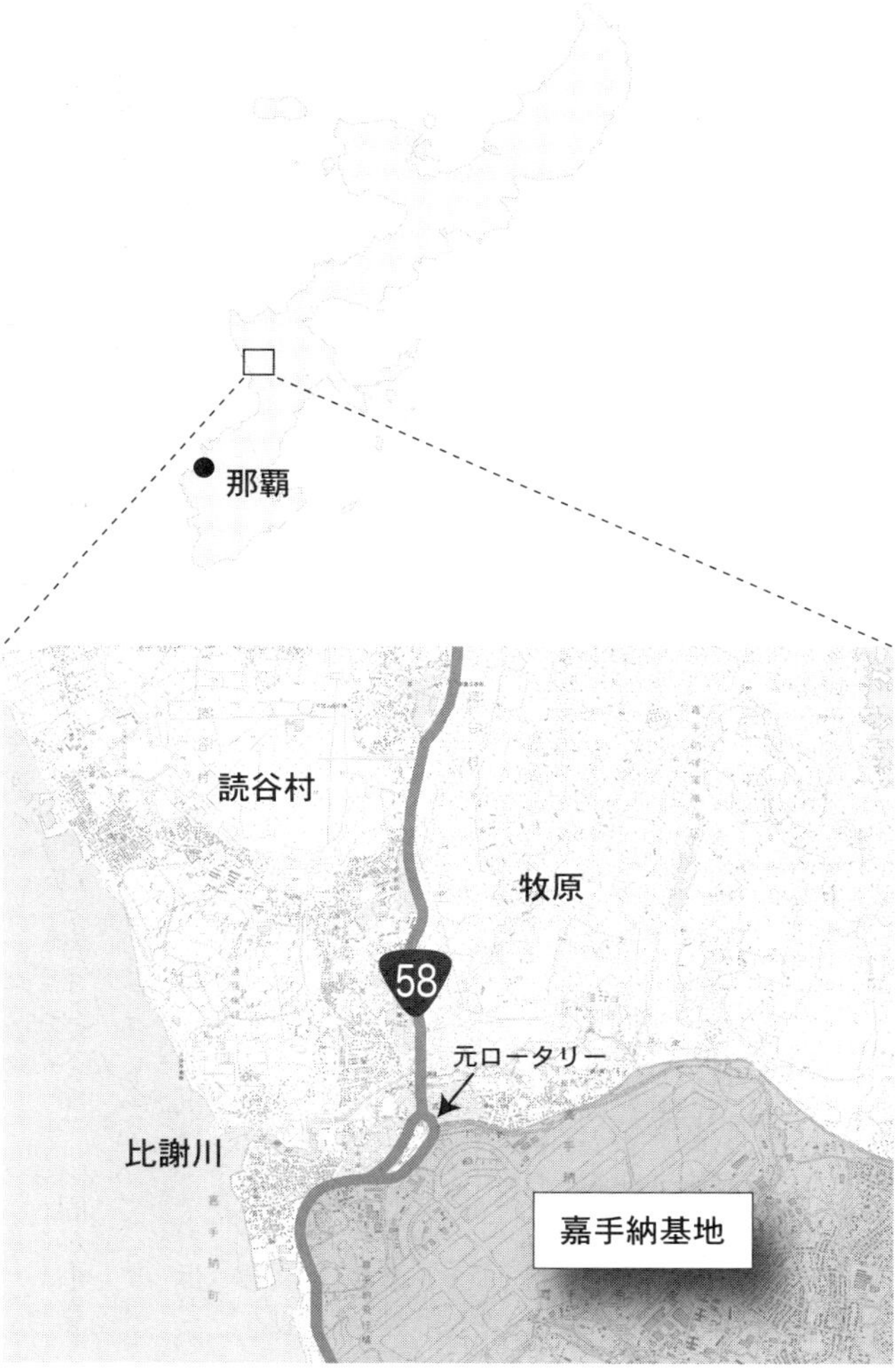

図 5—11　牧原と嘉手納の位置関係

ファー）となることで調整されるようになっています。

一方で、ロータリーの直径が無限小の時には通常の交差点と考えるならば、円周が小さくなればなるほど交通障害（渋滞）が発生しやすくなることになります。したがって、アメリカ軍が直径一六〇メートルという規模の大きさのロータリーを必要としたのは、それほどの軍事物資の移送が想定されたためで、嘉手納がアイスバーグ作戦の軍事中心点としてのハブになっていたことがロータリーにも反映されています。

比謝橋《ひじゃ》の建設

国道五八号の嘉手納ロータリーから読谷へ向かって北上すると、数キロメートルで比謝川を越えます。当時の嘉手納から比謝川へと向かうルートは大型車にとっては通行の妨げとなる蛇行ルートで、加えて、比謝川に架かる橋（現在の比謝橋）が石橋であったように、アメリカ軍の装甲車などの車重には耐えられるものではありませんでした。

このように無傷のまま残された日本側の交通網でさえ、アメリカ軍の戦闘作戦にはさらに補強を加えないと使い物にならないと判断され、特にその中でも大改修を要したのは、上記の嘉手納ロータリーと、比謝橋に代表される橋の鉄橋化だったのです。

比謝橋については四月の後半の時期に着工され、そして、数日で鉄橋の仮設橋が架けられ

Kadena traffic circle

写真5―12　嘉手納ロータリーが建設される前後（イングラム氏蔵）

たといいます。沖縄県公文書館には「一九四五年四月」に撮影された写真や（写真5—13）、その建設直後と思われる映像が残されています。

左手には石橋の比謝橋を残しつつ、写真右手にはトラック数台が仮設橋を越えていっています。初期の暫定《ざんてい》とはいえ、一車線のトラス橋でもたちどころに架《か》けてしまえる「戦力」に暗然とした気持ちにも似た感情が湧いてくるものです。

これと並行して、川沿いに蛇行《だこう》していた旧道の線形も直線化してダイレクトに嘉手納ロータリーと直結させるようにバイパスを切り開きました。ロータリーおよび比謝川の仮設の一連のミッションは少なくとも五月上旬までには終えたとされ、上陸して約一カ月の期間でそのオペレーションを完了しています。

未完の軍事国道

アメリカ軍の手によって「完成」された道は、かつては日本の土木行政の長である内務省が指定した「軍事国道」の路線でもありました。昭和一八（一九四三）年一〇月八日に那覇市から読谷（旧・読谷山村）までの道が国道特三九号という路線名で指定された経緯があります。

国道指定は沖縄戦が展開される一年半前のことです。この路線指定は新たに建設が始まっ

写真5—13　終戦直前の比謝橋（沖縄県公文書館蔵）。左にあるのがもとあった石橋。右に、アメリカ軍が新たに建設した鉄橋

た読谷山村における新飛行場建設（沖縄北飛行場、読谷飛行場）と同期させるものでした。この飛行場まで至る道が軍事国道として指定されることになったのも、当時の道が相当に改修を必要としたことの一つの証左ともなります。

ここで、戦前まで存在した「軍事国道」について補足しますと、その名前のとおり、軍事施設とをつなぐことを目的とした国道で、大正九年から運用が始まりました。

主に当時の陸軍省もしくは海軍省から内務省に対して、とくに改修要請が強かった道路となりますが、それでも、軍事国道だからといって重要な軍事施設へ導かれる道が国道へ選択されたのではなく、むしろ、今となっては重要性が低いのではないかと思われる軍事施設へとつながる道路が軍事国道になっています。

昭和初期までは、幹線道路から演習場へとつながる道、離島の要塞地区における砲台へとつながる道が指定されるケースが多く、戦時下になってからは航空施設へとつながる道が取り上げられるようになりました。いずれも当時は陸海軍がテコ入れしたいと考えるほどに、著しく整備が行き届いていない「公道」が軍事国道に共通した姿になっています。

それでも、最終的に内務省が路線を指定して告示しているように、主導権は陸海軍省ではなく、内務省がしっかりと握っていました。そのため、軍事国道（＝軍事専用道路）となったわけではなく、一般人も通行ができる「公道」が対象となっていたのです。

これらは、道路予算に対して道路行政の長である内務省と陸軍省もしくは海軍省で優先順位の考えが異なっているような道路に対して、軍事国道という名のもとで整備を促進されたもので、国道とは別の区分として、「特殊国道」（もしくは「特別国道」）として管理されました。そのようなカテゴリーは当時の国道の路線番号とは別に、軍事国道専用の路線番号として「特〇号」とされる所以《ゆえん》ともなっています。

大正九年から終戦までに、軍事国道は四一路線指定されています。基本的に軍事にかかる国道の整備費用は国費で賄《まかな》うことが大正に制定された道路法で規定されました。

第三十三條　主トシテ軍事ノ目的ヲ有スル国道ソノ他主務大臣ノ指定スル国道ノ新設又ハ改築ニ要スル費用ハ国庫ノ負担トス

この一文の意味はとても大きいもので、後の章で述べますが、それまで国道といえども国費ですべて充当されるものではありませんでした。むしろ、費用のうち一割から二割しか国費が支給されないのが当時の慣習ともなっていました。

では、軍事国道となれば湯水を使うように予算が割り当てられることになったのかといえばそうでもありません。関東大震災による首都復興のための資金難、および昭和初期の世界恐慌の影響で軍事国道として指定はされても、特別に資金が集中的に集まるものでもなく、実態としては「みなし国道」に近い状況だったのです。

国道特三九号も昭和一八年に指定されましたが、戦局の悪化へと転換していった時期であったことを考えると、この国道にもあまり多くの予算は配分されることはなかったと考えられます。

仮に当時の道路予算の中で最大限の配慮がなされて国道特三九号が改修されていたとしても、日本で二年かけて整備した軍事国道はアメリカ軍にとっては、さらに改修する必要があったように映り、アメリカ軍の力では二カ月ともかからない工事として仕上げてしまうところに、歴然たる力の差が浮き彫りになっています。

巨大ロータリーが語るもの

沖縄戦は四月のアメリカ軍の上陸から始まり、日本軍も自国本土の戦闘であることから、おおよそ三カ月にわたって激戦が繰り広げられました。日本軍の総司令官であった第三十二軍司令官・牛島満《うしじまみつる》中将が糸満《いとまん》市摩文仁《まぶに》で自決し、組織的な戦いが終わった日が六月二三日。そのことを併せて考えるならば、当然のことながら米海軍設営部隊が嘉手納で工事を進める段階では戦闘が終了しているような状況ではなかったのです。ロータリーを建設していた時

期というものは、戦闘状態の中でも滞《とどこお》ることなく進められていたことになります。

上陸した四月一日をゼロスタート地点とするならば、仮設であってもロータリーが「存在」した五月まではたったの一カ月（約三〇日）の時間です。その短期間に仕上げるだけの重機を搬入し、それを動かすための燃料もきちんと補給できる体制を整え、必要となる工具を揃え、適正な人材を取りまとめるすべての条件を満足させるように、アメリカからの輸送体系がきちんと整えられていたことを意味します。

また、日常活動を恒常的に維持する「兵站《へいたん》」（ロジスティックス）は、補給前線が延びていくとおざなりになるものです。今でも、太平洋戦争の日本の敗戦の要因の筆頭に挙げられるものですが、しかし、同じフィールドで闘っていたアメリカ側でも事情は変わりません。当たり前のことながら、道路整備のロジスティックスにおいても十分な配慮がなされていたことになり、事実、沖縄戦の半年前からアメリカ本土では準備が進められていたとされます。

アメリカ軍のいかに用意周到《よういしゅうとう》で短期間にインフラを整備するほどの機材や人材を取りそろえていたことが、この嘉手納ロータリーという「国道」の一施設を通してみても「国力」の違いが顕著に見えてきます。

この時に作られた道筋がまさに**国道五八号**の線形に引き継がれていることを見れば、いかに戦時下とはいえ、短期間で三車線分を確保する道路、それもオーバースペックともいえる道路整備をいとも簡単にやってのけてしまうアメリカ軍の「余力」を思い知らされます。

国道五八号・沖縄の最北端へ

嘉手納ロータリーに思いを馳せながら、国道五八号を北へと向かっていくと、いつしか恩《おん》納村《なそん》へと入り、路傍にはリゾートホテルの案内板が多く眼につくようになります。それにあわせるかのようにして、ここからは光が煌《きら》めく海原が拡がるようにもなり、ようやく「沖縄に来た」と心が躍り始めます。

名護《なご》市を過ぎると、レンタカーの車でさえ、その姿を目にすることは稀《まれ》となってきて、たとえ、見かけるにしても、きっとその車は最北の岬・辺戸《へど》岬へと向かっている車です。ストイックに観光名所に立ち寄ることはせず、辺戸岬からすぐにある国道五八号の最北端を目指すならば、相当のマニアぶりです。

この端点は「奥《おく》」という地名を持ちます。地図上では沖縄県下における「起点」となる場所なのですが、やはり「最果て」、そして「奥」まで来たと実感させます。端点に立てば、思った以上に淡泊な印象を持つことは間違いありません（写真5―14）。

続いて、国道が導かれていると思われる「奥港」へと足を運ぶことになりますが、もちろ

写真 5—14　国道 58 号の沖縄県下における最北端の地、奥

ん、ここには奄美大島とをつなぐフェリーは就航していることはありません。「第三道」の国道一七七号と同じく、その港は「漁港」となっています。

では、なぜ「奥」が端点となったのかといえば、その地点が国道五八号となる前の琉球政府が管轄する「政府道一号」の終点であっただけのことでした。海上国道を「フェリー」とし、「連絡可能な国道」という側面だけの定義からすると齟齬《そご》を感じるかもしれませんが、これは当時の道路局長であった井上孝《いのうえたかし》も国会答弁で、

「その北の端であります奥という地点、ここにはいまのところまだ漁港しかございません。海上交通が本土と海上で結ばれているということには若干例外でございますが、いま申し上げましたような趣旨で、五十八号の整備、それから港湾の整備等も含めて海上交通の確保をこれから図るべきであるというふうに考えております」（昭和五〇年二月二六日建設委員会）

と、一つの「例外」として認めてもいます。

国道五八号は、沖縄返還を最後に平成になった現在までも二桁《けた》国道の増加がないため、「最後の二桁国道」となっています。その「最後」を飾るにふさわしい「終点」は、法令上の終点である那覇市よりも、沖縄本島の北端となる「奥」なのではないでしょうか。ここは、琉球政府下の時代に、なぜ、この「奥」が道路のシンボルともなる「一号線」の終点になったのかという新たに生まれる謎を考え、そしてそれを残しておくことが楽しく感じられ

る場所でもあるからです。

ここまで、北は青森から南は沖縄まで、少し変わった国道をなぞってきました。階段国道から始まり、港国道、そしてこの海上国道まで、すべてをクリアに説明できませんが、それらの現地を訪れてみるまでのプロセス、そしてそこにある生活と関わる国道の姿から感じ取れるそれぞれの人の心の中で生まれるものが、「国道」という謎に対する一つの答えだと思います。

第三部からは、もう少し国道という道を掘り下げて見てみることにします。国道とはどういう経緯で生まれたのか。そして、それが現在にどうつながってきているのか。また、これからどのように向かっていこうとしているのか。いよいよ「国道とは何か」について考えてみましょう。

第三部　国道史をなぞる旅

第六道

国道
133
ROUTE

「明治国道一号」の道筋

（神奈川県）

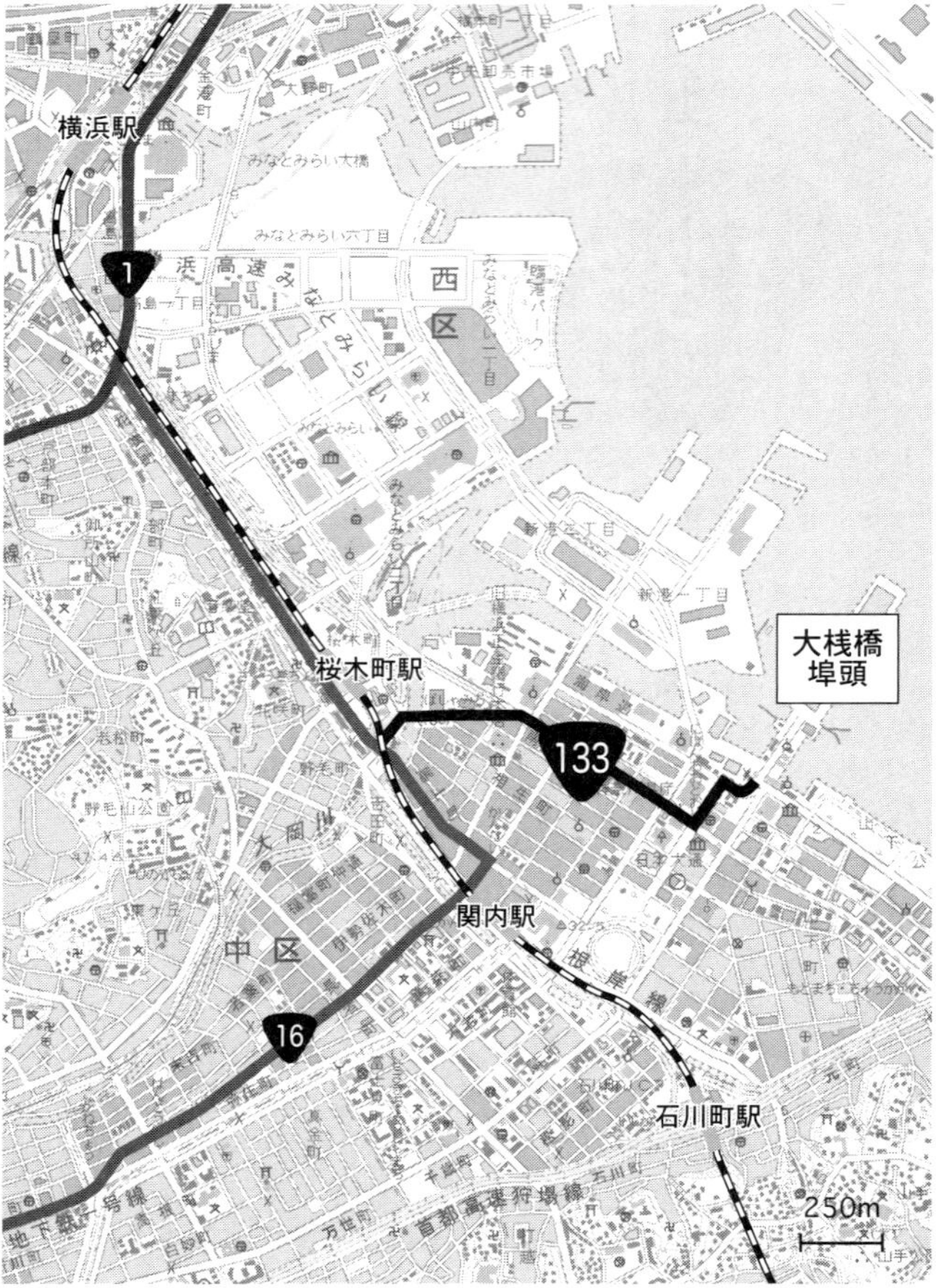

図6—0　国道133号の路線図

ある風景写真の中の明治国道

その「絵」を見ると、まるで西日の柔らかい光が全体を包み込んでいるかのようです。手前の湖沼は漣《さざなみ》も立てずに鏡面のように拡がっていて、夕凪《ゆうなぎ》の時間帯を思わせる穏やかな時間の流れを感じさせます。

緩やかな曲線をなす堤は、あたかも湖沼を隔《へだ》てているかのように描かれ、その堤は左に逸《そ》れるようにして遠く丘陵地帯へと延びてゆきます。全体としてモノトーンの色彩の中に色を添えるのは、左手に描かれた白亜の洋館。この建物はその膨張色の効果も手伝って、絵画にも似た光景の中ではひときわ鮮やかに眼の前に浮かびあがってきます。

一九世紀の写実主義画家であったG・クールべを彷彿《ほうふつ》とさせると表現したら、言い過ぎでしょうか。しかし、もしこの湖沼と白亜の建物を別の方角から描いたならば、クールべの代表作でもある「シヨン城」にも似たのではないかと思わせるほどに、心象に残る風景です。

晩夏もしくは初秋の夕暮の一瞬をとらえているこの構図は、写実主義画家の筆による絵画ではありません。これは、日下部金兵衛《くさかべきんべえ》というれっきとした日本人が撮影した、れっきとした日本の風景、それも横浜の写真です（巻頭カラー口絵）。写真でありながら彩色法によって手が加えられていることから、どこか写実的な絵画のような風合に仕上がっています。それゆえに、一〇〇年以上の歳月が流れた現在でも、写真よりも「リアル」に感じられるのかもしれません。

日下部の写真は、現在の横浜駅東口付近の一帯である高島町《たかしまちょう》からランドマークタワー方面にレンズを向けて撮影した貴重な一葉です。幕末から明治にかけての日本の写真はF・ベアトによる功績が大きいですが、そのベアトをもってしても日下部がしたところの風景は撮影がされていません。日下部はそのベアトに従事した一人の弟子でした。弟子は見事に師匠の技術を受け継いでいるといえます。

初めて、この一葉の写真を見つけたときには、しばらく息をのみました。明治時代に地形を一変させた神奈川地区の築堤《ちくてい》は、明治五（一八七二）年に日本で初めて開業した鉄道のために造成されたことで知られています。しかし、「明治国道一号」のありし日の風景、それも神奈川地区について国道という観点で具体的に当時の風景が語られることはありません。魅せられたこの一葉の写真にはそれが写しだされています。

撮影年代は不詳とされていますが、築堤には民家も群がるかのように詰まっていることから、築堤完成後、数年の歳月は経《た》っている明治一〇年代と見ることができるでしょう。また、写真に着色を施す彩色技法もこの時期に発展した表現形態ですので、少なくとも撮影時期は明治中期頃と推定されます。

見事なまでの築堤の湾曲。今は完全に失われた横浜の入江。遠くに望む野毛山《のげやま》丘陵地。そして、かつての明治国道一号はこの築堤を進み、現在の桜木町《さくらぎちょう》へと延びていくのです。

『国道表』にある「駅名」

日本で初めて国道に路線番号という概念が導入されたのは、すでに「第二道」で述べたように明治一八年のことでした。この年の二月二四日、当時の内務卿《ないむきょう》であった、山縣有朋《やまがたありとも》の名のもとに発布された『国道表』において初めて「国」という機関が「国道」を路線番号（ナンバー制）で明示し、以後、日本はこの方式を踏襲してゆくことになります。

ここで、その『国道表』について触れておきます。国道表は表6―1のような形式で表記されました。筆頭に「路線番号」があり、続いて「○○より△△に達する路線」として起点から終点が示されます。下段の三分割されたカラムには「駅名」、「管轄名（府県名）」、および「(旧）国名」が列記される様式をとりました。

眼が慣れて表の見方がわかってくると、カラムに「駅名」という表記がなされていることに視線が向くようになります。国道一号の場合、その「駅名」は日本橋から始まり、品川、川崎、神奈川、そして終点の横浜（横浜港）に終わっています。

国道表の「駅名」における「駅」は鉄道の駅のことではありません。そもそも、明治時代には鉄道の「駅」は公称としては「停車場」が用いられていました。鉄道における停車場が

「駅」へ変更となったのは昭和になってからのことです。

国道表の「駅名」は郵便行政の「駅逓《えきてい》」の名残りが反映されていると考えられるものです。道路（国道）と郵便とは一見すると関係がないように見えますが、明治一八年以前の交通・運輸関連の法令をたどると、道路行政はまず現在の距離標識に相当する里程標の整備から始まり、それと連携するかのように郵便里程の整備も進められていきます。

これは全国に郵便を配送するルートを定めることのほかに、料金体系も一元化させるためのものでした。道路というネットワークを必要としたのは郵便物という情報伝達のためのものでもあり、国道の整備はすなわち情報通信網の整備につながるものでした。道路は何も物資を運ぶためのインフラでなく、忘れがちなことには、道路は情報のメッセンジャーであることは、現代も変わりはありません。

国道表の原案が起稿されている段階ではその郵便行政と国道とが深い関係でつながりを持っていたであろうことを示しているのですが、国道表が公布された半年後には、法令改正によって「駅名」から「地名」へと改められました。この変更は道路行政と郵便行政の何らかの切り分けが行なわれた一つの分岐点ともみることもできます。

國道表		
壹　號 東京ヨリ横濱ニ達スル路線		
驛　名	管　轄　名	國　名
日本橋	東京府	武　藏
品　川	同	同
川　崎	神奈川縣	同
神奈川	同	同
横　濱	同	同

貳　號 同大坂港ニ達スル路線		
驛　名	管　轄　名	國　名
日本橋	東京府	武　藏
壹　號		
神奈川	神奈川縣	同
保土ヶ谷	同	同
戸　塚	同	相　模

（以下省略）

表6―1　明治18年『国道表』の中に表わされた「国道1号」「国道2号」の表記

明治国道は原則として東京が起点

話を国道表に戻し、次に国道表の「凡例《はんれい》」をみてみましょう。

この国道表には三つの凡例が示されています。「明治国道」の特徴はこの凡例ですべて表現されているといっても過言ではありません。順を追ってみてみることにします。

まず凡例の一番目は、次のようなものです。

一　路線中前號路線ト相通用スヘキ者（例ヘハ第貳號東京ヨリ大坂港ニ達スル路線中其神奈川驛迄ハ第壹號東京ヨリ横濱港ニ達スル路線ト同線ナル如キ類）ハ之ヲ略シ其番號ヲ記ス

（路線中に前号路線と重複するもの――例えば国道二号の東京より大阪港に達する路線は、その神奈川駅までは国道一号の東京より横浜港に達する路線と同一となるような場合――はこれを省略して、その番号を記す）

明治国道は原則として東京を起点とし、終点は各府県庁または鎮台《ちんだい》とを結ぶ道路が国道となりました。鎮台は明治六（一八七三）年に編成された陸軍の軍管轄で、六管区（東京・仙台・名古屋・大阪・広島・熊本）に分かれていました。その場所は名古屋城、大阪城、広島城、熊本城のように古来の城郭が鎮台の拠点であったので、あたかも県庁と同格の行政機関のようにみなして六鎮台へと通じる道が国道に指定されています。

次に国道を選定するにあたり、筆先を東京の起点に置き、各府県庁まで重なることなく独立に線引きをすることは地図上では不可能ではありません。しかし、道路が幹線道路として限定されれば、自《おの》ずと路線は「相通用《あいつうよう》する」状態、すなわち「重複」することになります。そのような重複した区間については、それよりも上位路線の番号（若い番号）を示すのみで省略されました。

凡例では明治国道一号と明治国道二号を使って例示されています。明治国道一号は東京から横浜港へと向かう国道、そして明治国道二号は東京から神奈川までは明治国道一号と重複し、神奈川駅で国道一号から分岐して大阪港へと向かうものでした。

唯一東京を起点としなかった明治国道二六号

『国道表』の二つ目の凡例は、次のようなものでした。

一　路線甲ヨリ乙ニ達スル中間ニ位スル府縣廳及鎭臺等（例ヘハ第貳號東京ヨリ大坂港ニ達スル路線中靜岡驛は靜岡縣廳、大坂ハ大坂府廳及大坂鎭臺、所在地ノ如キ者）ハ其包括

シタル路線ニ譲リ別ニ之ヲ標出セス
(路線甲より乙に達する中間に位置する府県庁および鎮台など——例えば、国道二号の東京より大阪港に達する路線中における静岡駅は静岡県庁、大阪は大阪府庁および大阪鎮台などの所在地の場合——はその包括する路線に譲り、別にこれを国道として指定しない)

明治国道は東京から各府県庁を結ぶ道路であれば、例えば東京から静岡(県庁)、東京から大阪(府庁)へと向かう路線もありえます。しかし、これらは明治国道二号の東京から大阪港へと向かう路線の中に完全に包括されてしまうので、そのような路線はあえて指定しない、としています。

第三番目のルールは、

各府各鎮臺ヲ拘聯スルモノモ之ニ準ス
(各府各鎮台を連絡する国道もこれに準ずる)

とあります。

明治一八年の布令段階で起点を東京としない唯一の路線は、明治国道二六号の「大阪府と広島鎮台とを拘連《こうれん》（拘聯）する路線」でした。「拘連」という語句は現代の辞書の中にもなくなってしまった用語ですが、「連絡」と置きかえても、読み違えることはありません。

この明治国道二六号は東京を起点とする同じルールを適用するとしています。明治一八年の段階では、明治国道二六号以外にこの凡例を必要とする路線はなく、その後に追加される国道で適用されることを暗示させるものとなっています。

明治国道をたどることの楽しさと難しさ

『国道表』で示された四四路線は、その後に六一路線まで増加していくことになります。その巨群たる明治国道の中で、その由緒ある一号の座に就いたのは東京と横浜港とを結ぶ道路でした（図6―2）。でも、そのルートが実際にどの道をたどったのかは、国道史の一つの「謎」となります。

しかし、記載された地名のみのヒントから、当時の国道の路線を探るのは楽しい作業です。鉄道趣味の世界でも、路線の変遷を調査したり、「廃線」を巡る場合には、かつての路線を地図上でなぞることは基本となる取り組みです。しかし、国道路線網が鉄道のそれと比較して最も大きく異なる点は、「国道」の場合にはどの道が国道であったのか、その路線追跡が格段に難しいことにあります。

鉄道地図では地図上で鉄道固有の線種が指定されていることもあり、たとえ単線であっても複線であっても一本の線として地図上に描かれるため一目でわかるようになっています。

一方で、道路は大小様々な線がそれこそ地図上には無数に描かれており、必ずしも地図上で「太い」道路が国道であることは――現代でもそうでありますが――国道を満たす要件にはなっていません。ましてや、都市部では並行して走る道路も含めて似たような道が網の目のように多くあります。道路台帳などの基礎資料もほぼ消失しているため、正確にどの道が国道であったのかは確定できるものではありません。

かつての国道がどのラインであったのかは、一部の市町村史では断片的に語られることはあっても、一つの路線として系統的に調査がされていることは稀《まれ》ですので、そのような未開のフィールドがあることを憶えておいてください。

では、東京と横浜港とをつなぐ明治国道一号はどのルートをたどったのでしょうか。明治国道一号は日本橋から神奈川までは東海道（旧道）をなぞっていたのでその区間は割愛し、ここでは神奈川から横浜港までをプロットしてみることにします。

「青木橋《あおきばし》」――時代を超えた重要地点

先ほどの『国道表』にもあるように、明治国道一号と明治国道二号は「神奈川」で分岐し

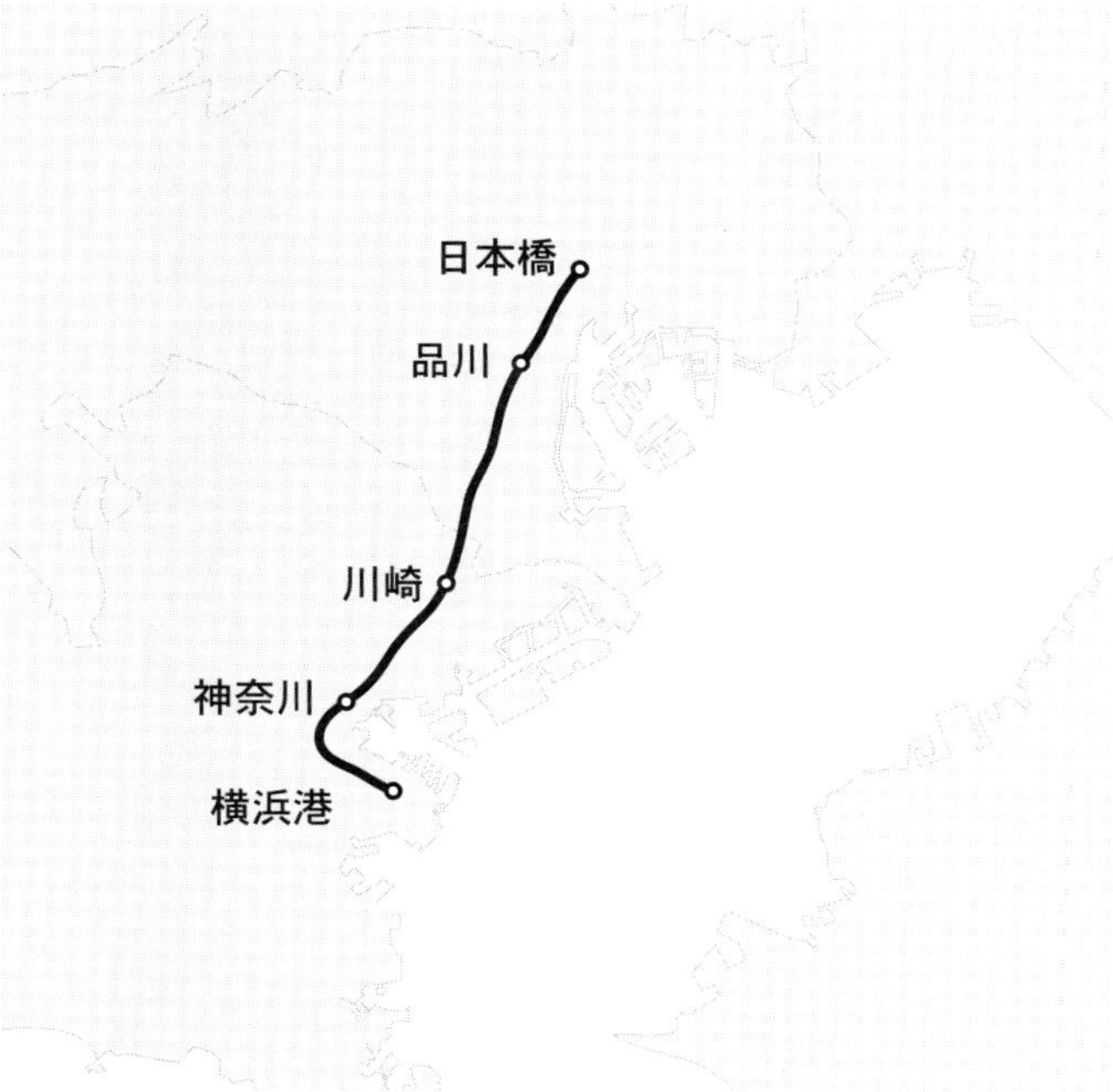

図６—２　明治国道１号の路線簡略図。東京から横浜港へと至る道だった

ました。明治国道一号はここから横浜港へ、そして明治国道二号は神奈川より旧東海道筋で大阪へと向かってゆきます。

その「神奈川」の分岐点はどこだったのでしょう。そのためには、まず、当時の地図を入手することから始めなければなりませんが、現在ではインターネットから貴重な古地図も気軽に閲覧《えつらん》できるようになっているので、それを活用することにします。

平成二〇（二〇〇八）年四月に独立行政法人・農業環境技術研究所から「歴史的農業環境閲覧システム」（http://habs.dc.affrc.go.jp/index.html）というサイトで公開された明治時代の『迅速測図《じんそくそくず》』は衝撃的でした。オンラインで閲覧できるようになったことだけでなく、その『迅速測図』はGoogle Earthなどのデジタル地図と連動して使えるように配慮されているため、現代との比較もレイヤー機能を通じて重ね合わせができるようになっているからです。

用いられている迅速測図とはどのような地図なのでしょうか。当サイトのFAQを引用しますと、

『明治初期から中期にかけて行われた簡便な測量法とその成果の地図のことです。関東地方では明治十三（一八八〇）年から明治十九（一八八六）年にかけて平野部から房総《ぼうそう》半島を対象に作成されました』

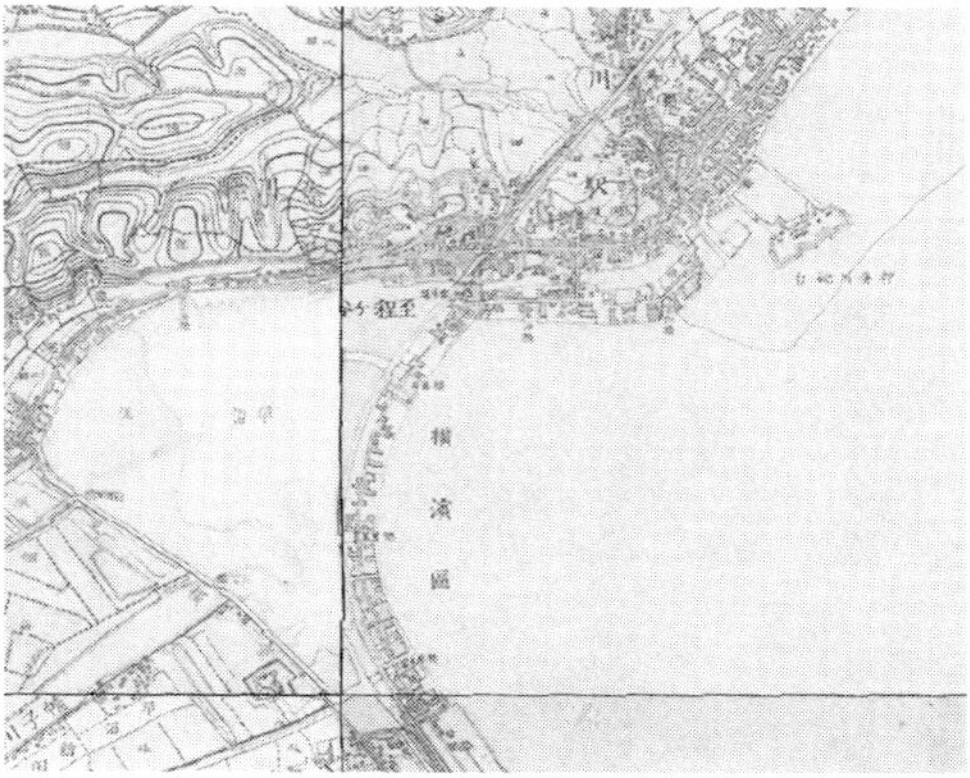

図6―3　明治10年代の『迅速測図』にある横浜の中心部。「天橋立」さながらの築堤と「平沼」がはっきりと表わされている（農業環境技術研究所「歴史的農業環境閲覧システム」より）

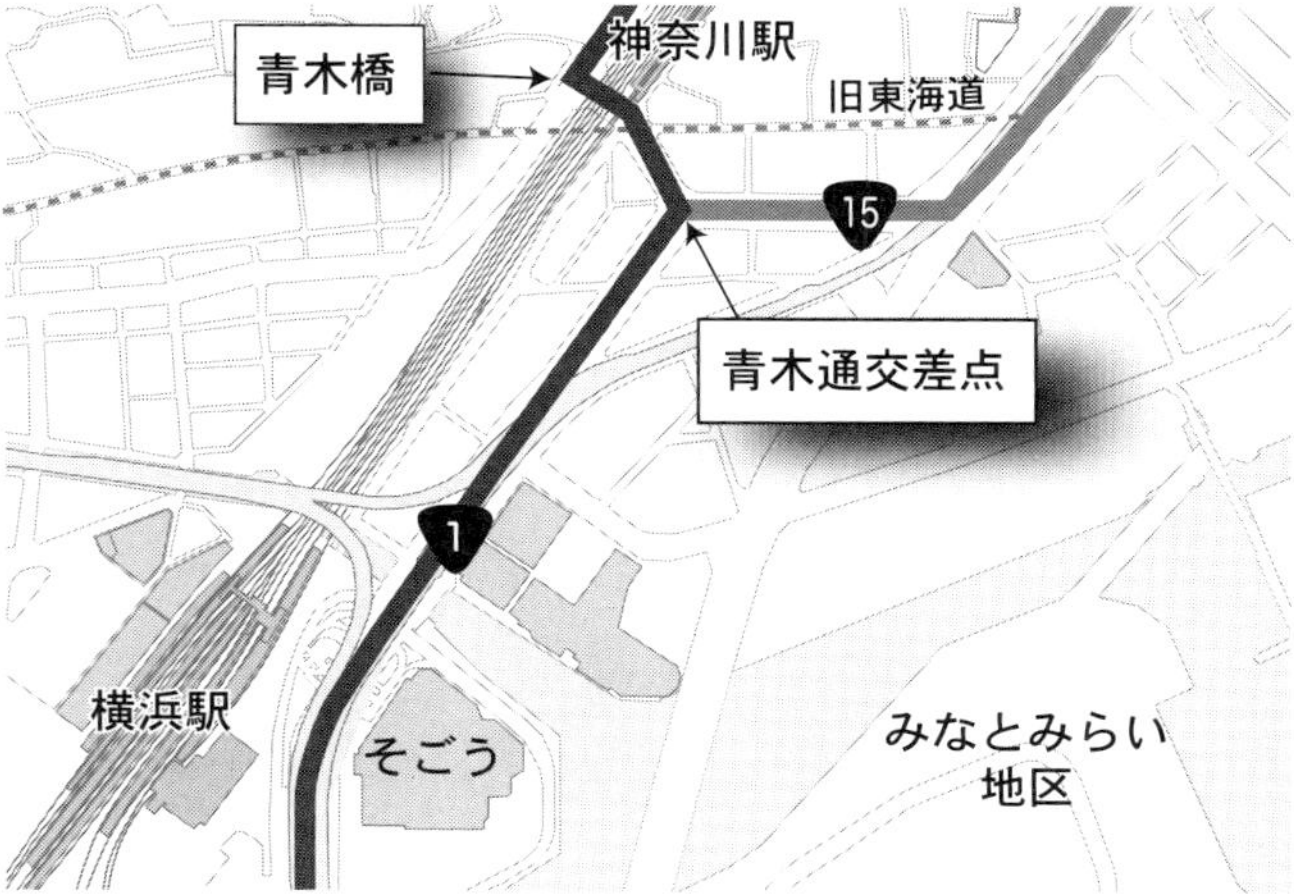

図6―4　古今の交通の要所だった、青木町周辺。明治期は、国道1号と国道2号の分岐点「神奈川」であったところ。今は、国道1号と国道15号の合流点が位置する

とありますので、迅速測図が国道制定時の明治一八年の地形を考察する上では適していますす。

迅速測図では、横浜のありし日の築堤の姿が実に滑らかな曲線美として描かれています(図6―3)。冒頭に紹介した日下部金兵衛の写真を空中から望んだとするならば、このようにあたかも「天橋立《あまのはしだて》」のような弓なりの渡りとなっていたのです。横浜湾はその「天橋立」で仕切られ、その内陸部の閉塞《へいそく》された内海が「平沼《ひらぬま》」となっていました。「天橋立」の北側の付け根付近に、沿岸から回り込む筋と北側から縦にストレートに伸びる筋とが交差する十字点があります。ここが、明治国道一号と明治国道二号の分岐点と考えられる地点で、また、国道表に示されるところの「神奈川」になります。現在は青木町と呼ばれている区域です(図6―4)。

その青木町は、今も国道一五号(第一京浜)と国道一号(第二京浜)の二大幹線が合流する重要拠点となっています。明治の重要地点は、現代の重要地点になっていることは当たり前のように思えますが、私には、何か時代を超えた特異点のようにも感じられゾクッとくるのです。

合流地点にある「青木橋」も、道路史から見て時代を超えた識別点となっています。

青木橋は今でこそ青いペインティングがなされた六車線の幅を有する国道一号の巨大な

写真６—５　青木橋付近の今昔。明治３年当時（上）の古写真は、長崎大学附属図書館蔵

橋梁《きょうりょう》となり、JR線と京浜《けいひん》急行線をまたぐための大動脈となっていますが、もちろん、昔からこのような姿ではありませんでした。

鉄道敷設当時の様子をとらえた一葉の写真が、これも長崎大学附属図書館の「幕末・明治期　日本古写真データベース」に収録されています。「野毛の鉄道」(The railway in Noge)と題される写真がそれです(写真6―5上)。

キャプションによれば、明治三(一八七〇)年一〇月二日号に『ファー・イースト』に掲載された写真とされるので、日本初の鉄道の建設が精力的に進められていたまさにその時に撮影されたものということになります。写真では単線の鉄路の先に延びる「天橋立」型の築堤がすでに形となって写されています。

写真中央には線路をまたぐ橋が架けられていますが、これが鉄道建設によって生まれた「青木橋」です。木製と思われるか細い橋梁は、鉄道によって寸断された東海道をつなぐための道でした。時代とともに鉄路の本数も増え、それにあわせるかのようにして橋も架けかえられてゆくわけですが、一〇〇年の歳月は橋だけでなく周りの景色も劇的に変貌させています。

図6―6　横浜の築堤には、三本の橋が架けられていた。『内務省地理局測量課編 横浜実測図』（横浜市中央図書館蔵）より

道路は海岸線の「指紋」である

明治時代に明治国道一号が神奈川（青木町）から分岐していったのも、このような「天橋立」なる築堤と湖沼があったためでした。築堤を進めば横浜駅（現桜木町駅）までは一本道となるので、横浜港へと続く国道は最短ルートとして、この「天橋立」を過ぎていったのはほぼ間違いないと思われます。

その「天橋立」も、完全に沼を堰《せ》き止めるものではなく、横浜湾と平沼とは水流の流れが滞《とどこお》らないように「水路」を確保していました。そして、水路の上には「月見橋」、「万里《ばんり》橋」、および「富士見橋」の三橋が架けられていました（図6―6）。

残念ながら、「富士見橋」はその後に淘汰され消滅していますが、「月見橋」「万里橋」は橋の形を変えて残されており、明治国道をたどるための重要なチェックポイントとなっています（写真6―7）。

一方で、旧東海道であり明治国道二号はこの青木町からJR線と京浜急行線の鉄道線路を越えて西側に回りこみますが、この理由も『迅速測図』を眺めることでただちに理解されるでしょう。

東海道のルートが現代ではあたかも内陸部に迂回《うかい》しているように見えるのも、明治初頭まで内陸側に海岸線が押し寄せていたからに他なりません。日本で初の鉄道建設に伴って平沼

写真6―7　現在の月見橋（上）と万里橋（下）

という湖沼が出現することになりましたが、時代の要請はその湖沼でさえ土地へと換えてしまい、結果として平沼は消えることになりました。

道路の線形は時代によって大きく変化していないため、東海道がかつての海岸線の「指紋」にもなります。この東海道の例でも見られるように、道路という構造物は、土地が「道路」として交通に供せられると、別の用途への変換がなされにくくなるという特徴がありま す。普段の生活で住宅地や商業地が道路になることは日常一般で見受けられるものであっても、かつての道路の土地が宅地化することは稀《まれ》だからです。

最後に、現在と明治時代（明治三九年）の横浜を比較した地形図で見比べてみましょう（図6―8）。この一〇〇年で大きな変貌を遂げていることに大きな驚きを感じるのではないでしょうか。現在の横浜駅一帯も、かつては沼であったその地の上に造られています。

高島《たかしま》嘉右衛門《かえもん》の私財によって造られた築堤

鉄道史では知られているように、当時の「横浜駅」の位置は現在の横浜駅の場所ではありませんでした、今の桜木町駅が「横浜駅」として開業したものです。明治初頭に鉄道を導く一番の目的地が日本の玄関口となる横浜港であったことは、当時の明治政府が日本の中でその港こそを最重要地とみなしたからにほかなりません。

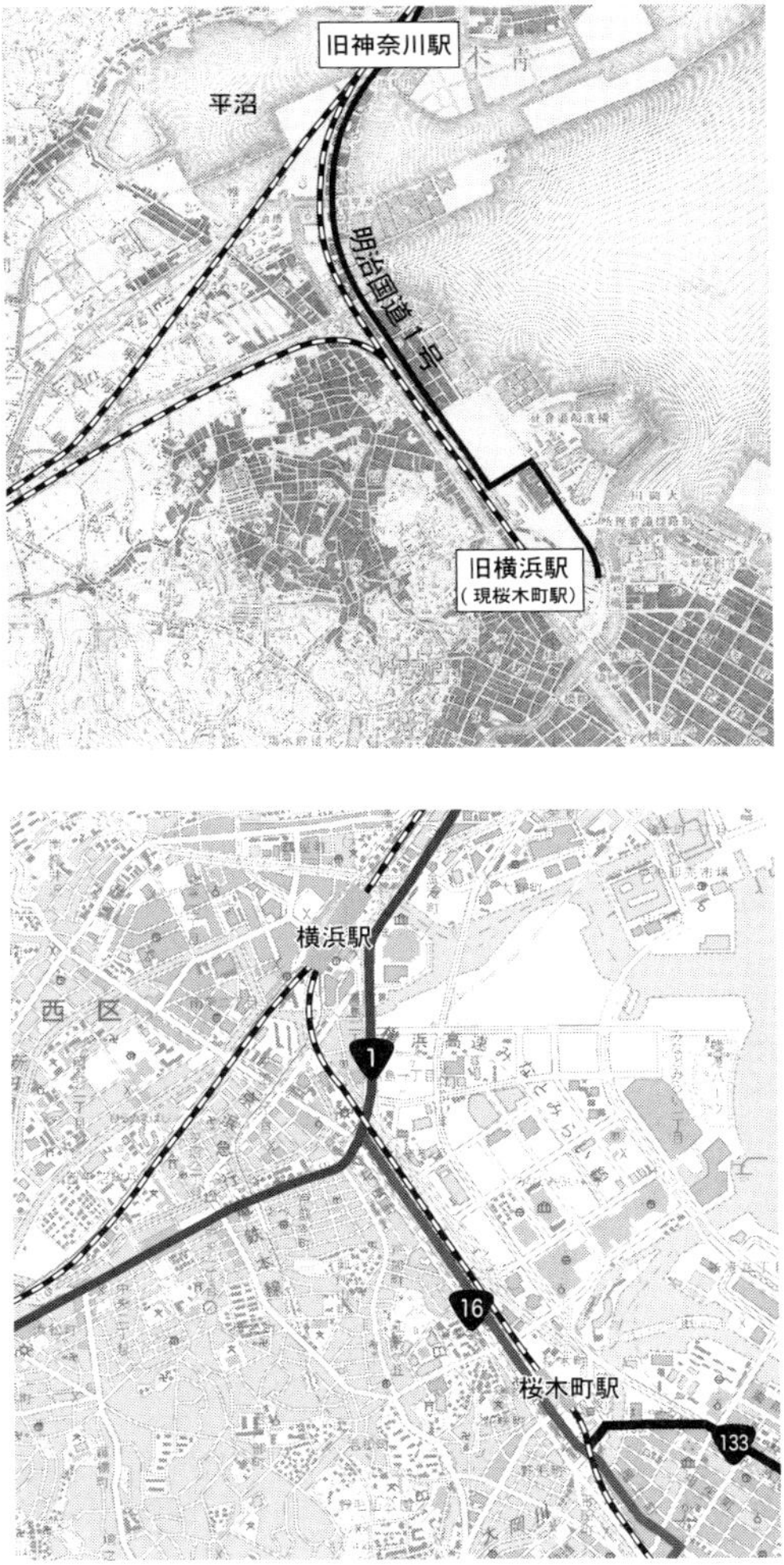

図6—8　明治の国道1号（明治39年測図　正式1：200000地図）と現在の国道1号を比較したもの。現桜木町駅が、かつての横浜駅

それでも、鉄道を敷設するルートとして当時の横浜湾の地形に沿わせることも可能であったはずですが、横浜港への最短ルートをなすために海を貫く約二キロメートルの堤を築く選択をしたことは、当時の責任者・技術者の相当なる意気込み、そして技術に裏打ちされた自信を感じさせます。

それだけに、どのような経緯で築堤が造成されることになったのかを知ることは、明治国道一号のルーティングを知る上でも何かのヒントを与えてくれそうです。

この鉄道敷設のために設けられた築堤の費用は、明治政府による国費ではなく、横浜の豪商であった高島嘉右衛門《たかしまかえもん》（一八三二～一九一四）が私財を投じて造成したものでした。この付近一帯の地名として「高島町」の名が残るのも、この功績の由来があるためです。

高島嘉右衛門は明治という時代にあって鉄道の推進を計画し、京浜地区および奥州への鉄道敷設の建設許可を明治政府に願っていた人物でもありました。しかし、政府は鉄道敷設《ふせつ》事業を外国による技術導入によって施工することを目論《もくろ》んでいたため、高島嘉右衛門の届け出は退けられることになりました。鉄道をどの国の技術に頼るのかは政治的な思惑もあって紆《う》余曲折《よきよくせつ》し、最後は英国の技術に許可を与えることで決着します。

高島嘉右衛門は夢が半ば途絶《とだ》え、悶々《もんもん》とした日々を過ごしていたことでしょう。そのような胸中にいたとき舞い込んだのは当時の大蔵大輔《たいふ》であった大隈重信《おおくましげのぶ》からの鉄道敷設協力の打諮でした。

協力願とはいいつつも、政府が示した条件は鉄道敷地と道路（後の国道）、および付属地を併《あわ》せて幅六〇間（約一〇〇メートル）を四五〇日以内に竣《しゅん》工《こう》すること、そして鉄道および道路の用地については政府に献《けん》納《のう》することを要請するものでした。その交換条件としては、鉄道敷地と道路を除く付属地は高島嘉右衛門の所有地として認め、税制上の優遇が付与されるというものです。

全線にわたる敷設の夢は叶わなくとも、日本初の鉄道敷設事業を拒否するまでには高島嘉右衛門はくすぶってはいませんでした。

明治四二年発行の『横浜開港五十年史』によれば、高島嘉右衛門は自ら「神奈川から横浜までの埋め立て事業は自らこれを担当し、国道も併せて築いて政府に献納したい。そのようにすれば現在の国道の距離も十三町（約一四〇〇メートル）短縮することができる」と力説し、大隈重信はこの話を受諾したという記述があります。鉄道の敷設がイギリス方式に決定された後も、高島嘉右衛門は積極的にプロポーザルを展開した様子がうかがえます。

高島嘉右衛門の語ったとされる「国道も併せて築いて政府に献納したい」という言葉ですが、埋め立て工事は明治三年からのことであり、その当時はまだ「国道」という法令上の指定はなかったわけです。明治期の書籍とはいえ、すでに誤《ご》謬《びゅう》を含んでいることは考慮しておかなくてはなりません。

とはいえ、そのような政府の管理下におくべき道路なるものが、鉄道敷設と同時に造られることが織り込まれていたことは伝わってきます。その道が『横浜開港五十年史』が発行された当時（明治四二年）には「国道」となっていたからこそ、誤謬が生じたとも考えられます。

また、「現在の国道の距離も十三町短縮することができる」と示したのは、当時の横浜港へと向かうルートというものは「横浜道」と呼ばれた野毛海岸を周回していた道路しかなかったからです。慶応三（一八六七）年に外国人による要望で関内《かんない》へとつながる「馬車道《ばしゃみち》」が整備され、この道と併せて横浜港への最短ルートとなっていました。

いずれにせよ、高島嘉右衛門の話の中にある「国道も併せて」建設することが明示されている点は意義があります。

築堤には鉄道に並行して海側に一本の道が設けられていますが、この道を通れば高島嘉右衛門のいう十三町（約一四〇〇メートル）短縮とも合致します。この道こそ国道一号であったと推定される道であり、初期の道は、鉄道に沿うような形で旧横浜駅（現、桜木町駅）へと延びていったことを伝えるものです。

「横浜駅」から「横浜港」までの国道ルート

明治一八年の国道一号のルートが、東京から横浜に至るものであったことは鉄道の新橋──横浜間と大差はなく、鉄道においても国道においても第一番目のプライオリティとして考えられたのは、東京から横浜港であったのは偶然ではないでしょう。

明治国道は軍事施設を除き、開港場もしくは県庁を終点とする特徴をもっています。したがって、明治国道一号の場合には横浜駅で終わることなく、さらに横浜駅からの道筋は県庁および横浜港（現在の大桟橋《おおさんばし》）を結ぶ道として延びていきました。これはあたかも横浜駅から横浜港までの区間について、鉄道の補完的な役割を国道が担っているかのようです。

明治一八年には、横浜港にはまだ現在のような桟橋がなく、「象の鼻」と呼ばれる堤に囲まれていた小さな港でした。大桟橋が整備されたのは明治二七年になってからのことです。内務省地理局測量課編の『横浜実測図』には、その「象の鼻」の横浜港が可愛らしく描かれています（図6─9）。

では、横浜駅（現・桜木町駅）から「象の鼻」まではどのルートが国道であったのでしょうか。

横浜駅からは「弁天橋《べんてんばし》」を渡る道が最も短距離になります。その橋を渡ってさえしまえば、県庁および港へと向かう国道は当時の地形図（図6─9）の太線で示される道路によって導かれてゆきます。とくに県庁までの直線区間は、本町通と呼ばれる横浜の目抜き通りでもあって、今でも往時の面影を残します。

やがて県庁が見えると、国道は「日本大通《にほんおおどおり》」と交差することになり、この「日本大通」に従って左折さえすれば、もう迷うことなく横浜港に到着します。

一九六ページの地図と比較すれば明らかなように、このルートはまさしく国道一三三号にほぼ重なるものです。国道一三三号は桜木町駅前で国道一六号と接続するようになっていますが、弁天橋から横浜港までの区間は一〇〇年の歳月もの間、国道として不動の地位を保持していることになります。

しかし、国道一三三号がかつての明治国道、それもファーストナンバーの国道一号であったことは地元でも多く語られることはありません。ましてや、現代の国道一三三号の存在すら希薄なものになっています。これは、ちょっとした謎です。

「日本大通」が幅広に造られた理由

国道一三三号の中でも、最も特徴があるのは神奈川県庁からの「日本大通」でしょう（写真6―10）。地図で説明するならば、横浜スタジアムと神奈川県庁を結ぶ一キロメートルにも満たない道、となります。

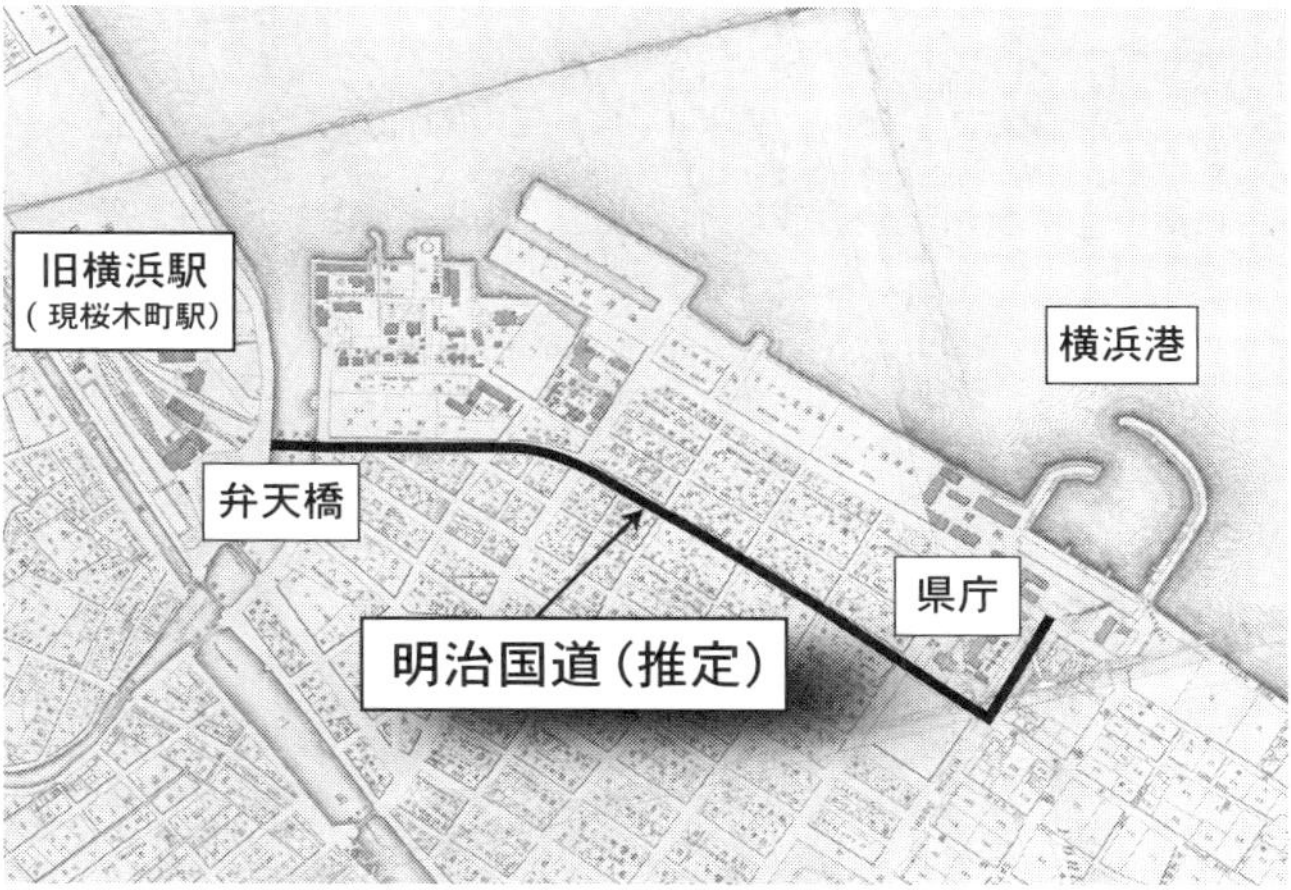

図6―9　国道１号の終点は、横浜駅でなく、横浜港である。明治政府が、この「港国道」を最重要としていたことが明らか。『内務省地理局測量課編 横浜実測図』（横浜市中央図書館蔵）より

写真6―10　明治当初より幅広だった「日本大通」

横浜の中でも独特な雰囲気を持つこの道も幕末の開国と大いに関連します。慶応二年一〇月二〇日、この日に発災した大規模な火事によって、当時の運上所《うんじょうしょ》（税関）付近（現在の県庁付近）を含む日本人街および外国人居留地が焼失した「豚屋火事」という事件があり、この火災を契機に、外国人居留地区への延焼を防ぐ目的として防火帯を設けることになった経緯があります。

それでも、この大通の工事が着工されたのは明治政府に引き継がれた明治四年になってからのことでした。この道は英国人ブラントンによる設計で、中央の車道は六〇フィート（約一八メートル）、併せて歩道と植樹地帯を左右に各々三〇フィートを設けるという本格的な仕様の近代道路で、日本の道の中で「歩道」という区分で道路が導かれたのは、この道が初めてのものとされています。

この日本大通は「防火帯＝分離帯」であることのほかに、日本人地区と外国人地区とを「分離」する目的もありました。横浜駅側は日本人地区、それよりも奥が外国人居留地区。現代の感覚ではいやらしさを感じさせる区画整理とも受け止められます。

しかし、日本の建築様式の最大の欠点である木造様式を前提とした街づくりと街の保存（資産の保護）という相互調和をなす点においては都市計画の原型とも模範ともなる事例とされます。

明治国道一号がこの日本大通を突き抜けることなく港へと左折していくのは、横浜港へとつながる一つの道として日本大通を活用していたことにもなりますが、この防火帯を境として治外法権区域であった外国人居留地区になる事情があれば、国道一号は日本大通を進まざるをえないことにもなります。

「第二道」の神戸港へと向かう明治国道でも、「侵犯」をしないために同じような回避をしていることを思い起こしてください。現代の国道の道筋をたどる中にあって、その何気ない曲がり角も、実は時代の中で必然的に生じたことを、短いながらも国道一三三号は雄弁に語っているかのようです。

鉄道の下位に置かれていた国道

このように、明治国道の一番目の道は、日本で初めて開通した鉄道とも関連する背景を持ち、ダイナミックな変貌を伴う横浜の都市計画に順応しながら貫いていた道であったことが想像されます。今となっては港国道の一つである国道一三三号が明治時代には国道一号の栄冠があったことすら信じられるものではなくなっています。また、時代の変化により人々の記憶からも消えてゆき、そのことが語られることもありません。

明治一八年、この年末にはそれまでの太政官制度から内閣制度に移行した日本憲政史においても重要な年でした。明治国道はこの年の二月に制定されたとはいえ、奇しくも制定は同じ明治一八年。大きな変革点の渦中《かちゅう》であったことは単なる偶然ではないようにも思えます。「第二道」では、日本が国道という資産において最重要視したものは外貨獲得のための経済観念であることを想定しました。

では、明治一八年まで国道という概念はまったくなかったのでしょうか。明治国道が制定されるまでの歴史をたどることで、なぜ、横浜港までの道のりが国道に制定されることになったのかという点を考えてみることにします。

「国道」の誕生

――「国道」という語源はいつ生まれたのでしょうか――。

日本が「国」というコンセプトでまとまったのは、明治四（一八七一）年の廃藩置県以降とされます。これによって幕藩体制が終わり、中央集権的国家およびそれに基づく政治体制が確立してゆきます。

そのような流れを考慮して、明治以降の行政文書で道路に関連する法令を遡《さかのぼ》っていくのですが、明治四年以降では「道路」もしくは「街道」の用語は頻出《ひんしゅつ》しても、「国道」なる用語は明治七年を過ぎても登場しません。

よく語られるように、明治政府は国道よりも「鉄道」を優先的な施策《しさく》として掲《かか》げ、この新規な交通システムの拡充《かくじゅう》に重点を置きました。

このような鉄道偏重はインフラとしての規模の格差というよりも、国道というものは既に「街道」として幕藩体制で整備は進められていたわけであり、鉄道のようにすべてがゼロから整備する必要はなかったことも、道路行政がおざなりになる背景となりました。

また、全国に万遍なく普及している既成の道路の中から国道を選び出すにしても、「国」と「地方」の区分がなければ、そもそもの国道という概念は成り立ちません。「地方自治」が確立していなければ、国道を規定することすらままならないのが明治初期の自治のあり方でした。

明治初期の段階、とりわけ西郷隆盛《さいごうたかもり》が固持《こじ》した征韓論が明治政府の重要な政策としていた中では、まだ地方行政のあり方すら固まっている状況ではありません。大きな流れの変化があったのは明治六（一八七三）年に大久保利通《おおくぼとしみち》を含む岩倉《いわくら》全権大使が帰国してからのことです。

大久保利通による征韓論の一掃は西郷隆盛と袂《たもと》を分かつことになりましたが、それだけに留まらず、雪崩《なだれ》をうったかのように江藤新平《えとうしんぺい》、副島種臣《そえじまたねおみ》、板垣退助《いたがきたいすけ》、後藤象二郎《ごとうしょうじろう》など「留守組《るすぐみ》」も参議を辞し、下野《げや》しました。明治六年の政変と呼ばれる出来事です。

さらに翌年には、木戸孝允《きどたかよし》も台湾出兵をめぐって大久保利通と意見が対立し、参議を辞任しました。ここに政局は大久保利通と大隈重信のみが取り残されることになり、政策を決定できる人材の不足により、まとまることもまとまらない状況となります。

そのような中にあって、長州出身でありながら大久保利通に寄せていた伊藤博文《いとうひろぶみ》の巧みな周旋《しゅうせん》によって、木戸孝允と板垣退助が復帰し、大久保利通と会談（大阪会議）をなすまでに政局は回復します。

大阪会議に基づいて、明治八（一八七五）年四月一四日に「立憲政体樹立の詔《みことのり》」が発せられることになりましたが、立憲政体樹立は、立憲君主制の原型のほかに地方自治のあり方について木戸孝允の希望が大いに織り込まれたものでもありました。

地方自治の強化という木戸孝允の強い要望もあって、明治八年七月七日、この日に木戸孝允を議長とする「第一回地方官会議」が明治天皇の臨席のもと、浅草《あさくさ》・本願寺《ほんがんじ》で開かれることになります。今の知事会議の原点ともなるものです。

この会議では地方税制の今後のあり方まで含めて広範囲にわたって討議されますが、道路史として非常に重要な出来事は、この会議で『道路橋梁《きょうりょう》法案』という道路法の原点とも呼べる議案が議論されたことでした。その中で、初めて「国道」なる概念が登場するのです。

国道としての分岐点があったとするならば、明治八年の「第一回地方官会議」として見ることができます。

道路の興廃《こうはい》が国家の盛衰《せいすい》

それまでにも、官と民の管理区分を定めるために、道路に「等級」を設ける制度がありました。明治六年の『河港道路修築規則』という法令の中では、「全国の大経脈を通ずる」道路を「一等道路」、「大経脈に接続する脇往還枝道の類」を「二等」、「村市の経路」を「三等道路」としました。しかし、この規則では国道という概念までには至るものではありませんでした。

また、この段階では道路の等級は国が定めるものではなく、各地方行政府の自主的な判断に委《ゆだ》ねられました。その結果、「全国の大経脈を通ずる」とはいえ、どのような道が大経脈であるかは府県で判断が分かれることにもなりました。規格の基準がなく、一律の規定がなされなかったため、一方の県では「一等」である道路が別の県では「二等」の扱いになるなど、地方行政間で齟齬《そご》が続出しました。

このような不備を解消する必要性に迫られたことから、国としての道路を規定するガイドラインを示す機運が持ち上がったのが『道路橋梁法案』の意図とするところでもありました。

国が規定するべき道をどのように考えていたかは、次の答議に記録されています。

「道路は内外の交義を遂げ、物産を通じ、全国の脈絡を暢達する為にして、その興廃は国土の盛衰に関する者なれば、首府より各開港場に達し、外国の交通に係る者、および各鎮台各府県庁に達し、あるいは各鎮台、各府県を拘連し、人民の保護に関する者、その他村市の為に設くる者等を大別して三道と為し、各道毎にこれを三等に小分する」（原文はカタカナ。傍線は筆者）

道路の興廃《こうはい》がすなわち国家の盛衰《せいすい》。この答議で興味深いことは、木戸孝允がとりまとめた中で、道路の機能およびその役目として重要視したのは、物流や交易などの経済活動を主眼においている点です。

また「国家の盛衰」に関わる道として、開港場へと通じる道とした点も注目に値します。開港場は「外国との交通」としての貿易の拠点でもあり、また日本国内における陸運の拠点ともなります。そこへ通じる道を重要視したことが明治日本の国道観であり、港国道の原点もここにあります。

府県庁および鎮台と連絡（拘連）する道路は「人民（国民）の保護」、すなわち国防の観点に基づく考えも示されています。

道路の機能としては「情報伝達」「経済交易」のほかに、もう一つの重要な機能としての「国防」があります。現在の日本では薄らいでいますが、お隣の韓国では高速道路が非常時には滑走路となるように設計されているくらいですから、これも道路の役目として重要な柱となります。

道路の等級という考え方

そのほかに答議では「国費県費区費の別を定め」という道路の工事にかかる費用区分について、次のような税負担の仮案が提示されました。

国道　国費
県道　国費県費　折半
里道　区費

ここで仮案としているのも、この段階でまだ明治政府は国としての税制システムおよび徴税システムを明確に確立していなかったことによります。

政府は明治六年に地租《ちそ》改正によって税制改革に着手しましたが、地方税の概念にはほど遠い状態であり、このため「県費」といえども明確な規定はなされていませんでした。肝心の地方自治権でさえ「国」と「地方」という区分すらままならないため混沌《こんとん》としていたほどです。そのこともあり、この「国費県費区費」が第一回目の地方官会議の中で最も白熱した議論が展開されたといいます。

その「国費県費区費」の区分は、答議の中で注目できる一つの事柄なので、現代との対比を通じてみてみることにします。

明治時代の「国道」を、戦後の「一級国道」、および現在の指定区間制のもとで定義されている「直轄国道」と対比させます。また、明治時代の「県道」を、戦後の「二級国道」、もしくは現在の「補助国道」と読み替えて、国費の負担率を比較してみます（表6―11）。

そうすると、「国道」の負担率という点で国費（官費）が1／3ほど軽減されている以外は、現在と『道路橋梁法』の仮案とでは、基本的な配分比率は大きく違いません。国道の建設費用のあり方は、脈々と伝統が受け継がれているかのように、そのコンセプトは大きくは変わっていないのです。

残念ながら、この『道路橋梁法』は世に出ることはありませんでした。しかし、その道路の等級については翌年の明治九年六月八日に、『道路ノ等級ヲ廢シ國道縣道里道ヲ定ム』と

『道路橋梁法案』明治八年	国道	国　100%
	県道	国　1/2 県　1/2
『道路法』昭和二十七年	一級国道	国　2/3
	二級国道	国　1/2 県　1/2
現在	直轄国道	国　2/3
	補助国道	国　1/2 県　1/2

図6―11　国費の負担率を比較したもの。現在の「補助国道」（三桁国道）が、明治の「県道」に対応していることがわかる

いう法令において次のように採択されました。

國道
一等　東京ヨリ各開港場ニ達スルモノ
二等　東京ヨリ伊勢ノ宗廟及ビ各府各鎮臺ニ達スルモノ
三等　東京ヨリ各県庁ニ達スルモノ及ビ各府各鎮臺ヲ拘聯スルモノ

新たに、「伊勢ノ宗廟」（伊勢神宮）に至る道路が国道二等として加えられたほかは、『道路橋梁法』の答議が道路の等級として反映されていることがわかります。

明治九年の等級（グレード制）はこのようなコンセプトで立案され、それが、明治一八年の『国道表』における路線番号制でも、グレード制のコンセプトはそのままに継承されていったのです。

明治八（一八七五）年に木戸孝允がとりまとめた日本の「国道」というグランドデザインは外国との交易の窓口となる開港場を重要視するもので、明治という時代のみならず、現代までに通じて引き継がれてゆくことになります。

「内外の交義《こうぎ》」

横浜の大桟橋には飛鳥Ⅱをはじめとする大型客船が寄港しては、またベイブリッジをくぐって海洋に向かう、そのような日々が繰り返されています。その姿を船に見立てた大桟橋は、屋外も船のデッキを彷彿とさせるデザインになっています。その「甲板《かんぱん》」に立ち、この港までに続いた明治国道を遠望することを試みても、高層のランドマークタワーや巨大な観覧車に遮《さえぎ》られるばかりです。

すでに明治時代から一世紀以上の時間が流れ、見る影もないほどに景色は大きく変貌を遂げました。断片的に明治の記憶が残されている「象の鼻」も長年の潮の満ち引きによって黒光りするほどに年季が入っていますが、この小さな遺構でさえも開発の流れに翻弄《ほんろう》されています。

国道一三三号が明治国道であったことを語るものは、「弁天橋」「日本大通」など数カ所しかありません。

その「日本大通」の一角に立ち、「其興廃ハ国土ノ盛衰ニ関スル者ナレハ首府ヨリ各開港場ニ達シ外国ノ交通ニ係ル……」という木戸孝允の国家観を思い返すと、開港場、すなわち港湾こそが日本の物流（ロジスティックス）の原点という信念がひしひしと伝わってきます。

「道路ハ内外ノ交義ヲ遂ケ」とあるように、横浜はまさに「内外ノ交義」をなすための経済、交流の起点となりました。

しかし、日本国内のすべてが横浜のような好条件を整えていたわけではありません。そのような内外の交易を遂げることの困難な地域には、道路に対してどのような意義があったのでしょうか。

日本の平地面積は少なく、国土において山間部の占める割合は総じて高くなっています。そのような特殊事情とも見ることができる国土にあって、国道を張り巡らせることは至難なことです。そのことを次章で考えてみることにしてみます。

第七道

国道 291 ROUTE

谷《たに》川《がわ》岳《だけ》に残る最長の「点線国道」（群馬県／新潟県）

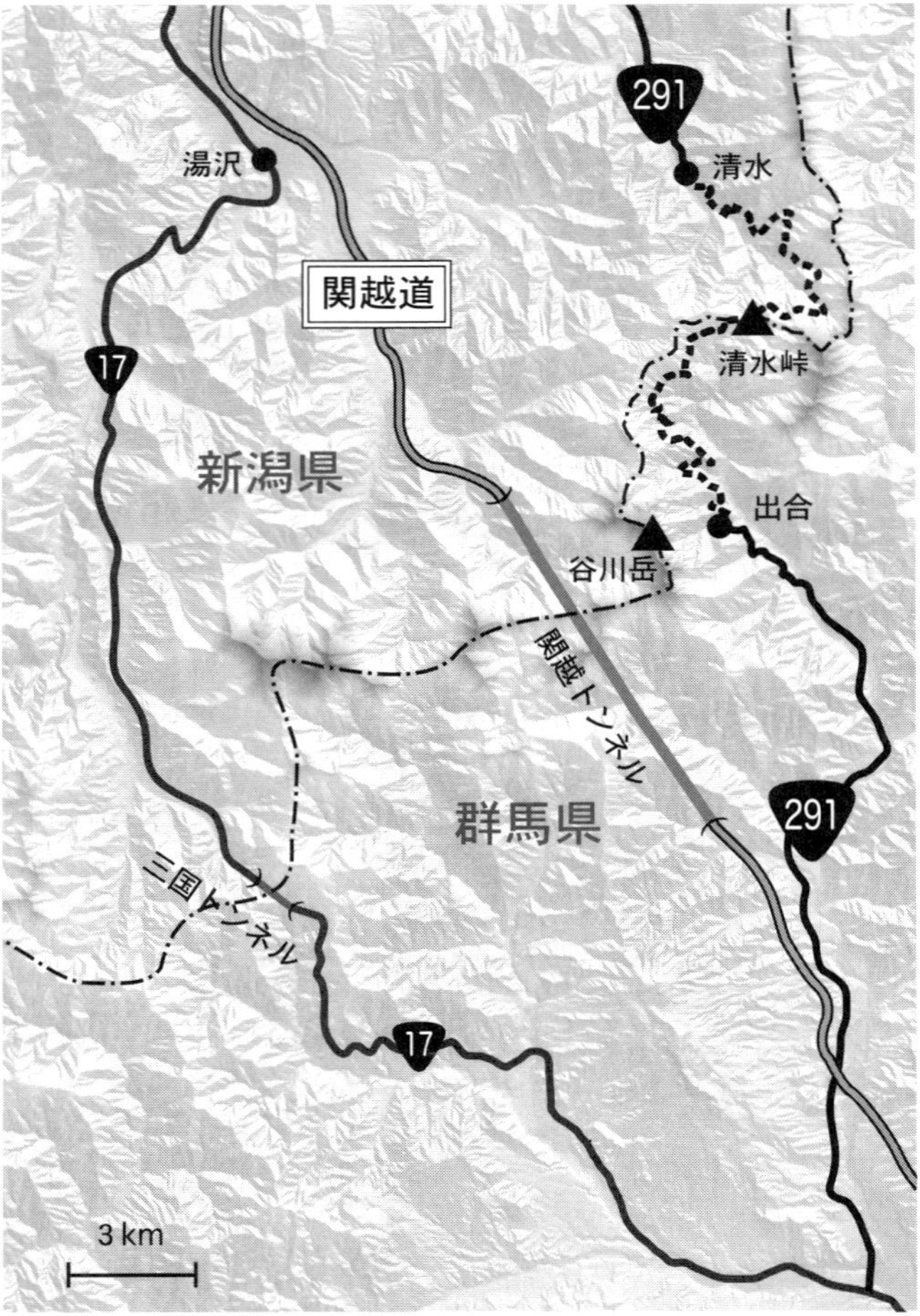

図 7—0　国道 291 号の路線図

谷川《たにがわ》連峰へ向かう国道

東京都心から関越《かんえつ》自動車道を新潟方面へと向かい、関越トンネル手前の水上《みなかみ》ＩＣでそれを降りると、水上ＩＣから出る道はすぐに国道二九一号とＴ字で交差するようになっています。国道を一路北に向けて走らせると繁華街の水上温泉郷を過ぎ去り、ＪＲ上越線と絡《から》み合うようにして道は続き、やがては湯檜曽《ゆびそ》の温泉地をかすめてゆきます。渓流に沿った湯檜曽温泉の景だけでも十分に谷川岳に来た高揚感を抱かせますが、さらに国道を北上してもう一つの通過地点であるＪＲ土合《どあい》駅の赤い屋根の尖《とん》がり帽子の駅舎まで来ると、やはりここからが谷川岳の玄関口と思わせてくれます。また、どこか懐かしい感情を抱かせる場所ともなっています。

かつてはこの土合駅には朝方に到着する夜行列車が走っていました。昭和四〇年代の第二次登山ブームと呼ばれた頃には、列車が停車するたびに多くの登山客を吐き出したといいます。大深度のホームからあの四六二段の長い階段を登る無数の靴音が剝《む》きだしとなったコンクリート壁に反響しあい、それが木霊《こだま》したという話も、今では嘘だったのではと思われるほど静かで、遠い昔話のように聞こえます。

第二次登山ブームをなした若かりし日々の人たちが、今は脚を「鉄道」から「国道」へと変えて谷川岳へと向かっていく第三次登山ブームをなしています。帰巣本能ともいうべきなのでしょうか、JR土合駅から間近にある谷川岳ロープウェイは夏場から秋にかけて多くの乗用車が溢れんばかりに押し寄せる光景が繰り広げられます。

ほとんどの車が谷川岳ロープウェイにトラップされていく中で、国道二九一号をさらに進んでいく車の数は幾分か少なくなります。ここから先の国道二九一号は樹々に覆われ、木漏れ日の光が拡散し、ほのかに黄緑色に照らし出されるようになります。高原ルートとはまた一味違う山岳ルートの慎ましさに包まれます。

その流れが尽きようとする頃に視界が忽然《こつぜん》とひらけ、国道二九一号の群馬県側の端点である出合《であい》末端に到着します（写真7―1）。

深く刻みこまれたグレーの岩肌と群青の空。ここは谷川連峰の一《いち》ノ《の》倉沢《くらさわ》が屏風のように立ち塞《ふさ》がる場所です。国道の末端でもこれほどに圧倒的され、また際立って美しい姿を、私はここのほかに思い浮かべることができません。

正面からやや右手にある衝立岩《ついたていわ》を仰ぐと、ここは昭和三〇年代に二名の登攀《とうはん》者が滑落し、その反動によってザイルが身体に絡みついて宙づり状態で亡くなったという「ザイル宙づり事件」の現場を見てとることができます。

衝立岩だけではありません。コップ状岩壁、滝沢第三スラブ……、一つ一つを地図で照らし合わせながら、これまでに読んだ登山小説の一場面を思い浮かべつつ、ここが現場なのか

写真 7─1　国道 291 号の群馬県側の端点、水上・出合末端。一般的には、ドライバーよりも登山者に知られている

と想像を超えた魔の山に挑んだ人々の精神に驚愕《きょうがく》と畏敬の念が生じてくるのです。

点線国道という道

一ノ倉沢の出合で国道二九一号は車止めの柵で仕切られ、車道としての道はここで終わります。しかし、完全に道は途切れることはなく、地図上でも現場においてもさらにその先に道は続きます。

国土地理院の地形図ではそのルートが一・五メートル未満の幅員を示す「点線」（破線）となり、国道のルートはいびつに曲折を経ながら県境の峠へとつながっています（図7—2）。もちろん、一ノ倉沢、幽ノ沢というそそり立つ岩場を這《は》っていくような越え方はせず、急峻な岩場を遠巻きにして回避するかのようにして標高を高めていきます。

ほぼ登山道となっているこの道も現役の国道二九一号で、その先は鞍部《あんぶ》となる清水峠《しみずとうげ》に導かれるようになっています。群馬県と新潟県の県境となるこの峠を越えると、地図上の「点線」なる国道が南魚沼市《みなみうおぬまし》（六日町《むいかまち》）へとさらに続いていることが、地形図から読み取れます。

このように地形図で点線として示されている国道区間は、国道ファンの間では「点線国道」として親しまれています。国道でありながら歩いてしか行けないような道で、「酷道《こくどう》」

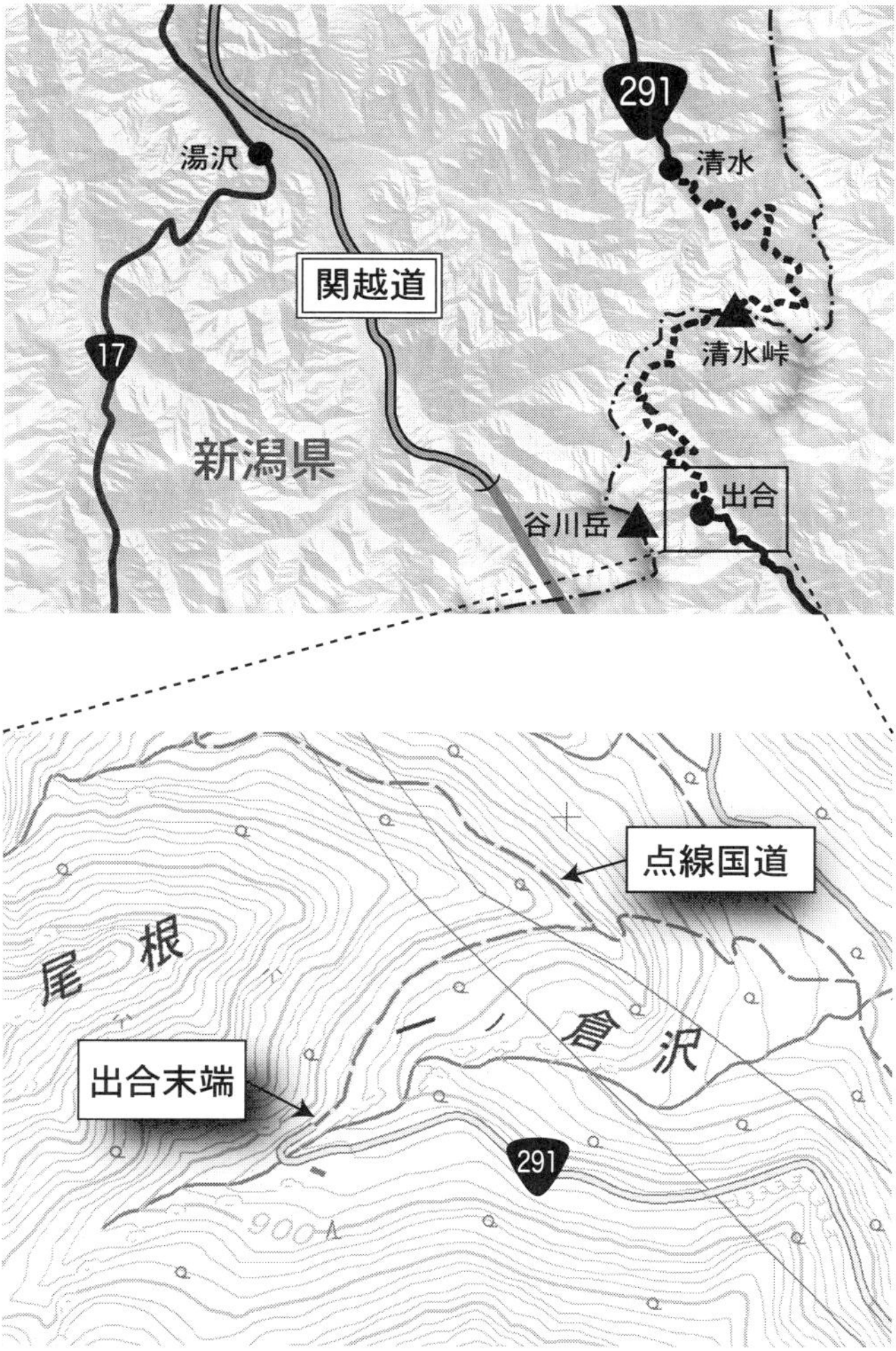

図 7—2　国道 291 号の「点線」部分。出合末端で国道は終点したかのように見えるが、さらに峠へと延びている

の中でも最凶（最強）の道となっています。

点線国道に対する興味は、車が通れないような国道が国の機関である国土地理院が発行する地形図上でどのように表記されているのか、あるいはそのルートはどのようなものであるのか、といった純粋な好奇心からくるものです。

「第一道」における龍飛崎の階段国道も、短くも「点線国道」に属する道となっています（図7―3）。国土地理院のオンラインで閲覧が可能な地形図『ウォッちず』（http://watchizu.gsi.go.jp/）で簡単に見ることができるので確かめてみるのもよいでしょう。

そのような数ある点線国道の中で、最長の道がここで紹介する国道二九一号です。地図上の点線区間だけでも約二五キロメートルに及びます。

点線国道は数こそ少なくなってきていますが、それでもまだ一般の通行として困難な国道ルートが日本に残されており、国道二九一号に次ぐ長さを誇るのは新潟県と福島県とをつなぐ国道二八九号となっています。

日本海を望む新潟市から太平洋に面する福島県いわき市までつながる約三〇〇キロメートル弱の延長を有する国道ですが、その全区間の中で新潟県と福島県との県境に位置する「八《はち》十里越《じゅうりごえ》」の山岳地区で長い車両通行不能区間を有しています。

こちらの点線区間は約一六キロで、国道二九一号よりも距離的には短くなっています。そ

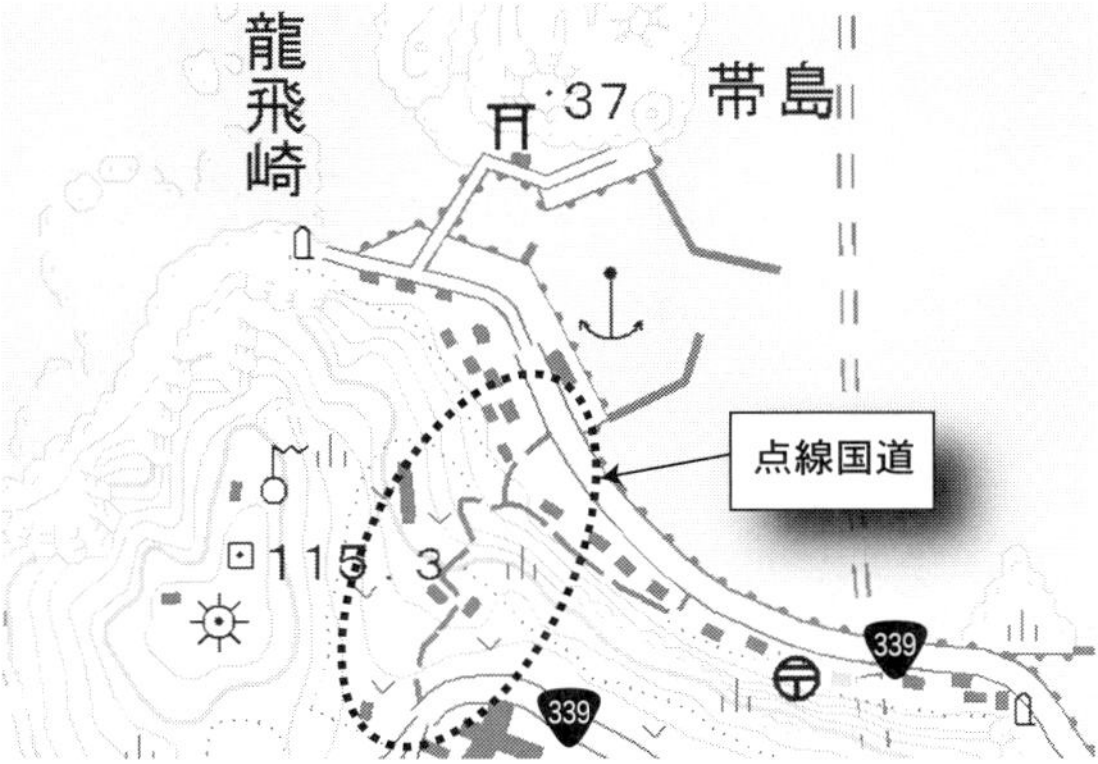

図7―3　国道339号の「階段国道」も、「点線国道」である

れでも、ハードな点では国道二九一号と双璧《そうへき》をなし、また戊辰《ぼしん》戦争で河井継之助《かわいつぎのすけ》が負傷を負いながら敗走したルートとして悠久の歴史をとどめる点線国道にもなっています。

解消を待つ点線国道

元々、点線国道という区間は暫定的《ざんてい》に路線が指定された道路区間で、本来は新たな道路建設としてのトンネルやバイパスなどが計画され、時限的に解消されることを前提としてなぞられた「線」です。これらの国道は昭和四〇年代までに指定された国道群に多くあります。

その昭和四〇年代は点線国道に限らず、粗い路面が剝きだしとなった未舗装道路が日本にはまだ蔓延《まんえん》していました。場所によっては主要幹線道路でも、舗装率は一〇〇％にはなっていない時代のことです。毎年の改築で費やされるのはそのような道が優先されました。

そのため、点線国道に対しては改良費を宛《あて》がうほどに優先順位が高まるはずはありません。形式上、国道を一本化するために点線区間を暫定として加えておいたものが、二〇年から三〇年以上の歳月が経っても、自動車通行不能状態が解消することなく引き継がれて、結局は二一世紀まで持ち越されることになってしまいました。

ようやく近年になって、点線国道にも改良工事の順番がまわることで車両通行不能な区間は徐々に解消され、制定当時に求めていた真っ当な国道に生まれ変わりつつあります。

大規模な点線国道区間の解消例には、平成一〇年三月に山梨県と埼玉県とを結ぶ国道一四〇号・雁坂《かりさか》トンネルの開通があります。これにより、埼玉・上州方面から富士山へのアクセスが大きく変わりました。

そして平成二〇年九月。登山道が国道であったことのほかに、しっかりと国道標識が掲げられていたため、一部の愛好家には階段国道以上に親しまれていた福島県の国道二八九号がついに甲子《かっし》トンネルの開通によって解消しました。この道は、今でも「伝説の点線国道」として語られています。

国道二九一号の最高地点――清水峠

再び、国道二九一号の本線に話を戻すことにしましょう。

群馬県側の車両通行止めとなっている先は一般の登山ガイドでも記されている登山道にもなっています。点線区間を出合末端から出発して歩いてゆくと、幽ノ沢までは登山道には似つかわしくないほどの広い道となっています。しかし、そこを過ぎると様相は一変し、人ひとりが歩けるほどの踏み固められた道に急変します。これより先は、国道とはいえ、ほぼ一人分の道幅しかない「登山道」をひたすら歩くことになり、出合末端から約五時間で峠に到着します。

遠目にも清水峠のランドマークとなっているのは特徴的な三角帽子の小屋で、この施設はJRが所有する送電線監視小屋となっています。その名前から想像できるように、かつては清水峠を越えていく二系統の送電線のための有人監視小屋が、現在は無人小屋の施設となったものです（写真7―4）。

点線国道を「歩いて」いると、この送電線はまるで「影」のように国道と寄り添い、地上にはないもう一つの軌跡を空に描きます。日常一般の生活の中でみる送電線はあまり気を留めることもないのですが、このような僻地《へきち》の高い空に一筋の黒光りする送電線が清水峠を越えていく光景は、一度気になりだすと頭から離れなくなるものです（写真7―5）。

単なるその「線」は、次第に存在感を増してきます。なぜ、このような自然が厳しい場所をわざわざ選んで送電線があるのだろう。どこから始まってどこに向かっているのだろう。そして、なぜJR東日本と関係するのだろう……、と。

国土地理院の一：二五〇〇〇地形図でも、この二系統の送電線は描かれています（図7―6）。これを新潟県側へなぞっていくと清水峠の麓《ふもと》の清水集落で二系統のラインは一本に結ばれ、途切れることなく六日町を通過し、ここからまたひと山越えて十日町へ向かっていきます。十日町でたどり着いたかと思えば、大河の信濃川を越え、対岸の千手《せんじゅ》発電所なる水力発電施設で「線」は終わります。

写真7―4　清水峠と送電線監視小屋

写真7―5　昭和初期の清水峠送電線の偉容（土木図書館蔵）

一方で、群馬県側をたどっていくと沼田《ぬまた》から前橋《まえばし》を過ぎ、延々と関東方面へと延びていっています。行きつく先は神奈川県・鶴見《つるみ》。新潟県から谷川連峰を越えて関東まで約三〇〇キロメートルにも及ぶ壮大な送電線なのです。

この送電線は首都圏の鉄道の電力を担う重要なライフラインで、山手線をはじめとする東京の列車運行はこの送電線から供給される電気によって賄《まかな》われています。千手発電所のほかにも、小千谷《おぢや》発電所および新小千谷発電所の三カ所――これらはすべてJR東日本株式会社が所有する信濃川発電所と称される――からは総出力四四万九千キロワットの電力が生み出され、年間では一四・三億キロワット／時を供給しています（JR東日本が信濃川からの取水量を不正に使用していたことが発覚して、その水利権が停止されたニュースを記憶している方もおられるでしょう）。これは、JR東日本株式会社が使う年間総電力の約二三％を占める数字です。

これも歴史の紐《ひも》を解けば、鉄道の電化政策という大きな技術転換と関わりを持ちます。大正末期に輸送力の限界を来す蒸気機関。それ対する新規な技術としての電気機関。その技術的な選択を迫られる苦悩が大正末期から昭和初期にはありました。

旧態の技術、これは得てして実績のある技術と呼ばれるものにその後の命運を託すのか、それとも革新的な技術、得てして未知の技術に依存するのか……。その二者択一に迫られる

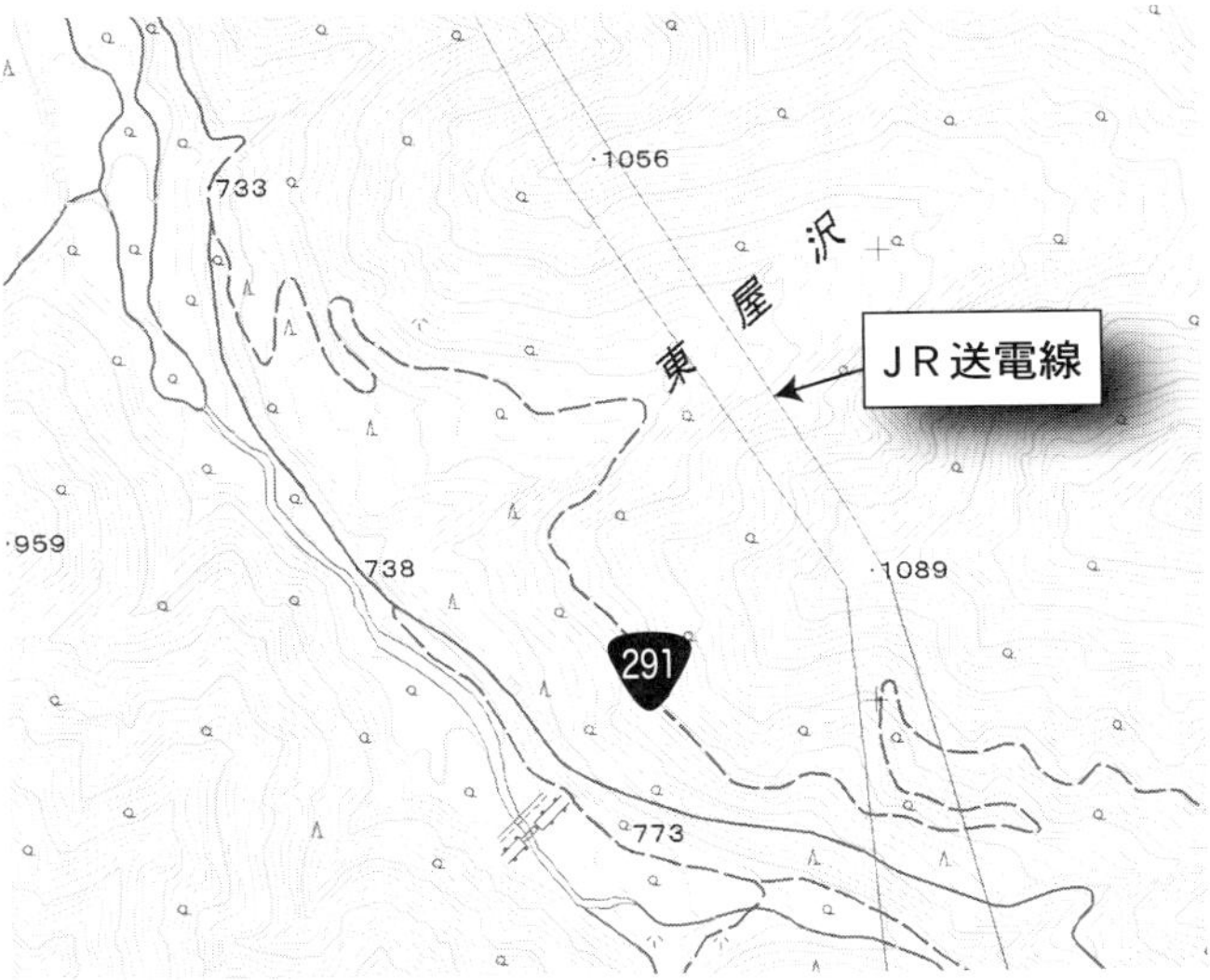

図7―6　国土地理院1:25000地形図にも描かれた二本の送電線。国道291号の点線区間と並んで走っている

場面で、当時の鉄道省は電化機関の推進に舵《かじ》を切り、さらに、その電力を自前で調達することを決めました。電力の源としたのが信濃川水系による水力発電だったのです。
千手発電所は昭和一四（一九三九）年から稼働を開始します。清水峠を越える送電線もその時期に並行して進められた設置工事で、「よくぞこのような場所に」と、建設に携わった人々への尊敬を超えた畏怖の念さえ感じさせます。

登山作家が記す清水国道

旧鉄道省の送電線が昭和初期にある以上、その送電線を管理することにもなった清水峠の送電線監視小屋へは人が通うことになりました。そのような送電線監視小屋にまつわる話を登山家であり小説家でもある安川茂雄《やすかわしげお》（一九二五～一九七七）が残しています。
安川茂雄は谷川岳に関する小説、随筆を数多く発表していますが、その中の一つ、『歴史の山旅』の中に昭和四〇年当時の清水峠の暮らしを綴った一文があります。

「峠の小屋は、正確には「国鉄六日町給電区清水分区白崩見張所」というのだそうである。小屋の職員は、みんな大変に親切だった。ちょうど、清水から肥った娘さんが小屋に来ていたので、いろいろ話を聞いた。峠の謙信尾根というコースについてたずねたが、これはわからなかった。

峠から居坪まわりのコースと、直接に下降する十五里コース（これが謙信尾根ではないかと思われる）があるが、私は膝を痛めているので、傾斜のゆるい居坪コースから下ることにする。どうやら、これが明治七年に完成した国道の道筋らしい。現在でも日に一度、駄馬がこのコースから小屋まで荷上げしているという話であった」（傍線は筆者）

とくに傍線部は、清水峠の道路を考える上では、示唆に富んだ記述となっています。何が示唆に富んでいるのかを検証する前に、まず、現在の清水峠から新潟県側へ向かうルートを簡単に述べておきます。

峠から新潟県側へ下る道は大きく三ルートがあります。東側から見て、国道二九一号（廃道）、居坪坂《いつぼざか》ルート、そして謙信尾根《けんしんおね》（十五里コース）と並びます（図7─7）。ここで、国道二九一号が指定されているルートは廃道と化してから、すでに悠久《ゆうきゅう》の時間が流れ、谷川連峰の自然へと回帰しています。

安川茂雄が述べているところの「居坪まわりのコースと、直接に下降する十五里コース」のルートは現在でも現役の二本の登山道です。峠から最も短距離で清水集落へと向かうものが居坪坂コース、また、それよりも西側に位置するルートが謙信尾根（十五里コース）となります。

『歴史の山旅』のエッセイは昭和四〇年のドキュメントです。その時代は、有人の清水峠監視小屋まで毎日のように居坪坂コースで物資が輸送されていた様子が描かれています。そして、その居坪コースを安川茂雄は「どうやら、これが明治七年に完成した国道の道筋らしい」と、国道という観点からは重要な着眼点を残しています。

その明治七年の道筋とは何のことなのでしょうか。どの道筋が国道であったのでしょうか。

国道二九一号が谷川岳という険しい山岳地帯に存在する謎を知るために、まずは、この一文を手掛かりとして国道の成り立ちをたどることにします。

明治七年、谷川連峰を越える道路の誕生

明治という時代になり、歴史上の区分として近代になってから谷川岳に国道の原型をなす改修工事が行なわれます。その計画は明治六（一八七三）年の史料に見られ、その中では計画ルートとして群馬県・湯檜曽から清水峠を越え、越後・清水に至る約三〇キロメートルが「新道」というコンセプトで立案されました。

発起は群馬県の前身である熊谷《くまがや》県時代に、その県令（知事）であった河瀬秀治《かわせひではる》（一八四二

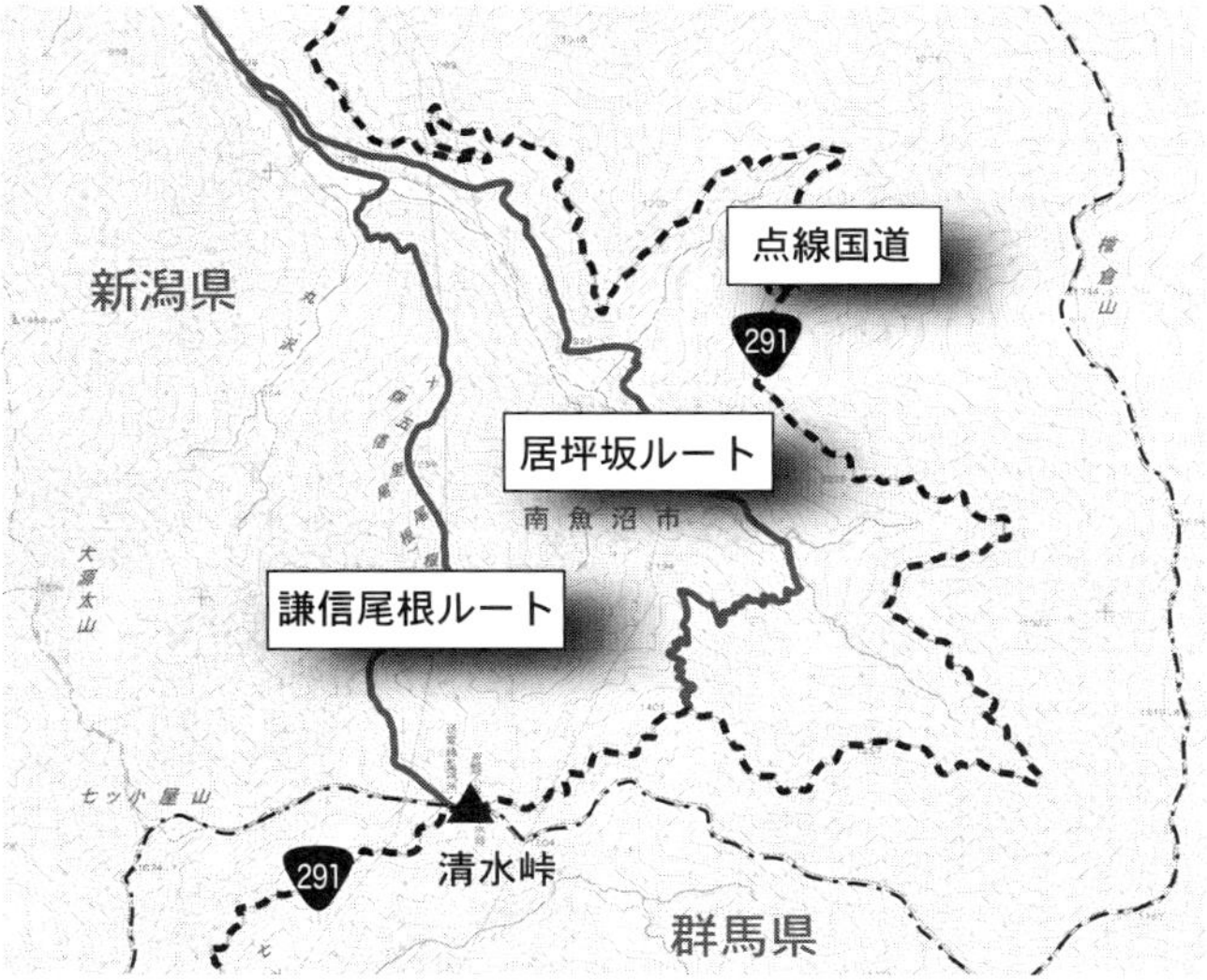

図 7―7　国道 291 号（新潟県側）の「点線」部分と、二本の登山ルート

〜一九〇七）によるものです。県令とはいえ、この時の河瀬秀治は三一歳という若さです。河瀬秀治は明治五年に稼働した明治政府肝煎《きもい》りの官営富岡《とみおか》製糸場の創業を軌道に乗せた功績もあり、後の明治八年になって内務省の勧業《かんぎょう》寮長官へと異動しています。内務省を発足させた大久保利通の重要政策の一つである民力養成としての勧業行政のトップとなり、それこそ大久保利通へ篤《あつ》い信頼を寄せ、その右腕として働きました。のちになって明治一四年から清水新道の大改修が施されることになったのも、河瀬秀治の役職と功績が大きいように思えます。

翌明治七年六月、立案された計画は実行に移され、わずか四カ月で湯檜曾村から県境を越えた清水村への新道の道路は竣工します。この道は当時の書類上の記録では「越後清水越新道」と呼ばれることになりますが、この工事で整備されたものが謙信尾根（十五里コース）でした。

安川茂雄が清水の娘さんから聴いたとされる「明治七年に完成した国道の道筋らしい」と言い伝えられていた道とは、「居坪コース」ではなく、この謙信尾根ということになりますが、「越後清水越新道」が開通した明治七年は、前章で述べたようにまだ日本には「国道」というシステムは発令されていません。したがって、この新道が開削と同時に国道として指定されることにはなりませんでした。

明治九年になって、初めて「国道」が等級制で管理されるように政府から達しが出されますが、群馬県は規定に従って明治一〇年に県内の道路の等級を発表しました。この時に国道に指定されたルートは「越後清水越新道」ではなく、「三国往還《みくにおうかん》」――これは現在の国道一七号に準じる道――が国道第一等として指定を受けることになりました。一方の「越後清水越新道」は国道になることはできず、「縣《けん》道第一等　清水越往還」に留まります。

近代明治になって道路は等級制として管理がなされるようになり、「国道一等」の要件は東京から各開港場へ通じる道とされました。「三国往還」、または「清水越往還」のいずれもが東京から新潟港へと続く国道としての必要条件を満たしていますが、それまでの街道の格からも「三国往還」が国道となったのは自明のことであったのです。

大久保利通と「清水新道」

この「清水越往還」に大きな変化の流れがあったのは明治一一年の時のことです。

群馬県からは「清水越往還」のさらなる改修の要請を国に申し立てていましたが、時節として明治一〇年の西南の役もあり清水新道の改修はしばらく見合わされていました。その時勢が落ち着いた明治一一年になって、内務省は測量に着手しました。

その測量の結果報告が、初代内務卿の大久保利通へ達すると、「深くこれを慮《おもんぱか》り」と清水越ルートについて熟慮し、本格的なルート選定のための第二次測量の命を下します。彼がこの年の五月一四日に赤坂・紀尾井《きおい》坂において暗殺されることを考えれば、この清水新道実測の指示は、その余命幾許《いくばく》もなかった晩年の道路行政における重要な裁可《さいか》の一つとみることができます。

大久保利通が清水越に何を慮ったのかが、この道のみならず、「国道」を考える上では重要な示唆を与えています。

大久保の肝煎りで設立された内務省は、勧業行政と警察行政とを一元的に掌握するものでした。そのため、悪しき専制政治の代名詞としても引き合いに出されることがありますが、勧業行政は国力の強化を真摯《しんし》に見据え、海運業を促進させる交易重視の立場をとるとともに、その輸出力の原資となる勧業に最も力点を置いたことはよく知られています。勧業と国道。これについては後述するように、この接点こそが清水峠の開削の動機にもつながります。

大久保利通の死後も建設計画が中止されることはありませんでした。明治一二年には内務省少輔《しょうふ》・林友幸《はやしともゆき》と内務省土木局長・石井省一郎《いしいしょういちろう》(初代土木局長。並行して進められていた北上川の開削、北上運河で石井閘門《こうもん》を残す)によって検地が行なわれ、約二年間の歳月をかけて湯檜曾村から越後清水村へ至る路線の概要が固められました。

この計画を基にした工事着工伺《うかがい》が後の内務卿・松方正義《まつかたまさよし》から太政大臣の三條実美《さんじょうさねとみ》へと上申され、明治一四年四月三〇日に認可が下ります。さらに、ただ単純に認可が下りただけではなく、この道は「国」が直轄《ちょっかつ》して行なう初めての工事となりました。

後に「清水新道」として新たな名称がつけられる清水越往還の工事は、明治一四年七月に着手されます。足掛け四年の歳月を経て竣工したのは明治一八年八月のことでした。明治六年からの計画から含めれば、約一二年後にして上州と越後が本格的な近代的道路として結ばれたことになります。

この新たに開削された「清水新道」は、今度はただ単に山肌をなぞるような簡易な開削をなした道路ではなく、むしろ、本当にそれほどの規格が必要であったのかと思われるほどに、現代でいうハイスペックな「高規格道路」となりました。

未完の道が国道に昇格する

「清水新道」のスペックは、湯檜曾から清水までの約三〇キロメートルの道のりは道幅が約五・五メートル（三間）を確保し、勾配も一／三〇に抑えられました。一／三〇の勾配とは、三〇メートルを進んで一メートルの高さをかせぐことを意味します。きりの良い数字で表現すれば、一〇〇メートル進んで三・三メートルの緩い傾斜となっていました。

参考までに、現在の建物の構造基準で考慮される『バリアフリー新法』では床の段差は一／一二以下の勾配と規定されています。これは一〇〇メートル進んで八・三メートルの勾配なので清水新道よりもきつくなっています。

道路の構成としてもトンネル二カ所、橋梁一六六カ所。道幅や勾配のみならず、このような道路建築物に至るまでいずれも馬車が二台すれ違うことが可能となるように設計されていました。

この新道の完成により国道一等である三国越ルートよりも約一八キロメートル短縮されるため、上州・越後間の行程時間は大幅に短くなることが見込まれました。新道開削が「三国往還」ではなく、「清水越往還」が選択されたのも、地勢的な「距離」というアドバンテージが大きな決定因子になっていたことをうかがわせます。

この清水新道の開通式は、竣工後一カ月経った明治一八年九月七日に行なわれますが、その約半年前の明治一八年二月二四日には、日本で初の国道ナンバー制を導入した『国道表』が内務省より発表され、まだ建設途中であった清水越新道は「国道八号」（東京ヨリ新潟港ニ達スル別路線）として指定を受けました。

発表当時には未完の国道でありながらも、既に三国往還を差し置いて国道に昇格させるほどの政府の気概を示す道路でもありました。この「明治国道八号」が現在の国道二九一号がなぞっているルートのそのものであり、国道二九一号は明治時代の由緒ある「国直轄《くにちょっかつ》」の歴史を持つのです。

「国直轄」の道路というもの

――国道ならば国直轄は当たり前なのではないか――。

こうした素朴な疑問について答えることは思いのほかに難解であったりします。

先の章の明治八年の木戸孝允が議長を務めた第一回地方官議会で審議された『道路橋梁法案』では、その整備負担案として国道は国が全額、県道は国と県の折半などの仮案が提示されました。この仮案が地方官議会で最も紛糾《ふんきゅう》した議題であったことはすでに述べたとおりであり、明治八年の段階では地方自治、とりわけ地方税の確立がなされていなかったことによるものです。

明治一一年に地方税に関しての法令が発布されましたが、その後の明治時代を通じての道路行政では国と地方の費用負担は災害という特例を除いては明確に記されることはありませんでした。

では、実際の道路費用の負担はどの程度であったのでしょうか。それを調べるのに明治九年の『内務省年報』を開いてみることにしましょう。

明治八年度の道路工事にかかった費用は、全国で六六万四四六八円という額でした。このうち国が支給した官費は六万三四三八円。トータルに対してたった九・五％分しか負担をしていません。つまり、残り約六〇万円は民費（地方税に準じる）から賄《まかな》っており、明治政府の財政難は道路行政においてもそのまま反映されてもいます。

この官費の負担率のとらえ方、感じ方は府県で様々でした。

明治の道路工事史では一目置かれている山形県は、その輝かしい土木的な業績とは裏腹に道路行政と民意の間には大きな乖離《かいり》があった県でもありました。

山形県は明治九年からの六年間の道路・橋梁・堤防構築費にかかる総額は約八四万円という額を要し、その総工事費に占める官費の割合は二六・六％でした。全国平均が一〇％未満からすると、山形県は官費率が高く、どの県にもまして優遇されています。当時の県令、三《み》島通庸《しまみちつね》が薩摩出身という門閥《もんばつ》であったことも無縁ではなかったと思われます。

それでも県内では民費負担が大きいという怨嗟《えんさ》の声が満ち溢れ、三島県政に対する批判的な記事が新聞、雑誌というメディアおいて展開されました。

これには三島通庸も裁判の形で民事的な手続きを踏みます。『山形県史』によれば明治九年から明治一四年まで三島県政に関わる裁判は八件。いずれも三島通庸に対する根拠のない讒謗《ざんぼう》としてメディア側が処分される判決が下ります。

三島通庸の行政手法というものは土木行政に負うところが大きく、半ばそれと一体となっていました。その行政手法は時間とともに強権的な政治手法として先鋭化してゆきます。

山形県の次に県令として赴任した福島県ではついには議会と対立し、後に福島事件が勃発《ぼっぱつ》します。福島事件は道路行政による齟齬《そご》というよりも、三島通庸が道路行政を自らの政治に持ち込んで自由民権運動と対峙《たいじ》した、いわば道路行政を政治道具として使った事件ともなりました。

他の県についても見てみることにしましょう。いち早く近代化政策が取り込まれた横浜を有する神奈川県ではどうだったのでしょうか。

神奈川県では明治一七年から二五年間にわたる道路新設の費用は総額にして一一八万三六七六円という規模でした（『神奈川県統計書』）。しかし、国からはその総額に対して、たった四％の官費しか支給されませんでした。

さらに、清水新道が開削された同時期の国道の道路建設費を抽出すると、明治一八年から明治二〇年にかけて神奈川県下では国道にかかる工事は三路線ありました。

明治一八年の国道一六号（甲州街道）では小仏《こぼとけ》峠における開削工事で全国平均を高く上回る六二％の国庫負担を受けました。この数値だけをとらえれば、現代の国道にかかる新設・改築費の国庫補助率にも匹敵するほどの高額補助になります。

しかし、明治一九年（国道一号の高島町―神奈川間）および二〇年（国道一六号の吉野―小渕《おぶち》間）の国道二路線の工事では、たとえ国道であっても国からの補助は「ゼロ」という惨状にも近いものでした。だからといって、山形県ほどの反発とそれに続く弾圧や批判、もしくは暴動となった記録は、神奈川県史を紐《ひも》解いても見当たりません。

明治期の道路行政に対する民意の府県間における温度差については、各地方史と統計書に基づいてもう少し精査する必要がありますが、いずれにせよ、当時の財政状況は国道ですら官費（国費）からの支援がままならないものだったのです。

明治期は慢性的な財政難で、とくに道路は鉄道よりもプライオリティが低くなっていましたが、さらに新設する国道の重要性というよりも、むしろその年の財政状況や他のインフラ整備との予算・支出の兼ね合いに応じて官費の負担率がゼロの場合もありうるようなドラスティックな配分が展開されました。

そのような時代背景で清水新道の総工費の約三五万円という額（神奈川県の二五年間でかかった道路開削費用の実に約1／3）のすべてを国費で賄われたという事実がいかに突出しているかを物語っています。清水新道は日本で初の「国直轄」の道路として語られますが、これは明治期の国道の歴史の中でも異例といってもよいものです。

日本初の建設国債

では、肝心の財源はどのような形で確保したのでしょうか。

大久保利通が考慮したオプションは日本で初めての建設国債に相当する「起業公債」の募集を行なう手法でした。

明治一〇年の西南戦争によって最大の士族反乱を鎮圧したこと――それでも西郷隆盛が城山にて自決したという知らせを受けたときには、普段は感情を表にしない大久保利通が慟哭《どうこく》したという――によってひとまずの治安上の安定化は図られることになりました。しかし一方で、西南戦争の戦費調達のため政府紙幣である不換紙幣を乱発したため、国内は大幅なインフレに見舞われ、極度の財政混乱に陥ったのです。

このような危機的な中にあった明治一一（一八七八）年三月六日、内務卿としての大久保利通は太政大臣・三条実美に「一般殖産及華士族授産《じゆさん》ノ儀《ぎ》ニ付　伺《うかがい》」の稟議書《りんぎしよ》を提出します。目的は勧業の振興ということのほかに、それまでの数々の内乱（佐賀の乱など）の要因とされる旧士族の不平と生活難を解決するための士族の救済を併せた政策でもありました。その財源の確保として公債募集を願ったのです。

この中で「一般殖産」の資本を図るために約三五〇万円の資本金を準備し、特に運送関連に関わる七つの工事に対する投資を構想します。七つの工事は以下のものです。

1. 宮城県野蒜《のびる》開港
2. 新潟港改修
3. 越後・上野運路の開削
4. 大谷川運河開削
5. 阿武隈《あぶくま》川改修
6. 阿賀《あが》川改修
7. 印旛《いんば》沼・東京間運路開削

七番目の印旛沼・東京間運路開削を除けば、どれも東北および越後に関わるものばかりです。そして、三番目の越後・上野運路の開削とは、まさに清水新道のことを指します。

この「一般殖産」では資源の可能性を秘めた東北・越後に焦点をおいて、海運と河川にかかる輸送体系を重点的に発展させていく大久保の強烈な信念が集約されていますが、ここで重要なのは、清水新道が唯一の陸上輸送で、唯一の道路として挙げられていることです。

しかし、大久保利通の死後に上記の七つの工事のすべてが着手されることはありませんでした。実施されたのは野蒜《のびる》港と清水新道のみで、清水新道にいたってはその工費は新潟港の改修工事が見合わされた資金が充当されるものでした。

大久保利通の遺産ともいえる野蒜港と清水新道は、いずれも竣工して数年で自然災害によって放棄されます。そのため、後世から評価されることはありません。「遺産」がすべて消えてなくなってしまったことは自然災害が直接原因ですが、その後に復旧して維持することをしなかったのはやはり大きな理由があるのでしょう。国道二九一号は、そのような数奇な運命をたどったとしか思えない歴史を包み込みます。

大久保利通のグランドビジョン

大久保利通の鋭利な頭脳の中で描いていた日本のグランドビジョンはどのようなものであったのでしょうか。それは断片的な資料と実践された工事をたどっていくことでしか手掛かりは得られません。

明治初期、とりわけ明治二〇年までに土木史上に名を残す道路は、明治九年にはじまり明治一四年に竣工した福島県と山形県とをつなぐ栗子《くりこ》峠（万世大路《ばんせいたいろ》：旧明治国道）の新道開削工事があります（図7―8、写真7―9）。

栗子峠の道は、先にも登場した山形県令・三島通庸の力量を試す試金石ともなり、その成功によって「土木県令」の名を不動のものにします。そのため三島通庸の発起した単独事業のようにも語られ、万世大路の事例でも大久保利通という存在が前面に出てくることはありません。

しかし、過去も現在も官僚機構の体系では中央の意向を無視して工事は進められるものではありません。内務卿としての大久保利通がこの道を必要とするほどの価値を見出していたからこそ工事を認可し、それを三島通庸に任せたことにもなります。

大久保利通が万世大路の開削を認めた一つの理由に、山形県南部の置賜《おきたま》地方の養蚕《ようさん》技術との関わりがあります。

米沢《よねざわ》藩の上杉鷹山《うえすぎようざん》の財政復興策であった養蚕は、その後に米沢織として定着するほどに東北地方の中でも高い技術を有するものでした。現在でも、米沢は養蚕技術から発展した人工絹、すなわちポリマー（高分子）の研究では日本でも最大の講座を有する山形大学が拠点を構えます。

東北地方の中でも殖産の代表格は置賜の絹。その資産を米沢から奥羽《おうう》山脈を越して福島に運び、阿武隈川の水運を使って太平洋岸へと移送し、さらには海運の拠点（野蒜港）から全国のみならず世界へと回送することができれば、資産を財産へと換えることができます。しかし、それを妨げる最大の障壁は山形から福島への粗悪な道路、板谷《いたや》峠ルートでした。

板谷峠ルートは福島・米沢間をつなぐ参勤交代路でもありましたが、当時は過酷な道とし

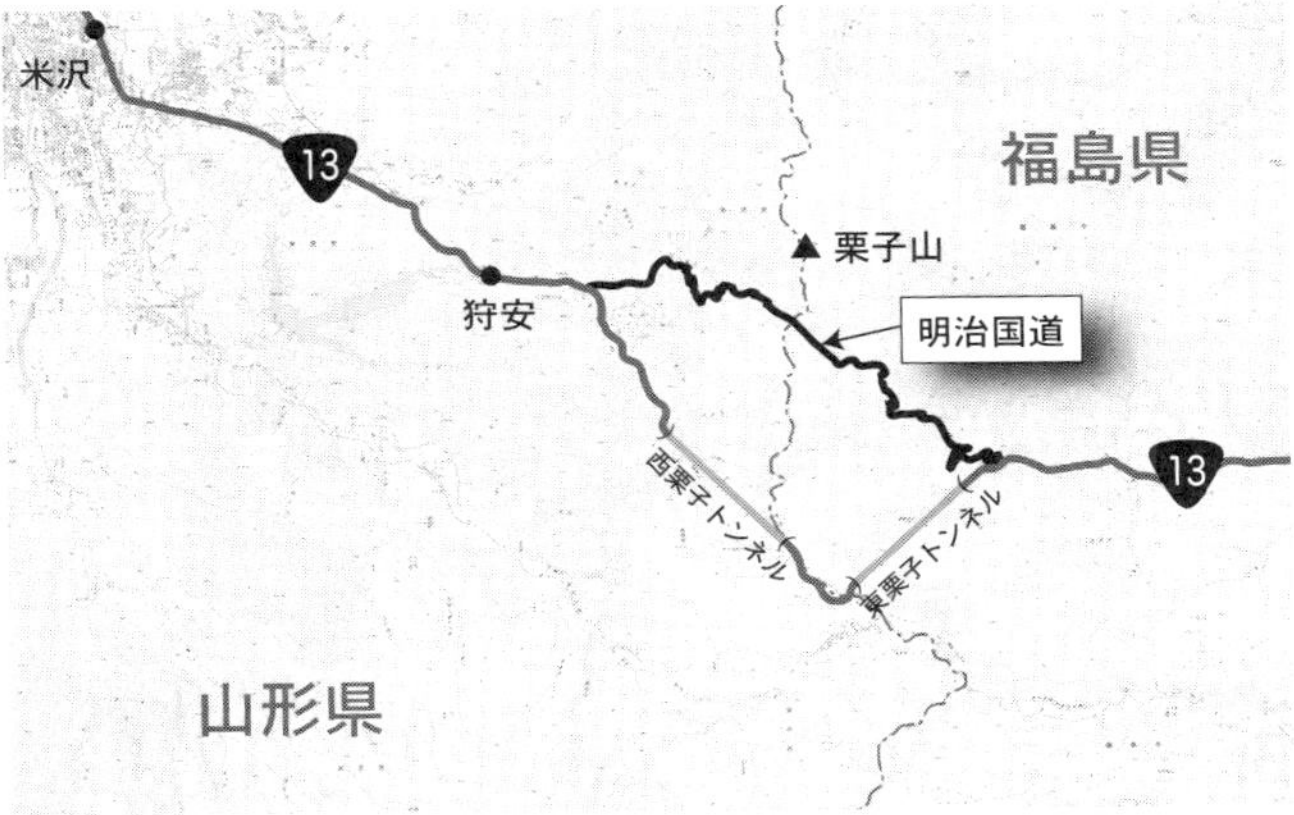

図 7―8　明治国道 13 号（万世大路）のルート。栗子峠越えの道のりであった

写真 7―9　明治国道 13 号のために開削された「栗子隧道」の現状。今はひっそりと草木に埋もれている

て知られていました。鉄道の世界でも、かつて奥羽本線でありながらスイッチバックを擁《よう》しなければならないほど急勾配の難所となっていた峠ですが、技術の進化によって今では「山形新幹線」も越えられるため、地形的な苛《か》酷《こく》さを実感できる機会は薄らいでいます。

大久保利通も明治九年六月に福島から米沢へと向かうにあたってこの板谷峠を越していきます。この年の夏、大久保は約二カ月間をかけて福島、山形、宮城、岩手、秋田、青森、そして北海道（函館）を巡視しますが、東北開墾のための視察であったことのほかに、明治天皇の巡幸ルートの調査も兼ねたものでした。

その移動手段は専《もっぱ》ら人力車を使いましたが、ここ板谷峠は人力車が通れないほどの道であったため、馬と自らの脚に頼らなければなりませんでした。一日がかりの難渋《なんじゅう》な行程はさすがに堪《こた》えたようで、その日の日記には「今日之道路別テ嶮難《けんなん》」であったとして、米沢では投宿先に訪問にくる参事などはすべて面会を断るほど疲労にうちひしがれた様子が『大久保日記』に書きとめられています。

大久保利通が万世大路のビジョンを描くきっかけとなったのも、この明治九年夏の東北地方の視察であったことは容易に想像されます。道中の福島（二本松《にほんまつ》）と山形（置賜）では、貴重な時間を割《さ》いて養蚕所に足を運び、殖産現場を巡視しています。置賜の養蚕に価値を見出したことが、半年後の三島通庸に対する万世大路の新規開削の指示と無関係ではないことは明らかでしょう。

個別の府県での道路新設というものは、一見するとその地方の独立した意思から発起した計画であるかのように見えるものが、実は大久保の描くグランドビジョンに適《かな》ったもののみに着工の許可が下りています。万世大路の新道開削も東北地方の中の幹線道路に関わる工事であり、後の起業国債のコンセプトとも一体化し、大久保利通の理念の中では一貫していま す。

清水新道の華やかな開通式、そして末路

明治一八年九月七日、この日に清水新道は開通式を迎えました。この式典には内務卿の山縣有朋、参議の山田顕義《やまだあきよし》、そして「鬼県令」から内務省・土木局長になった三島通庸を代表とする当時の政府高級官僚が集結しました。皇族からも北白川宮《きたしらかわのみや》親王の臨席を賜《たまわ》ったほどです。前日から、清水往還の沿道には数千もの提灯が掲げられ「不夜城」の様相を呈したと伝えられています。

このように悲願の国道ながら、谷川連峰という地理上の特質から冬季積雪時、また雪解けが始まる春になると度重なる崩落によって通行止めが余儀なくされ，ついには放棄されることになってしまいました。

その前兆はすでに開通式を終えた後の新潟県議会の議題にも現れています。開通した明治一八年の年の暮れが迫る一二月一六日の建議には、開通してからの清水新道の維持費は官費から地方税に引き継がれたことが述べられているとともに、すでに数カ所の土砂崩れが発生していることと、その補修に要する費用負担が地方税では厳しいことが県令へ訴えられています。

翌年、雪解けをまって始められた復旧工事では、融雪によって傷跡をさらに深めるものになっていました。その様子を横浜に在住するフランス領事館代理のG・グダローが残しています。

「(清水峠から新潟への)道路はこれまで登ってきた道路とよく似たようなものである。山の斜面に折り重なったつづら折りの山道である。しかし、保全が疎かにされていたためか、土壌が軟弱であるためか、こちらの道路のほうが状態が悪い。地滑りの箇所が多いので、下りの大部分は徒歩で行かねばならない。全般にわたって修復工事が開始されているが、そのためにかえって歩をゆるめなければならないだけである」(井上裕子訳「仏蘭西人の駆けある記——横浜から上信越へ——」、カッコ内は筆者)

現在でも清水国道は群馬県側では登山道として機能していますが、新潟県側はほぼ道と呼べるような状態ではありません。藪に覆《おお》われ、法面《のりめん》（人工的に築かれた斜面）の崩落がいたるところにあり、道は土砂に流されています。清水新道は、明らかに清水峠以北の新潟県側の道路は弱くて脆《もろ》く、グダローが観察した悪状は一〇〇年経った現代でもそのままに当てはまります。

谷川連峰の北斜面であることから、残雪の雪解けも南斜面の群馬県側よりも遅く、緩んだ地盤によって山肌が削られていく威力がさらに勝るためもあるのでしょう。グダローの記録で見る限り、開通した翌年であったのにもかかわらず、たった一回の越冬だけでことごとく新潟県側の道路が寸断されていることがわかります。

G・グダローという人について補足しますと、フランス領事館代理として日本には一五年にわたり在住したとされます。そして、明治一九年の夏に上信越の旅をした記録を、明治二二年に本国のフランスで出版しました。

明治期の道路を描写した記録としてはイギリス人女性のイザベラ・バードが記した『日本奥地紀行』が有名ですが、当時の日本の紀行史料の中でも、清水新道を通りそれを記録していたのはグダローが唯一といってもよいものです。

清水新道の崩落の様子以外にもその道路の興味深い心象を多く残していますので、幾つかを点描することにしましょう。

・季節は八月。清水新道が開通した翌年の全盛期にあるにもかかわらず、通行する人はまばらでした。グダローは「よい季節にさえ、この峠を通る人が少ないのに、何が政府をして莫大《ばくだい》な費用をかけてこの新しい交通路を建設させる気になったのか分からない」と疑問を投げかけています。

・群馬県側は「幅の広い白いリボンのように曲がりくねった道路」というほどに、木陰《こかげ》すらない樹木の伐採された道が続くものでした。

・湯檜曽から入り、炎天下にさらされながら休むことすら億劫《おっくう》だったグダローは、昼になってようやく中継点の白樺《しらかば》地区で休憩をとります。明治一九年には、一軒の旅館が建設中だったことの他にも、既存の一二の宿が軒を連ねていたと書かれています。現在ではその名残すらとどめていません。唯一あるのは、JRの施設である白樺避難小屋だけで、ここにも隔《かく》世《せい》を感じさせます。

清水峠の有料道路と「大正国道」

開通の翌年で、清水新道はすでに満身創痍《まんしんそうい》に近い惨状でした。谷川岳の短い夏に修復工事をして秋口に完了したとしても、また再びやってくる冬の積雪によって道は閉ざされます。

そして春になって繰り返される地滑りとの戦い……。このため、災害工事も手に負える状態ではなくなり、数年後には通行不能となったとされます。

そのこともあったのでしょう。清水峠の開通からわずか五年後の明治二三年には、六日町に住む佐藤良太郎という一個人が私費を投じて、あらたに道路を開削しました。こちらが安川茂雄の記述にもある「居坪コース」なる居坪坂のルートです。

清水村から居坪までの八キロは「間道」とする私設道路で、この居坪コースの道は明治四三年まで約二〇年間、有料道路（賃銭道路）となっていました。清水新道が開通して五年後には「間道」を導いて、かつ「有料」として生業がなせるほどに国道の清水新道が崩壊し、機能していなかったことを間接的に示していることにもなります。

大正八年になって日本で初めて『道路法』の基本法が制定され、翌年に国道の大規模な編成が行なわれました。大正九年四月一日、この日に指定された国道を「大正国道」と称しますが、その中に清水新道の該当路線はありませんでした。莫大な財が投入された清水新道は県道・前橋新潟線へ降格させられたのです。以後、管理を放棄された清水新道は、自然の摂理にまかせて廃道と化し、時間軸を過去へとスライドさせ、明治初頭の原始状態に還《かえ》ってゆきます。

「大正国道」では、東京から新潟を経由する国道は「国道一〇号」となりました。そのルートは高崎から西に大きく逸《そ》れて碓氷峠《うすいとうげ》へと向かい、ここからさらに長野へとまわりこむことになりました（図7―10）。その先は、どこを通過していくのかと法令に記述される「経過地」をなぞっていくと、千曲川《ちくま》に沿って新潟県に入り、東へと進んでゆきます。これは、現在の国道一一七号に相当する道です。

大正国道としては、「清水新道」でもなく、また旧来の主要街道の「三国往還」（現国道一七号）でもなく、大きな迂回となることを覚悟しても、あたかもこの谷川岳を避けるかのようにある道筋が国道指定されました。

かつての「三国往還」の整備を含めた改修計画がなかったわけではありません。それが実現することがなかったのは、谷川連峰の冬を越すに耐えうる道路を造る技術がなければ清水新道の二の舞となることのほかに、新規路線の上越線が着実に延伸しているためでもありました。

山縣有朋と放置された国道二九一号の謎

行きつくところ、巨額な投資をしてまで開削した清水新道がいとも簡単に放棄されてしまったことが最大の「謎」とされています。

開通後の管理・維持にかかる費用が莫大なことや、春になれば雪解けを伴って法面崩壊が

図7―10　大正国道10号と明治国道8号（清水新道）の位置関係。このうち明治の国道のほうが、今の国道291号に受け継がれていく

繰り返されることは、明治一四年に着工してから竣工するまでの四年間の中でも十分な予測がついたことでしょう。工事を進める中でも苦しめられた自然現象であったはずです。

それでも、計画を修正し放棄することなく実施したのは大久保利通の「勧業」による富国の考えが、その後の歴代の内務卿において継続実施するべきこととして受け継がれたとみるべきです。

一つの変化点を見出すとするならば、明治一六（一八八三）年一二月となるでしょう。この月から山縣有朋が内務卿に就任し、議院内閣制に移行した後も内務卿から引き続き内務大臣を務め、明治二二年まで六年間にわたって内務の行政の長として君臨しました。その間に方針は「勧業」から「国防」へとシフトしており、それは明治一八年以降の国道編成にも反映されることにもなります。

山縣有朋の内治の方針におけるスタンスが清水新道を廃道に追い込んだと考えるのはあくまでも推定の域を出るものではありませんが、このような歴代の内務大臣と国道との関わりについてはまだこれからの課題で、今後の進展が望まれるところです。

戦後になって鉄道を牽制《けんせい》するほどにモータリゼーションが普及し、道路の整備が拡充されていく中で、清水峠を越える道が廃道にもかかわらず再び国道として地図上になぞられるようになったのは、昭和四五（一九七〇）年四月のことでした。起点を前橋《まえばし》として、沼田《ぬまた》から単独区間となって水上を過ぎ、一気に清水峠を越えて、新潟県の小出を終点とする国道二九一号となりました。

「第一道」の階段国道で見た昇格要件を当てはめるとするならば、この廃道区間が国道予備軍の主要地方道であったのかと思われることでしょう。

戦後、清水峠を含む旧清水新道の区間は、大正時代から引き続いて県道・前橋新潟線を継承していました。昭和二九（一九四九）年、第一回目の主要地方道の選定が行なわれ、県道・前橋新潟線のうち、沼田町（元沼田市）から水上町（現みなかみ町）の湯檜曽までの区間が主要地方道（沼田水上線）となりましたが、肝心の湯檜曽から先の清水峠を越えて新潟県に至る「廃道」区間は、その選定の対象とはなりませんでした。またそれは、国道昇格前まで変わることはありませんでした。つまり、国道二九一号は、主要地方道ですらない区間を含む道路が、一気に国道へと昇格した「例外」なる道でもなります。

国道として誕生した区間だけを眺めれば、清水新道の復活を願っているように思われる指定になっていますが、昭和四五年以来、変わることなくその道は国道二九一号として存在し続け、かつての栄華を誇ったような「高規格道路」の姿に生まれ変わることにはなっていません。

谷川岳越えの道を自動車も通れる道として整備するのは、たとえ観光道路であっても現代の自然、環境、もしくは景観の保全の観点からは厳しいものになっています。トンネルによる整備という計画があったとしても、すでに関越自動車道の関越トンネルがその役割を負っており、無料区間であれば国道一七号の三国トンネルもあることから、あらためて国道二九一号を整備する必然性がない状況となっています。どのようにしても、国道二九一号を望むような姿にする大義名分は見当たらないのです。

公共の道路とは何か

昭和国道の制定からすでに半世紀が経ちます。終戦直後の国道の理念は、はたして五〇年の歳月でも変わらぬ必要があるのでしょうか。このような命題を設定すると、「国道」とは何か。また、ゆきつくところ、「道路」とは何か、と自問するようになります。

清水新道を歩くと影のようについてくる送電線は、遠い青い空を借景として眺めてみると、「公共」という意味を問うているかのように無声で囁《ささや》きます。この送電線に限らず、ライフラインと呼ばれる公共設備を、私たちは水や空気のように当たり前の感覚でそのサービスを享受しています。

では、道路はどうなのでしょう。

公共設備でありながら、電気、電話、水道、ガスとは異なることは自明です。基本使用料を払うようなことがないことからも、明らかにサービスの質が異なります。

ならば、「道路」は鉄路、航路、空路と比較できる公共交通網なのでしょうか。

公共交通というものは特定の組織が国の認可を得て、列車や船舶、もしくは飛行機という移動媒体を、定められた「路」上を移動させることで時間的短縮効果を与えるサービスが成立します。その観点では、「道路」の持つサービスとは必ずしも同一ではなさそうです。もちろん、道路では自動車、二輪車という動力機関を伴う移動媒体を運行させることは可能であっても、あくまでも操作における主体性が道路利用者自らにある点では鉄道等の公共交通機関とは意味を違えます。

――公共物でありながら、無償でサービスを享受できるのが道路――。

無償たるサービスを成り立たせているのは、対価として税が使われていることによります。国道であれ、都道府県道であれ、市町村道であれ、すべては財源の税なくしては成り立ちません。公共物という「固定資産」においては、それを生みだすまでにかかった費用＝建設費と、それを維持していくための費用＝維持管理費なくしては、公共性というサービスは発生することはなく、また継続していくことはできません。

明治期に建設された国道二九一号のルートがその後に廃道に追い込まれたのも、建設費は国費で充当されながらも、その後に発生する維持管理費までは国費としては見込まれておらず、地方費による管理に切りかえられてからのことです。維持管理費が建設費と同じくらいに膨大な費用であったことを暗に語っています。無料という通念がもたらす弊害は、管理が行き届かなくなることによる荒廃で、その究極には廃道化に至ります。

「では有料道路にして維持管理費を調達させては……」と、素人レベルの発想を思いつきます。まさに、清水新道の対抗ルートともなった居坪坂ルートを開削した動機でもあるでしょう。

過去には開通していた区間がありつつも、時代の流れに押し流されて廃道となったかつての国直轄の清水新道の存在がひときわに訴えかけるのは、道路が無料であるにせよ有料であるにせよ、利益を受ける者がお金を負担する——という道路のサービスの原点ともなる「受益者負担」のキーワードです。

たった五文字の「受益者負担」という意味は、現代でも解釈の多様性をはらんでいます。とくに「有料道路」の道路問題は、行きつくところ「受益者負担」の解釈の相違によっています。

今では見る影もなく谷川連峰の自然へと回帰している国道二九一号が語りかける「受益者負担」のあり方を、「有料道路」の観点から後の章で述べることにします。

第八道

国道
292
ROUTE

標高日本一を走る国道

（群馬県／長野県）

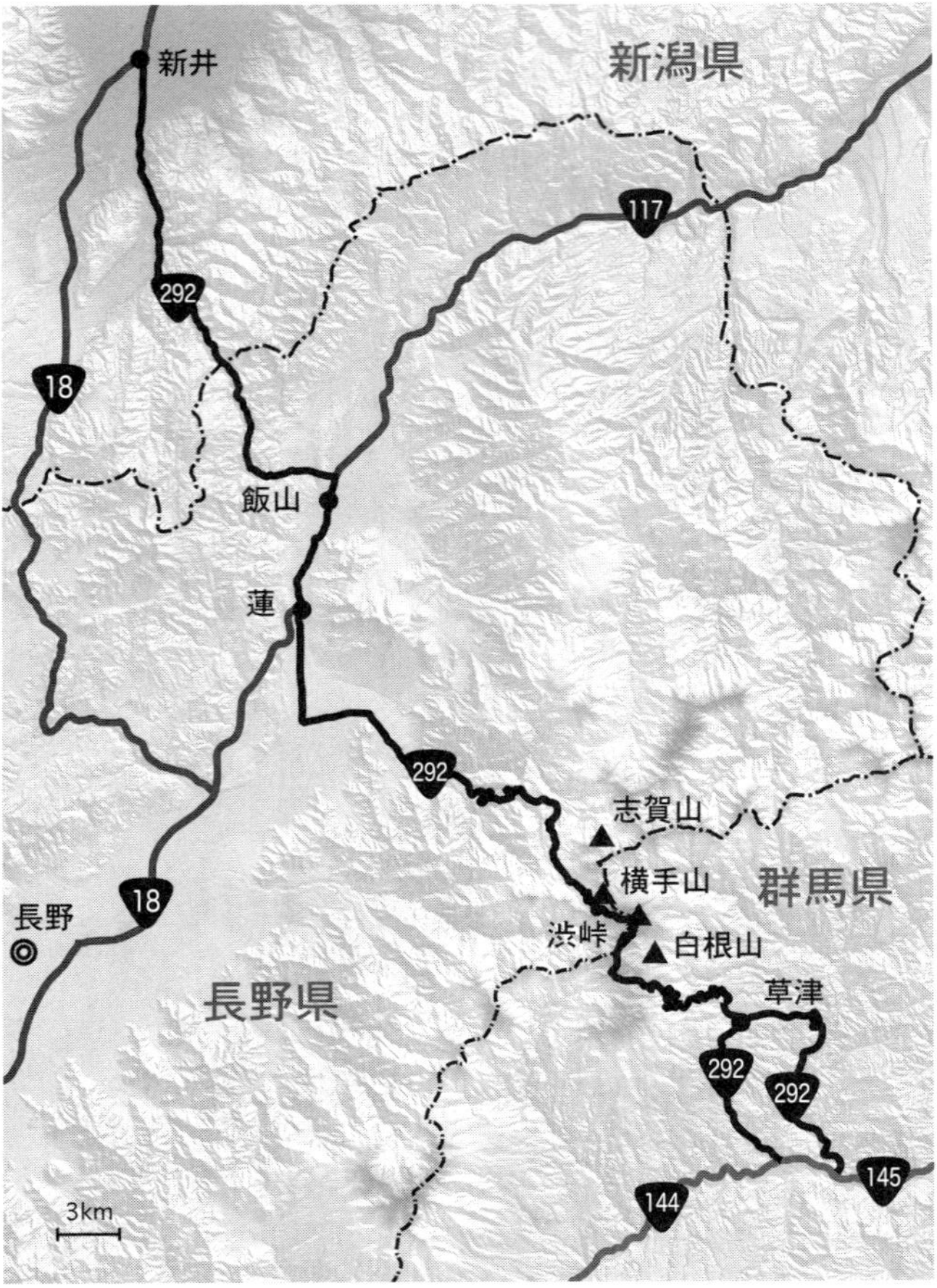

図 8—0　国道 292 号の路線図

無料化と同時に、標高日本一に

前章の国道二九一号が長大な点線国道であったのに対して、続く国道二九二号は日本の国道の中で最も高い地点（渋峠《しぶ》・二一七二メートル）を越す山岳ルートとなっています。たった国道の路線番号が一つ変わっただけで、また別の一面を見せるのが国道の面白さでもあるでしょう。

国道二九二号は群馬県の長野原町《ながのはら》からスタートして、北からやや北西へと向かい、新潟県妙高市《みょうこう》へとつながる道です。冬になれば冬季封鎖される最高地点は、日本の中でも有数なスキーゲレンデである志賀《しが》高原の真っただ中を通ります。この国道の志賀高原の森林限界を超えたところのルーティングは日本の中でも屈指の絶景道路となっています（写真8―1）。

仮に、もし国道二九一号の清水新道が継続して生きていたならば、この国道二九二号と比肩しうるほどに日本を代表する山岳ルートになっていたことでしょう。先の国道二九一号とこの国道二九二号は、コインの表裏一体の関係を思わせます。

この国道二九二号が「日本一高い国道」の称号を戴いたのは、平成四（一九九二）年一一月一七日のことでした。それまでは、長野県の八ヶ岳《やつがたけ》連峰を越える国道二九九号の麦草峠《むぎくさ》（二一二七メートル）がトップの座を固守していました。

このような変遷が生じたのは何も標高の計測ミスや国道ルートの改編によるものではあり

ません。当時、国道二九二号の渋峠を含む区間が、日本道路公団の管理する有料道路であったためです。一般道とされていなければ、名目上の最高地点でも国道最高点とは認定されることはなかったのです。

有料道路名では「志賀草津《くさつ》道路」と呼ばれるこの道は、昭和四五年に日本道路公団によって改良がなされました。それまでは狭隘《きょうあい》の砂利道であった県道（主要地方道中野長野原線）が国道に昇格。建設着工から約二年半で竣工しました。

未開の県道から国道へ。そして新規な道路の開通。有料道路かどうかの違いだけで、話の筋書きは龍飛崎の階段国道とよく似ています。

志賀草津道路のこと

国道最高峰地点……、その言葉の響きは何と擽《くすぐ》られるものでしょうか。その「点」に到達するのに要する肉体的な酷使が大きいと予想されればされるほど、挑戦したくなる想いは膨《ふく》らんでゆきます。

「志賀草津道路」の有料時代、その道が「国道最高峰」として認定はなされていなくとも、自転車乗りにとっては走破してみたい憧れの道でした。

――麦草峠よりも渋峠へ――。

写真 8—1　高地を爽快に走る国道 292 号（群馬県側）

そのような悲願にも似た想いを抱き、長野へと向かったのは平成三（一九九一）年のこと。車であれば一時間にも満たない時間で到着する最高地点に約八時間を費やしました。ようやくにしてたどり着いた渋峠での休息は束《つか》の間。空はすでに茜《あかね》色を呈し、群青《ぐんじよう》色へと時々刻々と変化していきます。地球の自転速度を恨めしく思いつつ、群馬県側へと向かう道筋を、まるで稜線《りようせん》を駆け抜けるかのように降りてゆきました。このように書いてしまうとたった数行にも満たないことに一日の大半を使うというのは、贅沢な時間でもありました。

翌年の平成四（一九九二）年、志賀草津道路が「無料開放」になるとの風の便りが入ります。もう償還期限に達したのかと疑問に思い、手元にある資料を手繰《たぐ》り寄せて志賀草津道路のデータを調べると、この有料道路は昭和四五（一九七〇）年九月一二日に開通した道で、まだ竣工後、二二年しか経っていません。

一般に有料道路の償還期限は三〇年と知らされていた中で、八年も期限を前倒しで無料化するとは思いもよりませんでした。これまでにも公団が管轄する有料道路が償還期限を前倒しにして無料化される事例はありますので、志賀草津道路だけが珍しいものではありません。しかし、何よりも志賀草津道路の無料化に昂《たかぶ》りを覚えたのは、これで公式に国道二九二号が「日本一の高い国道」になるのかどうか、それと同時にそれまでの日本一と称していた国道名所の麦草峠は、その座を国道二九二号へ素直に「禅譲」するのかという疑問があっためです。

本土最南端・佐多《さた》岬へとつながる道で体験したこと

ここからしばらく国道から話をはずれ、「佐多岬ロードパーク」という観光道路について触れることにします。有料道路を知る上では避けて通れない「有料道路のカテゴリー」について、あらかじめ伝えておきたいからです。

鹿児島県の佐多岬は大隅《おおすみ》半島の先端に位置し、本土最南端の岬として知られる場所です。日本縦断、日本一周を目指す者にとっては到達証明をなす聖地にもなっています。

その佐多岬へと通じる道は「佐多岬ロードパーク」という名称の一本の道しかありません（図8―2）。そして、かつてはその佐多岬ロードパークは、観光道路として有料道路となっていた時代がありました。

この有料道路時代の佐多岬ロードパークは志賀草津道路とは対極で、今でも思い出すだけで口惜《くや》しさが込みあげてきます。自転車乗り（チャリダー）や徒歩による旅人（トホダーと呼ぶことも）の世界に通じる人の口からは「道路があるのに最南端に行けなかった」と語られる道となっていました。地団駄《じだんだ》を踏むほどに悔しい思いと、遠く過ぎ去ったその日を、今でも鮮烈な記憶となって持つ人も多いことでしょう。

佐多岬ロードパークは志賀草津道路と同じ観光有料道路とはいえ、いわゆる「自動車専用道路」となっていたため、歩行者や自転車を含む軽車両の通行は認められていませんでした。

自動車専用道路という言葉からは高速道路のような中央分離帯が設けられ、インターチェンジのような流出入の制限があって、高速走行が可能な道を思い浮かべるものです。しかし、佐多岬ロードパークの道路構造は、どこにでもあるような対向二車線の道路で、自動車専用道路とはいえ高速道路から掛け離れたものでした。

自転車を拒む理由は道路構造上では見当たらないのですが、いずれにしても「自動車専用道路」とされていたので、公には歩行や自転車での通行は認められていませんでした。そのため、本土最南端の地を踏むためには、チャリダーの場合には自らの愛車を置き去りにして岬へと向かう路線バスに乗るか、その一心同体の愛車を置き去りにすることに耐え難ければ、無情にも諦《あきら》めるしかありません。トホダーにしても同じであり、彼らにしてみれば、それまでの艱難《かんなん》に報いる最後の到達地で絶望が待っているという理不尽な結末を迎えるのです。

――お願いです、日本一周の最後の地点の岬へ行かせてください――。

料金ゲートで係員に懇願したのは平成五（一九九三）年のこと。それに対して、係員は申

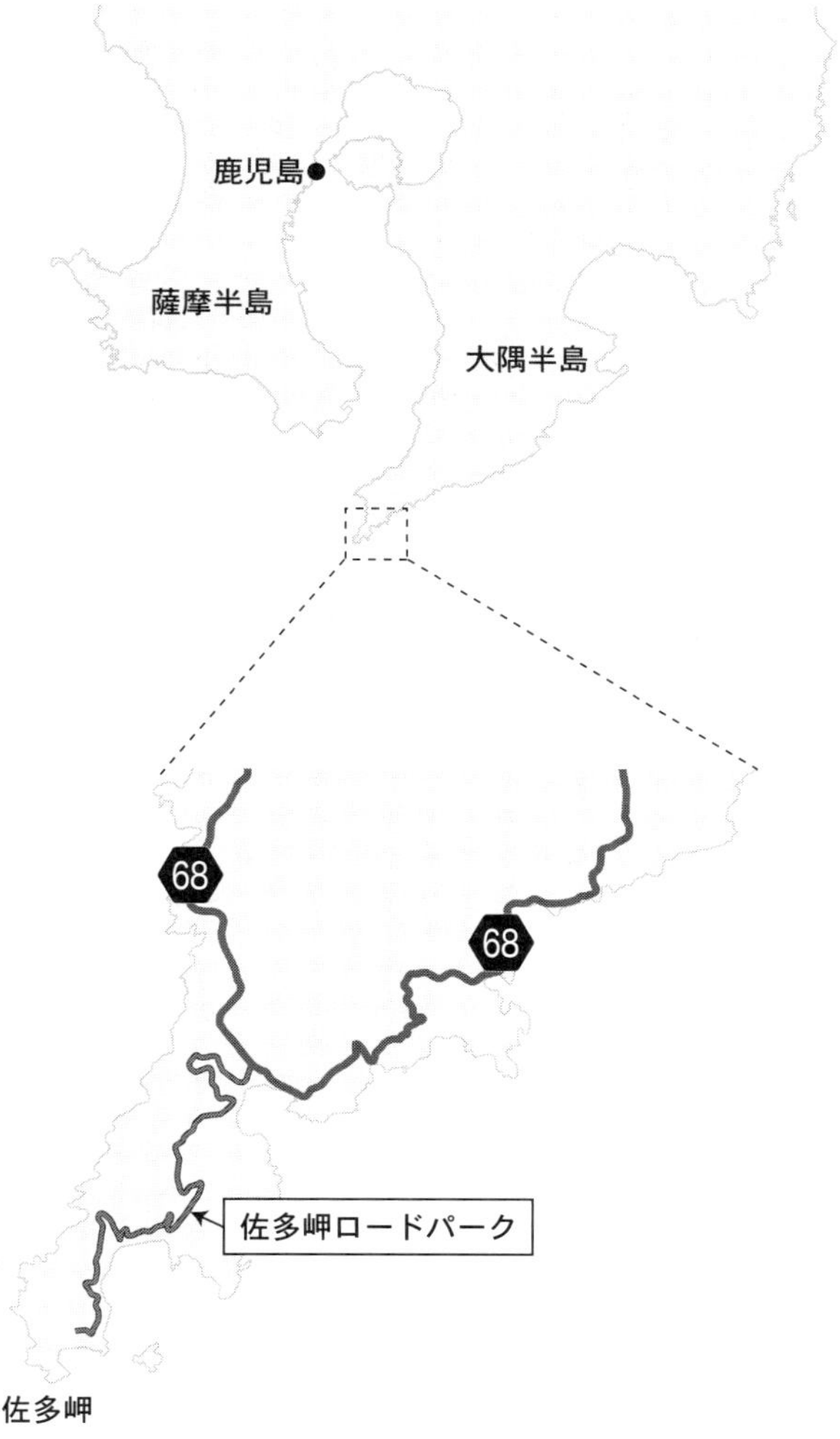

図８―２　佐多岬に至る道は、自動車専用の私有道路である、佐多岬ロードパークしかなかった

し訳なさそうにする表情は見せても、口元からは澱《よど》みなく岬へは行かせることができないことが告げられます。

多分、その係員も何回も尋ねられ、そして何回も同じ回答をしているのでしょう。多くの若者の苦悩に苛《さいな》まれた表情ですら、予見しているかのようでした。これまでも例がなく、これからも例はない。まさに妥協を許さない門番の鑑《かがみ》でもありました。

――道路は公道ではないのですか――。

わかってはいながらも最後にダメもとのセリフを吐きたくなります。道路ならば、公共物。交通弱者の徒歩や自転車が妨げられて、交通強者の乗用車やバイクが認められることは、不条理でしかありません。

しかし、その不束《ふつつか》な疑問に対する回答はシンプルでした。

――この道路は会社が所有する一種の「私有道路」なので、国や県の管理する公共の道路とは違う――。

まさか、本土最南端に続く道が私有道路となっているとは思いもよりませんでした。しかし、日本の代表的な地理的な端点は、誰もが隔《へだ》てなくアクセスできるものと思っていただけに、すっきりと割り切れるものではありません。

この体験を通じて「有料道路」はみな同じように見えても、実は似て非なる道路があることを初めて知ることになりました。国や地方が管轄する有料道路と、一般の民間企業が事業とする有料道路との大きく二つに大別されるのです。

それから一〇年の時が過ぎました。平成一五（二〇〇三）年の年の瀬が迫りつつある一二月。ネットでの地方ニュース欄に『佐多岬に行けなくなる？』という見出しの記事が眼にとまります。

「いわさきコーポレーション（鹿児島市、岩崎芳太郎社長）は四日、同社の自動車専用有料道路「佐多岬ロードパーク」（佐多町）を来年二月末で休業すると発表した。（中略）岩崎社長は「四〇年来、地域・観光振興の観点で事業を展開してきたが、利用が大幅に減少している。残念だが、経営体質強化の一環」と話している。ロードパークの今後の活用法は「全くの白紙」という」（二〇〇三年一二月五日　南日本新聞）

あの道が、ついに……。しかし、無料開放ではなく、「休業」とはどのようなことなのだろう。

道路が「休業」するという記事の一文に、非常に違和感を覚えました。道路という形は存在しているのに、生業《なりわい》を辞めるという表現が、道路のもつ公共性のイメージとはあまりにも大きく乖離していたからです。いずれにしても、有料道路は、たとえ民間企業であっても、よほどのテクニカルな方法がないと運用は厳しいことを示すものでした。

しばらく動向は注視していましたが、その佐多岬ロードパークは地元へ還元されることが伝えられたのは平成一九（二〇〇七）年四月。昭和三九（一九六四）年七月一〇日に開通した道は、約四三年の役割を終えて廃止が決定され、「町道」として切り替えられることになったと伝えるものでした。

しかし、会社の私有地が「ただ」で一般道になることはありません。ロードパークが町（旧佐多町、現南大隅町）に譲られる代わりに、道路の周辺の用地を町が県から買い取ってロードパークを所有する会社へ譲渡することで決着が図られたとされます。

同じ有料道路なのに、何が違うのか

志賀草津道路にしても佐多岬ロードパークにしても、当時市販されていた道路地図からでは、自転車のような軽車両が通行できる道なのか、それともそうでないのかを判別することは難しいものでした。

もちろん、高速道路やそれに準じそうな自動車専用道路の有料道路は自転車での通行が無理だろうことは予想できたとしても、それ以外の有料道路は十把《じっぱ》一絡《ひとから》げのように同一視できてしまい、区別が付けられるようなものではありませんでした。インターネットがない頃に、唯一頼りとしていたのは道路地図の巻末に付属する有料道路の料金表一覧です。そこに「軽車両」の料金があるかないかで識別することぐらいが精一杯の判断材料でした。

では志賀草津道路と佐多岬ロードパークの有料道路の違いは何なのでしょう。その差異をたどることが、日本の有料道路の原点に近づくことにもなります。

有料道路は戦後になって爆発的に増加していくなかで、それこそ様々な有料道路が拓《ひら》かれるようになりました。すべてが同じように見える中でも、ざっくりと隔てを設けるならば国や地方が管轄する有料道路と、主に一般の民間企業が事業とする有料道路のカテゴリーに分類されます。

志賀草津道路のような有料道路は、かつての日本道路公団が建設をして管理した道路で、旧建設省の所管する道路となっていました。それに対して、佐多岬ロードパークのような民間企業による私設道路は、主体として旧建設省ではなく、旧運輸省が権限を有していたという大きな相違があります。

行政が監督する以上は、有料道路を定めるそれぞれの根拠となす法令も異なります。志賀草津道路は『道路整備特別措置法』という一般の有料道路を定める法令で規定されるのに対して、佐多岬ロードパークは旧運輸省が管轄する『道路運送法』という法令で取り決めされていました。

『道路運送法』で許可される道路は、基本的には民間会社からの申請に基づく「自動車事業」の一つにカウントされています。建設省の「道路事業」ではないのです。事の始まりがバス路線など公共輸送を前提とした自動車事業から派生した道路であったためで、そのため、道路も「自動車専用道路」とされました。自転車や徒歩が制限されているのは、そのような背景に由来します。

道路の規格にも特徴があり「道路、鉄道又は軌道と平面交叉《こうさ》することができない」という外部流入出が極度に制限されています。公用の道路や鉄道との交叉（交差）すら認められない非常に空間的に限定された設計が条件となっています。その代わりに償還＝無料化という約束事は定められていません。建設省の管轄する有料道路とは異なり、利潤を追求することも否定されていません。

これで「佐多岬ロードパークの無情」は解消できたとして、では、旧運輸省管轄の有料道路を除けば、あとは旧建設省のテリトリーの有料道路になるのでしょうか。

関西圏の方ならお馴染《なじ》みでしょうが、大阪地区から阪神高速湾岸線で神戸方面に向かった先に「ハーバーハイウェイ」という有料道路があります。この道を普通の意識の中で運転しているならば、阪神高速道路との境界がなく、まるで一体化しているかのようです。しかし、料金所が阪神高速とは別なので、料金体系だけでなく道路管理でも何か違いがありそうだという疑問には至ります。

六甲アイランドからポートアイランドに至る有料道路区間は、法的には『港湾法』の中で管理される港湾施設（臨港道路）となっています。つまり、旧運輸省の自動車専用の有料道路でもなく、はたまた道路法の道路ではありません。

その他にも、世界遺産で有名な岐阜県・白川郷にある有料道路に「白山《はくさん》スーパー林道」という道があります。この道路も国道三六〇号に挟まれているので国道の有料区間とも見えてしまうのですが、その名前に林道とあるように、これも道路法における対象ではなく、『森林開発公団法』に基づいて開発された道路で、所管も林野庁となります。

この例に挙げたほかにも、探っていけば多岐にわたるので枚挙に遑《いとま》がありません。旧建設省のみならず、道路は多くの省庁で独自の行政をもっています。

建設省 VS 運輸省

では、なぜ道路行政の本家ともいうべき旧建設省に対して、旧運輸省が民間の有料道路を管轄していたのでしょうか。これをたどると、「自動車専用道路」という有料制度を設けたのは旧鉄道省で、それを脈々と引き継いだのが旧運輸省であったという事情によります。

明治から大正時代にかけて、郵便のみならず旅客や貨物の輸送を含む輸送事業は旧逓信《ていしん》省の管轄となっていました。その時代、車の登録台数は小規模であったことから、「自動車行政」というほどの縄張はありませんでした。

大正末期から昭和初期に自動車が普及してきたことと相まって、道路行政を司《つかさど》る内務省と運輸行政をまとめる逓信省との間に、「自動車行政」をめぐって確執が生じるようになります。紛糾《ふんきゅう》した末、その調停的な役割も兼ねて、鉄道省が自動車行政に関連する一切のことを逓信省から所管を引き継ぐことになったのは昭和三（一九二八）年のことでした。漁夫の利にもみえる移管ですが、鉄道省としては鉄道交通のみならず道路交通まで、すなわち陸上交通を一手に包括する大義名分がありました。

昭和六（一九三一）年、鉄道省を筆頭として『自動車交通事業法』という法律が提出され、その法文の中で有料を認める自動車専用道路の制度が日本で初めて認められることになりました。

この『自動車交通事業法』で規定された自動車専用道路というものは、内務省が権限を持つ道路法における公道（国道、府県道、市町村道）に対しては適用できるものではありませんでした。民間企業などが専《もっぱ》ら自動車事業（バス運営など）の専用道路とする目的で私設するなどに限定されるものでした。

その特許的な規定は、現行の『道路運送法』のものと酷似しています。それもそのはず、『自動車交通事業法』は戦後の昭和二二（一九四七）年に廃止されましたが、その骨子は昭和二六（一九五一）年に成立した『道路運送法』へと受け継がれました。所管も鉄道省から運輸通信省を経て、戦後の運輸省へと引き継がれてゆきます。

このように運輸省が「自動車専用道路」なる有料道路の生みの親であったことから、後の高速道路の所管をめぐっては運輸省が持つか、それとも建設省が持つのかで激しい管轄争いが行なわれます。高速道路は「自動車専用道路」で「有料道路」となれば、まさに運輸省の管轄する道路に該当するからです。

そのようなこともすでに半世紀前のことになり、所管を巡る争いを演じた建設省と運輸省は、今では同じ「国土交通省」の組織となったのは時代の趨勢《すうせい》といえます。

有料道路の根拠

では公道（国道、府県道、市町村道）での有料道路とはどのような変遷があったのでしょうか。

前章の清水新道の場合でも、明治時代には居坪坂が有料の間道として導かれたように、「自動車交通事業法」以前にも有料道路は存在していました。これをたどっていくと、有料いうと、道路は明治初頭まで遡《さかのぼ》ることになり、その規定は国道よりも早い時代に発布されているという歴史に帰着します。

有料道路の概念は、明治四年にその基準が示されます。「国道」よりも、実に五年も早いものです。

これは『治水修路架橋運輸ノ便ヲ興ス者ニ入費税金徴収ヲ許ス』（太政官布告第六四八号）という長い法令名の太政官布告の中で示されました。とはいえ、以下のように約一八〇文字の短い内容です（かなり砕《くだ》いた訳文を掲載してみます）。

治水修路ノ儀ハ地方ノ要務ニシテ物産蕃盛庶民殷富ノ基本ニ付府縣管下ニ於テ有志ノ者共自費或ハ會社ヲ結ヒ水行ヲ疏シ嶮路ヲ開キ橋梁ヲ架スル等諸般運輸ノ便利ヲ興シ候者ハ落成ノ上功費ノ多寡ニ應シ年限ヲ定メ税金取立方被差許候間地方官ニ於テ此旨相心得右等ノ儀願出候者有之節ハ其地ノ民情ヲ詳察シ利害得失ヲ考ヘ入費税金ノ制限等篤ト取調大藏省へ可申出事

但本文ノ趣管内無洩可相達事

（治水や道路の修理は地方の要務であって、物産が大いに繁盛し、庶民が栄えて豊かになることの基本です。府県の管轄下で志ある人が自費あるいは会社を通じて、［運河などの］

水行を通したり、険路を開いたり、または橋を架《か》けるなど、運輸［交通］の利便を興した人には、落成した後にその功績の多寡《たか》に応じて年限を定めて税金［料金］の取立をすることを許可します。また、地方官はこの旨を心得て、そのような届け出があったら、その地の民情をよく察し、利害得失を考えて入費税金の制限などをよく取調べて大蔵省へ申し出ること。また、本文の趣旨を管内に漏《も》れなく伝えること）

一読するとわかるように、この法文は道路に特化したものではなく、河川、道路、橋梁《きょうりょう》などの社会資本全般に関わるものに税金（料金）を課してもよいとする「有料制」を認めた内容でした。

興味深いことは、本来、そのような治水、水運、道路といった社会資本の整備は、「国」ではなく「地方行政の要務」としていることです。社会資本のあり方は、現在の地方分権でも議論されているホットなテーマにもなっています。

道路の視点では、一般道や私設道という区分は関係なく、道路を自費で整備して大蔵省（後には内務省）に申請し、それが認められれば料金が徴収できることが示されました。それだけでなく、特に重要な点は料金の徴収の年限を定めた「有限」の措置が設けられていることにあります。この概念は現代の有料道路の「償還期限」に通じるもので、その有限の後には「地方の要務」となすこと、つまりは地方へと管理を移譲することが暗示されています。

そのような意味では現代の専門用語で示される所のBOT方式の原型となります（BOT方式とは、民間資本による建設・運営・譲渡を示し、英語表記であります Built-Operate-Transfer の頭文字をとります）。

BOT方式は官営、国営、国策による公共投資の非効率的な運用を解消するカウンタープロポーザルとして尊ばれています。民間資本を導入し、民営による資本的・合理的な経営手法によって効率的な公共投資を図るというもので、現在でも世界的に使われている手法ともなっています。明治四年の太政官布告は、その原理が明治初頭にも日本の公共設備の行政では認められていたことを謳《うた》っているのです。

しかし、過去と現代の大きな相違点としては、明治初頭の日本においては公共投資ができるほどの国費（地方費）がなかったために民間資本による投資を促したことに対して、現代では国費の過剰投資の抑止効果として民間資本を活用しています。BOT方式の大前提はずいぶんと変わりました。

いずれにせよ、この太政官布告第六四八号という法令は、道路に限らず明治から大正、そして戦前の昭和までの社会資本の整備にあたる「有料制」の根拠となり、莫大な影響を及ぼすことになります。

日本初の有料道路――箱根

では、この法令に基づいて日本で最初の有料道路となったのはどの道でしょうか。申請が受理されながらも有料道路としての記録が残されていない点などは考慮しなければなりませんが、各市町村史などの出典を参照するならば、明治八（一八七五）年に神奈川県の旧板橋《いたばし》村（現小田原《おだわら》市の国道一号と国道一三五号の分岐点付近）から湯本《ゆもと》村字山崎（箱根新道の山崎ＩＣ付近）までの約四キロメートルの区間が最も古い有料道路となります（図8―3上）。

箱根の旅館・福住《ふくずみ》の館主でもあり、地元の名士でもあった福住正兄《まさえ》が福沢諭吉の勧めに応じ発起したもので、正式に内務省の許可も得た日本で初めての有料道路となりました。

東海道の道筋において、その道幅を拡幅したことと難所とされた「お塔坂」という坂路を改修した費用を回収するため通行料が徴収されました。いくら民間ベースといえども、東海道という公道に有料区間を設けるという実に大胆なものでした。有料道路の成否（投資に見合ったリターンをなしうるかどうか）の参照とするうえでは、初めての有料道路が東海道にあったことは申し分ありません。顚末《てんまつ》としては、通行量が最も多い街道にもかかわらず、その有料道路は五年間ほど料金の徴収をしてもなお赤字であったとされ、福住正兄が自己負担

（損失）の決断をなして無料化したとされます。

時代を通じてみると、有料道路の成功例は期待するほど多くはありません。道路という代物で商いをなすことはビジネスリスクが大きく、官だから失敗、民間だから成功という二元論では語れない難しさがあります。

同じ箱根地区においてはもう一つの有料道路が後に誕生しています。老舗《しにせ》の富士屋《ふじや》ホテルが現在の国道一号の区間である塔《とう》の沢《さわ》から宮ノ下《みやのした》までの道筋を、早川《はやかわ》に沿って人力車が通れるほどの道路を開削したもので、明治一九年から着工し、明治二〇年に完成したものです（図8―3下）。

富士屋ホテルといえば、現在の国道一号と国道一三八号が分岐する宮ノ下にあり、箱根の中でも老舗中の老舗の一流ホテルです。しかし、明治中期において箱根湯本からホテルへと通じる道は東海道から外れ、函山七湯に浴する人のみが通う山道だったと伝えられています。そのため、富士屋ホテルは集客力を上げる必要性から、道路を自らの資金をもって開削し、その交通の便を解消させました。

今ではこの区間も国道一号となり、緑に包まれ、早川のせせらぎが響き合う国道一号を代表するネイチャーロードとなっています。それだけでなく、橋梁や洞門（旭橋、千歳橋、函《かん》嶺洞門《れいどうもん》）および箱根登山鉄道と、近年は大いに注目される近代土木遺産が局所的に寄り集ま

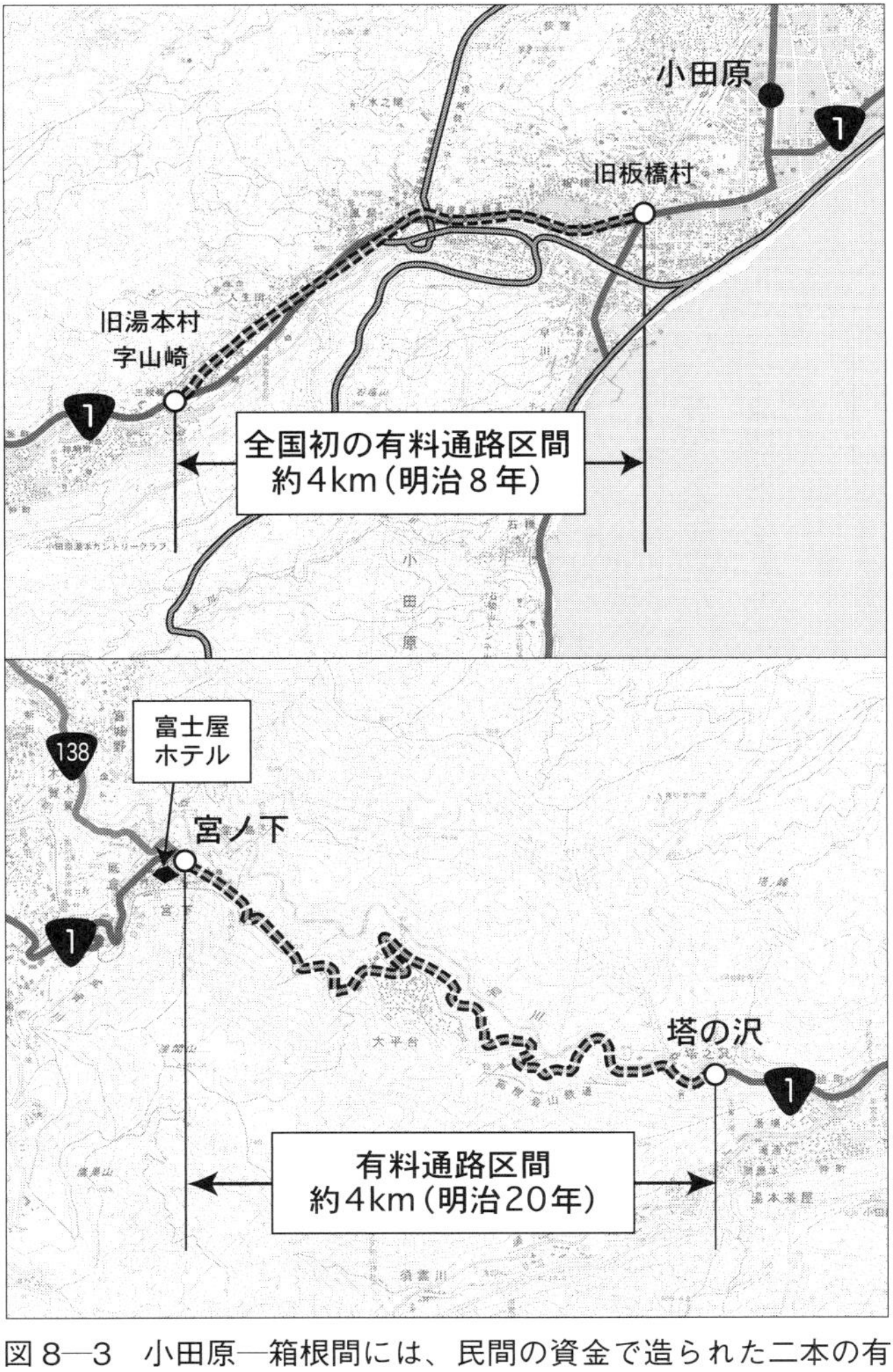

図8—3　小田原—箱根間には、民間の資金で造られた二本の有料道路があった。いずれも今の国道1号の基礎をなす重要な事業ではあったが、ともに箱根観光に関連して行なわれたものである点は興味深い

ったカルチャーロードにもなっています。

なお、当時の国道（明治国道二号）は現在の国道一号のルートではなく、湯本からは旧東海道筋を折れていきました。現在の県道七三二号で箱根新道に沿った道です。このため湯本から富士屋ホテルへ通じる道はれっきとした私設道路であり、決して国家計画に基づいていたわけではありませんでした。

後に国道路線の変更によってこの私設道路は国道となります。険路や大河川など道路交通上のボトルネックとなる部分を解消させるために民間資金を導入して整備を進め、頃合いを見計らって公用道路へと付け替えさせる考えは当時の内務省にもありましたが、その他にも軍用道路として東海道から御殿場（富士演習場）へとつなぐ必然性が出てきたことも、この道路が公用化へのきっかけとなったものと考えられます。

富士屋ホテルが位置する宮ノ下から分岐する現在の国道一三八号は、明治時代は国道五八号という路線番号をもちます。専《もっぱ》ら軍事色の強い道路で、上記の東海道と富士演習場とをつなぐ目的のほかに、箱根峠を越えないで行軍させる東海道の第二ルートのミッションがありました。大正には軍事国道である国道特二号という路線となります（軍事国道については「第五道」を参照）。

その証《あかし》が富士屋ホテル施設内の廊下に額縁に飾られている大正初期のパンフレットにも

残されていました。宿泊する外国人向けの英語表記のデザインですが、その中に、ホテルから仙石原《せんごくはら》を抜けて乙女《おとめ》峠へと向かう道が「Military Road」と記されています。特段の機密性が保たれていない軍用道路の開けっ広げぶりが当時のパンフレットから伝わってきます。

「公用道路は原則無料」の考え方

この富士屋ホテルの私設道路の例のように、明治政府は予算を鉄道に重点的に配備した結果、道路に費用を充分に捻出《ねんしゅつ》できなかったため、民間資金を導入した施策を取り入れることも辞さないものでした。

しかし、その弊害が大きくなったこともあり、大正八年に日本で初めての道路の基本を定めた「道路法」では道路を有料化する個所は「橋梁」と「渡船場《とせんじょう》」という道路の構造物（付属物）のみに限定されました。むしろ、「橋梁」と「渡船場」以外の公道に対して料金の徴収は禁じられ、その違反者に対しては厳しい罰則規定が設けられることになったのです（大正道路法第五十六条）。

第五十六条　左ノ各号ノ一ニ該当スル者ハ三百円以下ノ罰金又ハ科料ニ処ス
三　道路ノ使用ニ対シ路銭其ノ他ノ財物ノ交付ヲ請求シタル者

罰則規定が設けられるほどに公道の有料化が「悪」となったのは、この道路法の隠れた象徴的なポイントともなります。明治の有料道路の弊害がどれほどの規模に及んだのかは定かではありませんが、推定されることには民間の粗雑な道路の維持管理のあり方や、それに見合う通行料の設定、もしくは有料区間を巡ってのイザコザが顕在化してきたことも一因にあったことが考えられます。有料とする対象を橋梁や渡船という構造物に限定したのも、その恩恵（サービス）という点で明らかであったからでしょう。

道路法の考え方は、道路を原則として無料とする「公地公用《こうちこうよう》」なることを宣言したものとなりました。明治に規定された「償還《しょうかん》」と、大正時代に定められた「公地公用」の二大主義がここに確立されたことになります。これは内務省の基本方針ともなり、少なくとも戦前までは有料道路は「悪」と刻み込まれることになりました。

「償還」と「公地公用」

戦前においては鉄道省が有料道路を自動車行政として発展させたことに対して、内務省は有料道路を縛《しば》る道路行政を柱としたことになります。そのため、大正から昭和にかけて公道における有料道路は、少なくとも簡単に目につくところには明記されてはいません。

大きな変化点を迎えるのは、「高速道路」という自動車専用道路が本格的に計画されるようになった戦後になってからのことです。その革新的な道路サービスを導入するにあたり、最も苦悩したのは他ならぬ建設省（旧内務省）関係者であったことでしょう。

「高速道路」のサービスを提供するためには、有料道路としなければなりません。税金だけでは賄いきれない建設費となり、採算が取れないからです。かつて有料道路を「悪」としていたイメージを払拭するには、心理的な抵抗が相当に大きかったはずです。

しかし、時間の猶予は与えられていません。そのように考えている間にも、「高速道路行政」をモノにしようと運輸省（旧鉄道省）は猛進してゆきます。運輸省は有料道路を認める方針を貫いてきたので、過去の内務省の方針に縛られることはありません。

建設省がそれを制するには、これまでの「悪」を「善」としなければならないのですが、それは自らの旗を汚す行為にもなります。そのようなジレンマに苛《さいな》まれる建設省は、二大主義――「償還」と「公地公用」――の適用という一筋の光明を見出しました。たとえ一時は有料であっても、期限を定めて無料化してその後は一般道路とすれば、暫定的な料金徴収も「善」とみなす方便です。

そしてこれは、光明ではなく、むしろ重い十字架となって、その後の高速道路行政が背負わされることになります。

志賀草津道路のようにある特定の区間が有料道路区間として限定されているならば、料金の徴収や制限も簡便です。これらは「バイパス型」と呼ばれる有料道路の特徴です。明治時代の有料道路もすべて「バイパス型」になるので、概念そのものは新しいものではありません。

しかし、現代の日本の有料道路は志賀草津道路のような「バイパス型」の有料道路に限られるものではありません。戦後の有料道路は高速道路を通じて、ネットワークを形成するようになります。これが「ネットワーク型」と呼ばれる有料道路で、自動車専用道路なる道路の出現です。

一見すると高速道路であっても、その中には「ネットワーク型」の国道が絡み合う複雑さを呈しています。この「ネットワーク型」の有料道路が、現在の国道の最も難解な「謎」となります。

第九道

国道 25 ROUTE

無料の高速道路「名《めい》阪《はん》国道」（三重県／奈良県）

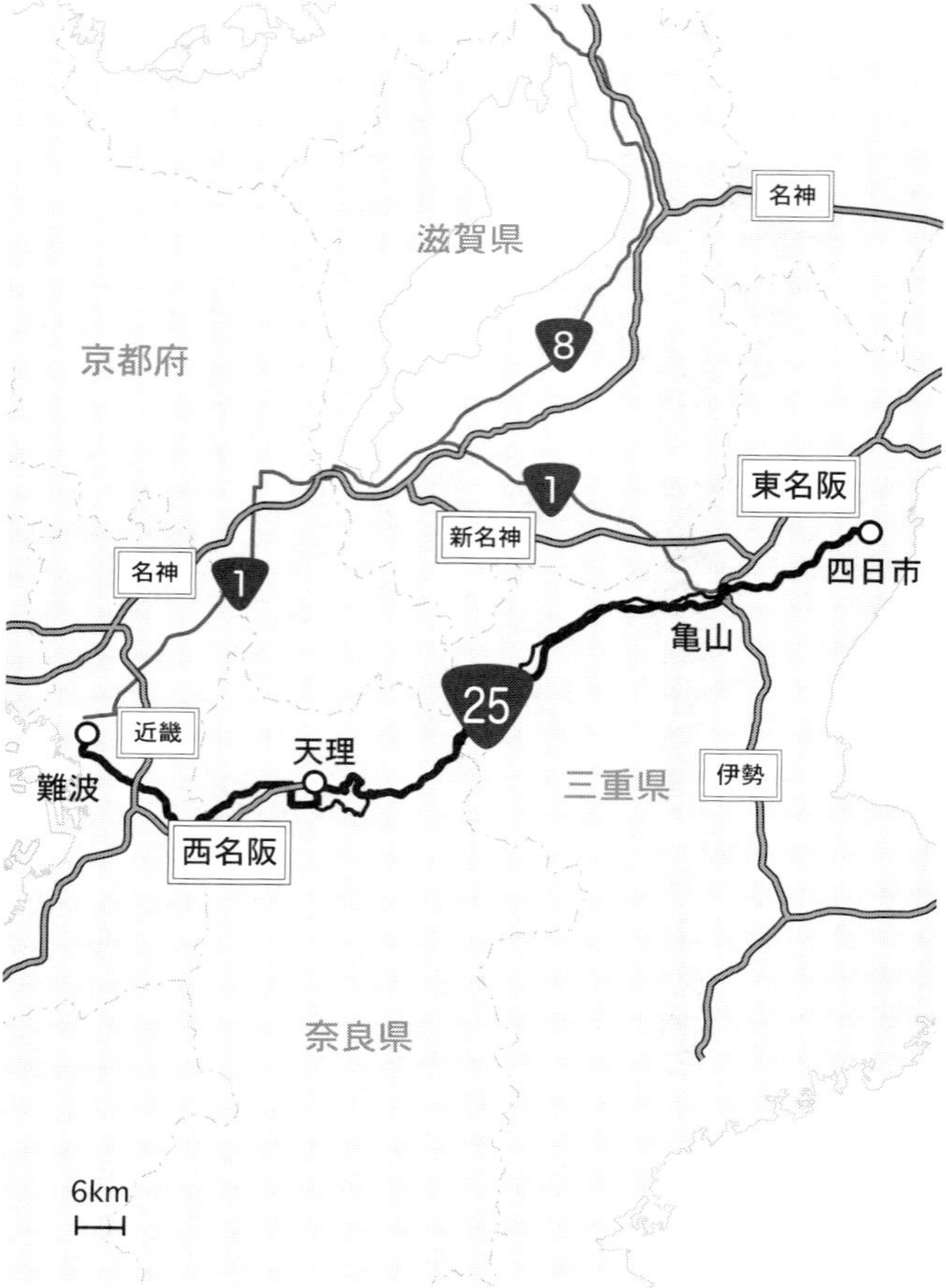

図 9—0　国道 25 号の路線図

見どころ多い国道二五号の起点

国道二五号の一区間である名阪《めいはん》国道は、「名古屋」と「大阪」とをつなぐ地名から由来する名称にふさわしく、東海圏と関西圏とを結ぶ大動脈となっています。しかし、法令上の国道二五号の起点と終点は、それぞれ三重県四日市《よっかいち》市、大阪府大阪市となっているため、国道二五号が名古屋と大阪とを直接に結びつけているわけではありません。

三重県・四日市市の起点は、主要幹線の国道二三号との交点から始まります（図9―1）。そこからスタートすると、沿道の風景はまるで四日市のコンビナートの敷地内を走っているのかと思わせるようなロケーションとなります。

かつては負のイメージが強かったコンビナートも工場鑑賞が認知される時代となりました。夜になれば光が煌々《こうこう》として灯《とも》るプラントの景色も観光の財産となりつつあります。ただ、そのようなきらびやかなプラントも臨海部に面する塩浜《しおはま》地区のことであって、国道二五号が抜けていく川尻《かわじり》地区には大型プラントはなく、ゆるい灯火《ともしび》に見えるほどの微弱な光が風に揺れています。

やがてJR関西本線を越えれば国道一号と接続し、国道二五号はしばらく国道一号の「東海道」と重複して進んでゆきます。そのため、起点から始まる道がすぐに「名阪国道」と呼ばれることはありません。

四日市地区における現在の国道二五号は、このように国道一号と国道二三号の連絡道路のように見えてしまいますが、国道が制定された昭和四〇年当時はもっとシンプルでした。

難解な路線名と日本でも珍しい特殊狭軌《きょうき》で知られる近鉄内部《うつべ》線の追分《おいわけ》駅の近くには、「追分」（日永《ひなが》追分）という三叉路《さんさろ》があります。そこには遠目からでも目立つ鳥居が据えられていますが、「追分」の地名が伝わっているように、ここはかつての東海道と伊勢参宮街道とが分岐していた重要な地点でした。「右　京大坂道　左　いせ参宮道」と深く彫りこまれた極太の道標があることも、お伊勢参りの信仰の深さを物語っています（写真９―２）。

江戸時代の「街道」の重要分岐点は、昭和国道にとっても重要な分岐点となりました。昭和四〇年当時には、この「追分」で東海道を踏襲する国道一号とかつての伊勢参宮街道であった国道二三号とが分かれ、国道二五号もこの追分を起点として国道一号と重複して西に向かっていくようになっていました（図９―３）。

国道という観点に立っても、この「追分」は、実はもう一つの重要なポイントになっています。明治国道一号が東京から横浜港であったことは「第六道」で述べましたが、大正九年に国道が改編され、新たに誕生した「大正国道」では、東京から伊勢神宮へと向かう道筋が国道一号となったのです。法令では次のように記されています。

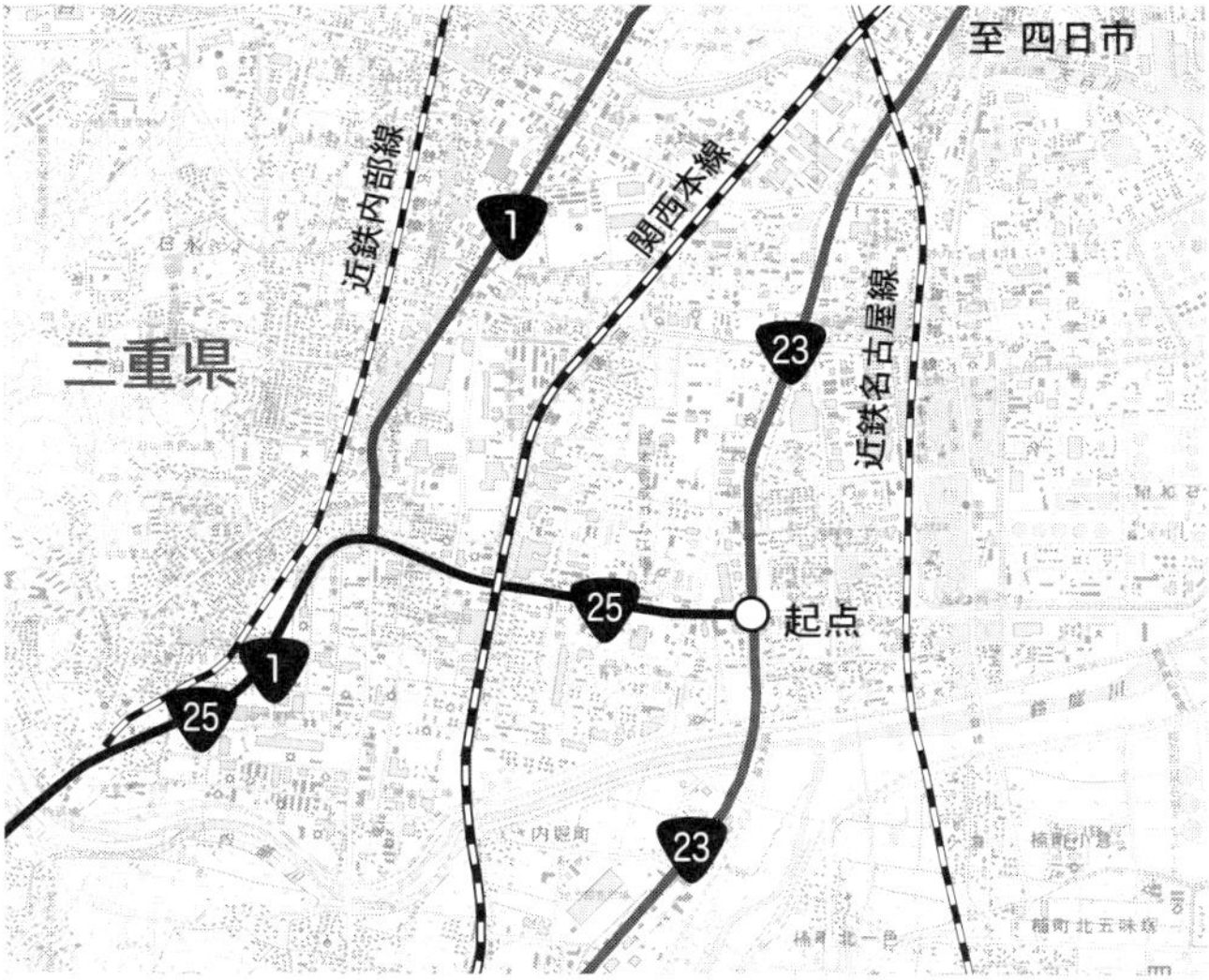

図 9―1 「名阪国道」で知られる国道 25 号の起点は、名古屋ではなく、四日市

一號　東京市ヨリ神宮ニ達スル路線
　經過地
　横濱市　神奈川縣足柄下郡箱根町　靜岡縣田方郡三島町　靜岡市　濱松市　豐橋市　岡崎市（八丁橋經由）名古屋市　四日市市　三重縣三重郡日永村　津市（宇治山田市宮川町通經由）

続く大正の国道二号というものは起点を東京として終点は鹿児島とする長大な国道として指定されました。その国道一号と国道二号との分岐点となったのが、ここ日永追分でもありました。現在の昭和国道の国道一号と国道二号との分岐点が大阪の梅田、明治国道の分岐点は神奈川の横浜であったこと比較すると、この大正国道の分岐点が三重県にあるのは少し意外のようにも思えるものです。

名阪国道は亀山《かめやま》から

液晶テレビの亀山工場ですっかりブランド名として定着した亀山。日永追分でいっしょになった国道一号と国道二五号は、ここ亀山で重複が解かれます。
その地点の目印となるのは、全国的に珍しい形状の四分の三（three-quarters）の変則ク

写真9—2　かつて東海道と伊勢参宮街道の分岐点だった「日永追分」。立派な道標がある

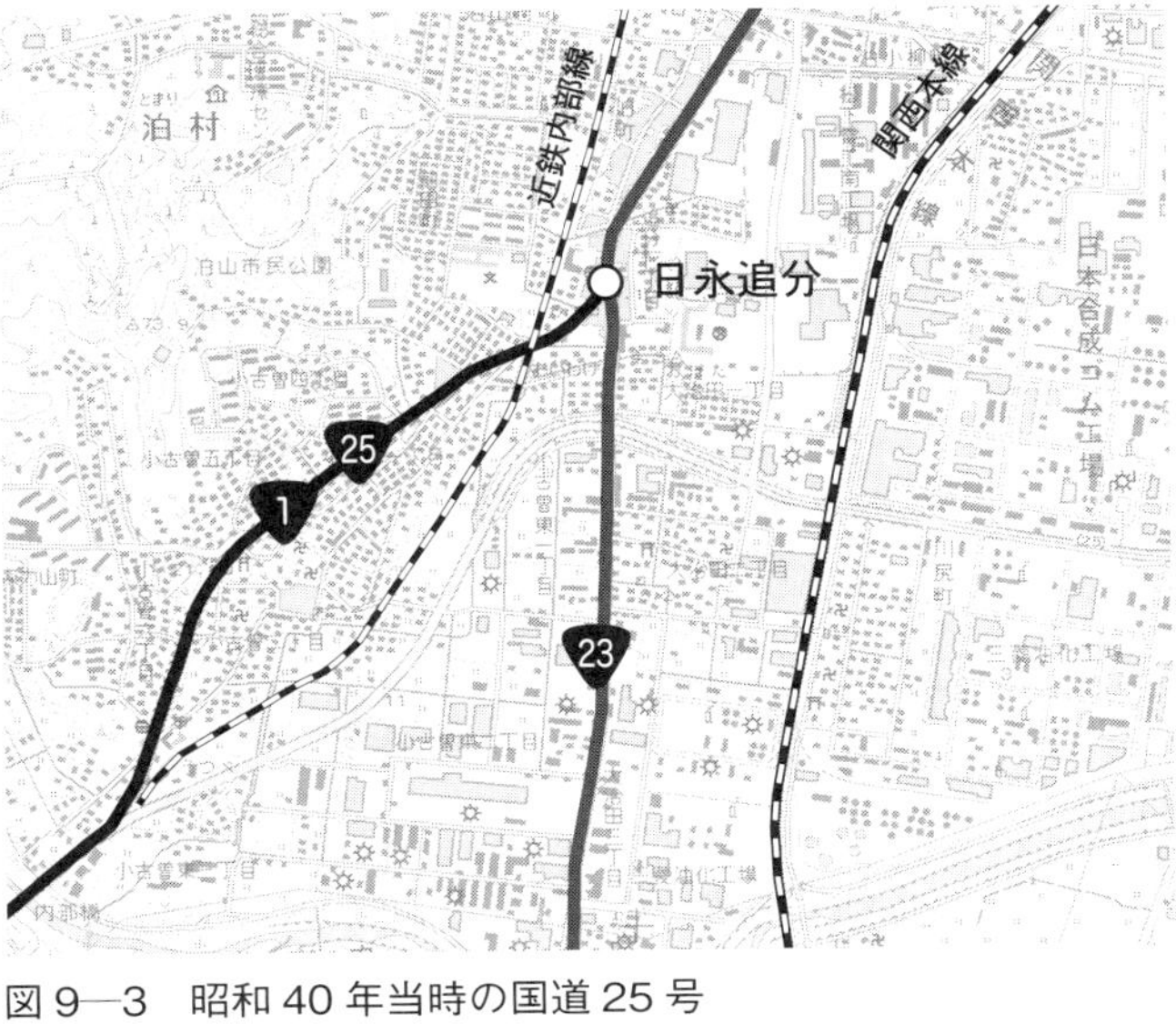

図9—3　昭和40年当時の国道25号

ローバーリーフ型インターチェンジ。国道二五号は、この東名阪自動車道と接続する箇所《かしょ》から、自動車専用道路としての「名阪国道」が始まります（図9―4）。

ランプウェイを滑り、走り始めればすぐに気が付くことに、一般国道でありながら掲げられている案内標識はすべて高速道路とおなじ「緑」の裏地となっていることです。中央分離帯が設けられているので、対向車線を気にする必要はありません。信号はなく、出入口もすべてインターチェンジ（IC）となっています。道幅にしても高速道路と遜色《そんしょく》はありません。

時間に余裕があれば、気の向いたICで降りてみるとよいでしょう。どのICであろうとも料金所があるわけではなく、またETCのトールゲートを見ることはありません。ICは二、三キロおきに一箇所は設置されているので、たとえ乗り過ごしたとしても慌《あわ》てることはありません。次のICで降りても行程に支障をきたすことはないからです。

名阪国道はあたかも高速道路に似た道路（準高速規格）でありながら、完全に無料《フリー》な自動車専用道路となっています。その距離は亀山―天理《てんり》間の約七三キロメートル。日本の中でも最長の部類に属する無料区間の自動車専用道路です。道路のスペックだけからすれば、欧米の道路のような理想とする自動車専用道路になっています。

道路の傷み具合から経年劣化が感じられるため、過去に有料道路であった道路が無料償還

図9—4　国道25号は、亀山の地で国道1号から独立する

されたのではないか――そう思われるほどに「有料道路的」なフォルムを誇っています。しかしながら、名阪国道は建設当時から無料の公道として開通しました。戦後になって無料なる大規模な自動車専用道路が誕生したのはこの名阪国道が初めてで、当時の状況を鑑《かんが》みてもそれは画期的なことでした。

河野会見と「千日道路」

昭和三八（一九六三）年四月六日、三重県知事の選挙応援として駆けつけた一人の代議士がいました。国民の高い人気を誇っていた河野一郎《こうのいちろう》建設大臣です。その駆け付けた席上、地元記者団に対するインタビューで初めて名阪国道の建設について触れ、続けて「今日（四月六日）から千日間で開通させる」と公約するのです。名阪国道が別名として「千日道路」と呼ばれるようになったのも、この「河野会見」によります。

千日は約二年九カ月の時間に相当します。亀山―天理間の約七三キロメートルを無料の自動車専用道路として建設するという遠大な計画にしては短期間の勝負です。

この時代を簡単に振り返ってみると、日本で初めての高速道路となった名神高速道路（栗《りっ》東《とう》―尼崎《あまがさき》区間）でさえ河野会見の二カ月後に開通式（昭和三八年七月一六日）を迎えるように、まだ日本の地図上には一本の高速道路さえ描かれていない時代でした。このことからも、七三キロメートルにも及ぶ道路、それも高速道路並の道路を本当に千日でできるのかと、関係市町村ですら短い時間での完成に懐疑《かいぎ》的であったほどです。

なぜ、河野建設相が千日以内とする考えを抱いたのか、また、それを公表したのかは名阪国道における大いなる謎として残されています。

名阪国道の誕生まで

今では、国道二五号は名阪国道を介在させて、四日市と大阪とを結ぶ路線となっていますが、昭和二七（一九五二）年に指定された当時は、起点は大阪市とし、終点は奈良市までとする隣接府県を結ぶ短い国道でした。当時、国道二五号という路線は四日市まで至っていなかったのです。それが、現在のように三重県まで延長されるようになったのは「名阪国道」という自動車専用道路の計画がほぼ固まってからのことでした。

国道指定の一〇年目の節目であった昭和三七（一九六二）年に大規模な路線改正が行なわれます。その改編では、当時の大阪市と四日市とを結ぶ国道一六三号のうち、三重県の四日市市から旧上野《うえの》市（現伊賀《いが》市）までの区間を切り取り、それを国道二五号にあてることになりました。さらに、旧上野市から奈良県大和 郡 山《やまとこおりやま》市までの新区間は県道から格上げした路線を追加延長させました。

新たに加えた区間は、それこそ伊賀の山中を抜けるため、とくに後者の県道昇格ルートは「国道」という品格にはそぐわないほど荒れていました。暫定《ざんてい》であっても四日市から奈良までつなぐ「現道《げんどう》」が必要とされたのは、これも龍飛崎の「階段国道」と同じ理屈です。

名阪国道に相当する区間は、国道の延長指定がなされる以前から日本道路公団で公用道路（無料）を前提とした「大四道路」※注として計画が進められ、調査がなされていました。国道の改正（再編）にあわせて建設省に所管が移り、加えて河野大臣の後押しもあって早期着工する運びとなります。

のちに河野大臣は、

「名阪国道を考えましたのは、一方名神国道が必ずしも大阪の東南部地方もしくは大阪と名古屋を直結する最短距離でないというので、名古屋、四日市方面と大阪の南部のほうとを直結する最短距離を結ぶ道路が必要であるという意味合いから、名阪国道の企画を始めました」（衆議院予算委員会第四号　昭和三九年一月三一日）

と、名阪国道の建設の意義を語っているように、「名神国道《めいしん》」こと名神高速の代替路線を意識してのことでした。加えて、名神高速が多雪の難所である伊吹山麓《いぶきさんろく》の関ヶ原《せきがはら》を通ること

※注　「だいし」と読むと思われますが、確認できませんでした。ご存知の方は、ご教示ください。

もあり、冬季の通行障害を想定したリタンダンシー（迂回路）としても考慮されたルートです。

名阪国道に大きな転機が訪れたのは、昭和三八（一九六三）年九月。これは、日本の高速道路網の計画と大いに関わっています。

昭和三七（一九六二）年に『全国総合開発計画』（一全総）が発表され、それに基づいて昭和三九年度を初年度とする第四次道路整備五箇年計画の策定が行なわれました。行政的に書けば、「初めて欧米並みの日本の高速道路網を整備する七六〇〇キロメートルの〝国土開発幹線自動車道〟というアウトラインが示された計画」であったのです。

もう少しわかりやすく述べるならば、それまで「有料道路＝バイパス」という既成概念しかなかった世の中において、いきなり七六〇〇キロメートルにも及ぶ「ネットワーク」から なる有料道路網が正式に発表されたということです。

平成二〇（二〇〇八）年現在、高速自動車国道の供用延長は七六二五キロメートルと発表されている数字と比較すれば、当時の七六〇〇キロメートルというアウトラインは、それこそ五〇年後の姿を描いた壮大な青写真を、壁一面に拡げたようなものでした。

その中で、名阪国道も「国土開発幹線自動車道」というネットワークの中の、近畿自動車道（名古屋大阪線）という路線に組み込まれることになりました。爾来《じらい》、名阪国道は国土開発幹線自動車道なる高速道路網の一区間であり、現在でも変わることはありません。

名阪国道は建設途中でこのような大きなミッションを背負わされることとなり、昭和四〇(一九六五)年一二月一六日に開通します。公約の千日以内に達成した快挙でもありました。

しかし、盛大に催された開通式には名阪国道の立役者の河野一郎大臣の姿はありませんでした。名阪国道が完成する半年前の七月八日に鬼籍《きせき》に入っていたからです。大動脈瘤破裂による突然の死でした。

名阪国道の有料化と「非名阪」

名阪国道の有料化という選択肢はなかったのでしょうか。高速道路の基本網となる国土開発幹線自動車道になったということであれば、なおさら現在の「無料」が不思議に思えるからです。

そのようなことを疑問に思った時期があり、三重県の人に訊《たず》ねてみたことがあります。そうすると、やはり名阪国道の「有料」となる騒ぎがあったことは、三重県下では有名だと期待する答えが返ってきました。その顚末は次のようなものです。

名阪国道の着工から八カ月が経ち、昭和三九(一九六四)年の新年を迎えた一月五日、河野建設相は伊勢神宮の参拝のために三重県を訪れました。そして、伊勢市での記者会見で

「名阪国道は全線有料道路にする」と関係自治体には一切の事前連絡もなく発表したので、年明け早々に、蜂の巣をつついたような騒動に発展しました。

名阪国道は千日以内に完成させるため、道路の工事と用地の取得とが並行して進められるという今では考えられないアグレッシブな方法をとっていました。そのような方法がとれたのも、「無料」の公共道路を作るためとあれば、土地を好意的に手放す地元の誠意があったためです。しかし、突然の「有料化」は、それまでの話を反故《ほご》にするものとなります。当然のことながら、地元からはペテン的行為と非難があがりました。

有料化案が発表されたそもそもの理由は、「東名阪」と「西名阪」という有料道路とも関わりがあります。当初、名阪国道は国道二五号の自動車専用道路だけでしたが、その後に、「名阪国道」の東西それぞれに「東名阪」（国道一号バイパス）と「西名阪」（国道二五号バイパス）という一般国道の有料道路（昭和四八年四月に高速道路へ編入）が連結する計画が追加されました。つまり、「名阪」をいく間に、名古屋―［有料区間］―亀山―［無料区間］―天理―［有料区間］―大阪（松原）と交互に料金体系が変化する路線になるのです（図9―5）。

「名阪国道の区間も有料道路としてもらいたい」

当時の三重県知事であった田中覚《たなかさとる》知事が河野建設大臣へ窮状《きゆうじよう》を訴えたのは、この「東名阪」と「西名阪」を意識してのことでした。

なぜ、知事は「無料」道路を嫌い、「有料」道路を望むのでしょうか。それは、建設費の工面で県の受ける財政的な痛みが劇的に変わるからです。

当時の三重県は極度の財政難に陥っていました。無料を前提とする公共道路というものは、一級国道（直轄国道）の場合、『道路整備緊急措置法』の特例を考慮しても、全建設費の二五％を県が負担するように定められていました。名阪国道の全路線の建設費のうち、三重県下だけでも当時の建設費で概算一〇〇億円が見込まれていたため、三重県はうち二五億円を供出しなければなりませんでした。

日本銀行が開示している消費者物価指数による物価レートで換算し、昭和三〇年代から四倍の数字を考えると、現状に即した費用となるので理解がしやすいものです。つまり、三重県単体で約一〇〇億円の支出が求められたことになります。

一方、有料道路となれば、日本道路公団が国から財政投融資という借金をして全線を建設してくれるため、県は費用を供出する必要はありません。この差は大きいものです。三重県にとっては赤字財政が決定的となっていたので、「無料」の名阪国道の建設は大きな負担となりました。

この田中知事の窮状に対して、河野大臣は「通り抜けるだけの道路に多額の負担金をさせ

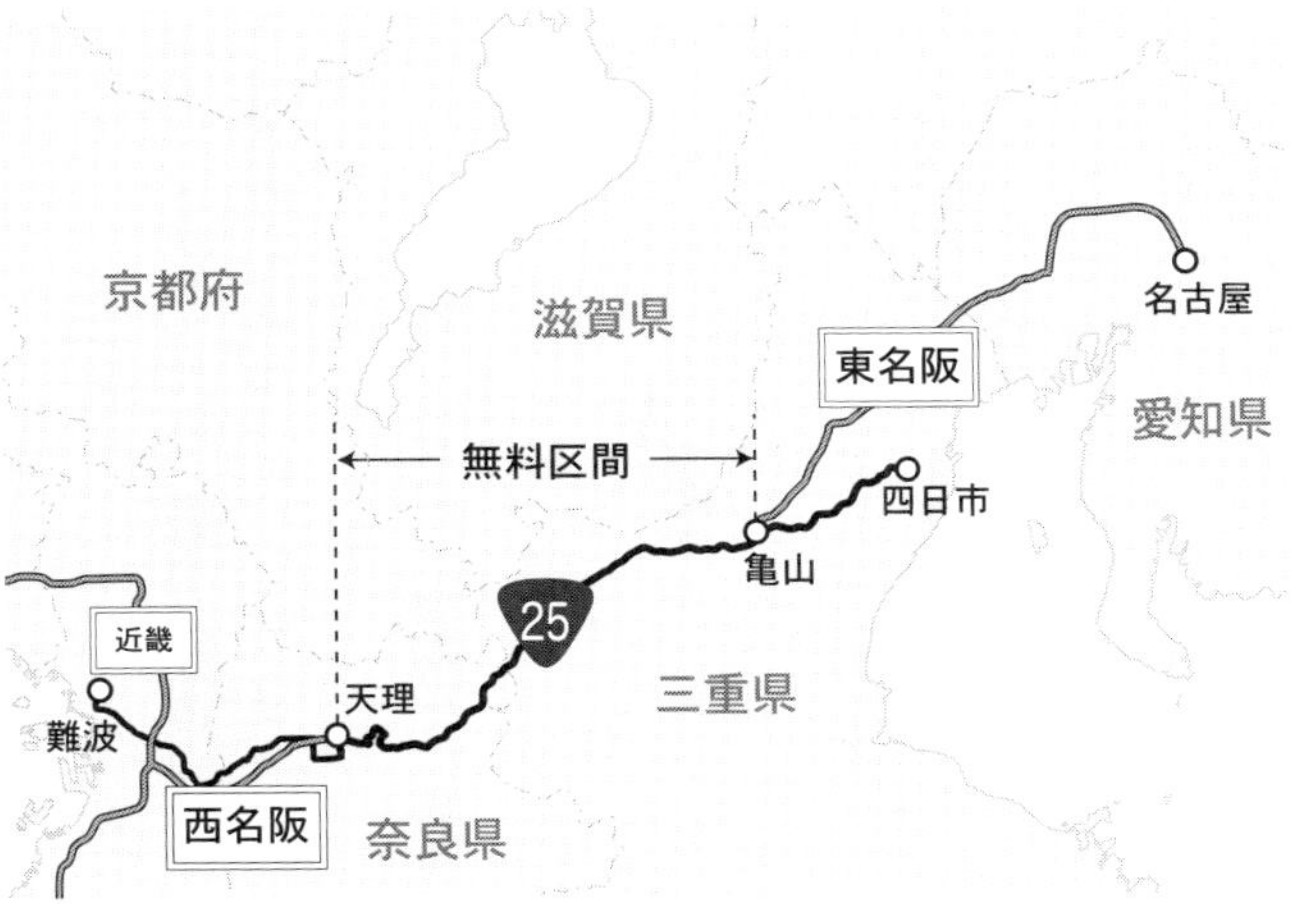

図9―5　「名阪国道」の概略図。国道25号の両側に、高速道路が連結して、名阪間の長い路線を形づくっている

るわけにはいかん。全部有料道路にして道路公団にやらせる」と語ったとされ、このことが「有料化」への発言につながったことの真相であったようです。

　しかし、まともな幹線道路がなかった旧上野市は期待の裏返しとして反発をとくに強め、用地買収の交渉を凍結する方針をとりました。これでは河野大臣が「確約」をした千日間での竣工は実行されなくなります。そのような懸念が大きくなったこともあり、朝令暮改のようにその月末には「有料化」を撤回し、本来の「無料化」を通すことを衆議院予算委員会で公言しました。


「本来でございますれば、ここに相当の道路がありますべきでございますのに、川崎さん（※川崎克）の郷里の伊賀の上野付近になりますと、全く道路らしい道路はございません。ですから、新しい道路を一本ここにつけますと、この道路は公共でやっていいか、有料でやっていいかということが非常に問題になります」

「結論として、私は、まず公共道路を整備して、そして有料道路ということが本筋であろうという意味におきまして、いま企画いたしておりますものは、既定方針どおり公共道路でこれを完成するということにきめております」（衆議院予算委員会第四号　昭和三九年一月三一日）

写真9―6　名阪国道に沿うようにしてある一般道の国道25号は、ご覧の有様。通称「非名阪」

政治家が公約を尊重する以上に、有料化への計画変更の弊害があったことは、ひとつに用地単価が引き上がることは必至で、事業費の増加は避けられなくなることでした。技術的な面でも有料道路とした場合には道路構造規格、インターチェンジの加速車線長、インターチェンジ数の削減など新たな設計変更が求められるため、抜本的な見直しも迫られることになります。

さらに名阪国道が有料となれば、それと並行して存続する一般道、つまりは暫定で指定してしまった格上げの県道の区間を、それ相応に改良しなければなりません。当時、国道二五号（一般道）の道路改良率はわずか一〇％。考えるまでもなく、突発的な有料化の施策はデメリットが大きくなるものでした。

なお、現在でも、自動車専用道路ではない名阪国道に沿う一般道の国道二五号は、ここが二桁《けた》国道かと見間違うほどに荒れていることから国道ファンの間では「非名阪」と呼ばれている所以《ゆえん》でもあり、昭和三〇年代から四〇年代の道路の姿を感じ取ることができる国道名所となっています（写真9―6）。

Ω《オメガ》カーブと死亡事故

無料の名阪国道は、いいことばかりではありません。この道を走ったことのある経験者に名阪国道の印象を訊ねたならば、口をそろえて「走りにくい」「怖い」「嫌い」など、芳《かんば》しくない意見が返ってくるはずです。

それを裏付けるデータがあります。平成一六（二〇〇四）年に奈良県警察署は、「名阪国道は、全国の高速道路・自動車専用道路中、1kmあたりの死亡事故発生件数が日本一」と題したコンテンツをホームページ上に掲載しました。

データは名阪国道を含む日本の代表的な自動車専用道路の七路線について死亡事故数と供用距離との関係について分析したもので、一キロメートルあたりの死亡事故件数が名阪国道では最も高いことを示すものでした（表9―7）。

このデータでは名神高速道路の年間死亡事故数は一八名、東名高速道路では二三名に対して、名阪国道全線では死亡事故数は九名。絶対値を比較すると主要な高速道路よりも低いように思えますが、単位キロ当たりの死亡事故数では一躍トップに躍り出て、中でも福住IC～天理東ICの一〇キロに満たない区間では、単位キロ当たりの死亡者数が〇・五〇五人（一〇〇キロ当たりで約五〇人となる！）の突出した高い死亡率となっています。これは死亡者数の絶対値が高い東名高速道路と比較しても、約七倍強に相当する値となっています。

その最も死亡者比率の高いとされる福住IC～天理東ICの区間は、名阪国道の最大の特徴ともなっている魔のカーブが存在している区間でした。その線形形状がギリシャ文字の「Ω《オメガ》」に似ていることから、Ωカーブとも呼ばれています（図9―8）。

福住ICを過ぎると高峰山の南山麓から山肌に沿って北側へ大きく迂回し、五ヶ谷《ごかだに》IC付近を過ぎてからは逆の南へと切り返していきます。地図上の二次元平面（平面図）だけからは、まったく無駄な蛇行《だこう》をしているようにみえる区間で、「Ω」の底辺を一直線に結べないのかという発想も出てきてしまいます。

このような平面図のみでは高低差がわかりにくいことから、距離と標高をプロットした図（縦断図）を併せてカーブ形状をとらえると、その大回りするカーブの理由が見えてきます。次に示す縦断図は、名阪国道の亀山から天理までの七三キロメートル全線にわたる標高を示したものです。一目瞭然《いちもくりようぜん》の特徴として、奈良県の区間が台形状の丘陵部となっており、その高低差が天理側では四五〇メートルにも及んでいます（図9―9）。

福住IC～天理東ICの区間は、その最も急峻《きゆうしゆん》な高度差を、区間距離一〇キロメートルで賄《まかな》っています。平均勾配は約四・五％となりますが、その坂が延々と一〇キロメートルも続いていることから、法定時速の六〇キロメートルでも、約一〇分間の集中力を持続させねばなりません。これは、ドライバーの神経に対して極度の負担を強いるものです。

路　線　名	死亡事故件数	共用距離	1kmあたりの発生件数
名阪国道(福住IC～天理東IC)	5	9.9	0.505
名阪国道(奈良県内のみ)	7	31.6	0.222
名阪国道(全線)	9	73.3	0.123
名神高速道路	18	192.3	0.094
近畿道(西名阪道路)	4	55.6	0.072
東関東道	8	113.5	0.070
東名高速道路	23	346.7	0.066
阪神高速道路	14	233.9	0.060
首都高速道路	16	281.0	0.057

表9—7　名阪国道とその他の主要道路の死亡事故状況を比較したもの。名阪国道の死亡事故発生率が群を抜いている（平成16年 奈良県警察署ホームページより）

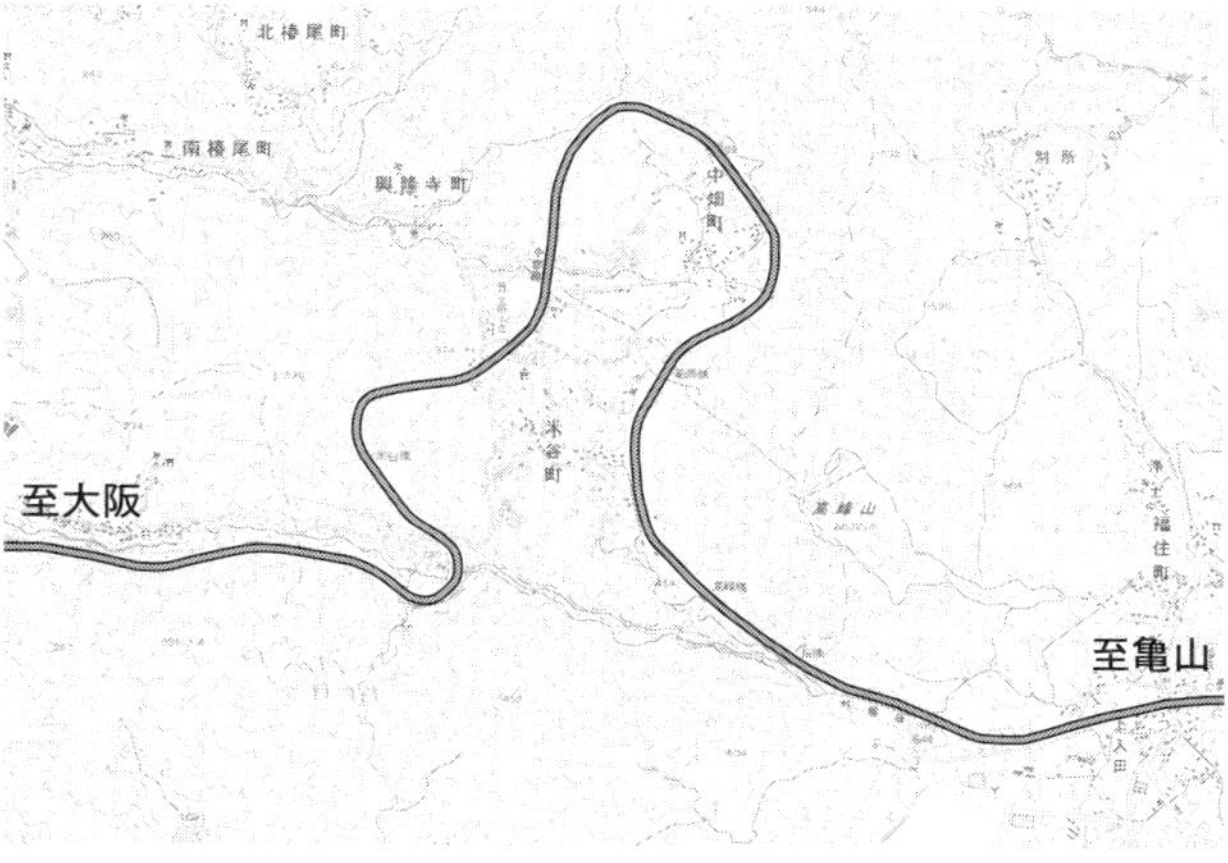

図9—8　魔の「Ωカーブ」の平面図

鳥瞰図《ちょうかん》（俯瞰図）を見てみましょう（図9―10）。福住から天理までの急勾配を緩和させるための努力が見て取れます。現在では数年にわたって継続的な事故低減施策も取り込まれ、減速帯を設け、LEDによる視線誘導システムが取り込まれるなどソフト面での改良は行なわれています。しかし、根本的な線形緩和――トンネルや長大橋梁をつなぐことで曲線を緩和させるようなルート改良――の計画は、公《おおやけ》には聞こえてきてはいません。

自動車専用道路の国道とは

ここまで、無料の自動車専用道路として名阪国道を眺めてみました。このような類《たぐい》の国道（高速道路にあるような緑の道路標識がある国道）は名阪国道に限らず、他にも関東であれば、神奈川県の国道一六号の保土ケ谷《ほどがや》バイパス、関西圏であれば、兵庫県の国道二号の加古川《かこがわ》バイパス、姫路バイパス、太子竜野《たいしたつの》バイパスなど、かつての有料道路の無料償還バイパス群があり、いずれも自動車専用道路となっています。

しかし、自動車専用道路というと条件反射的に高速道路が連想されるものです。その高速道路と自動車専用道路の一般国道との関係はどうなっているのでしょうか。

「第八道」でも紹介したように、戦前までは公道を通行する人に、金銭の対価を求めることは違反行為となっていました。公道に対して有料道路を定めることを可能にしたのは昭和二

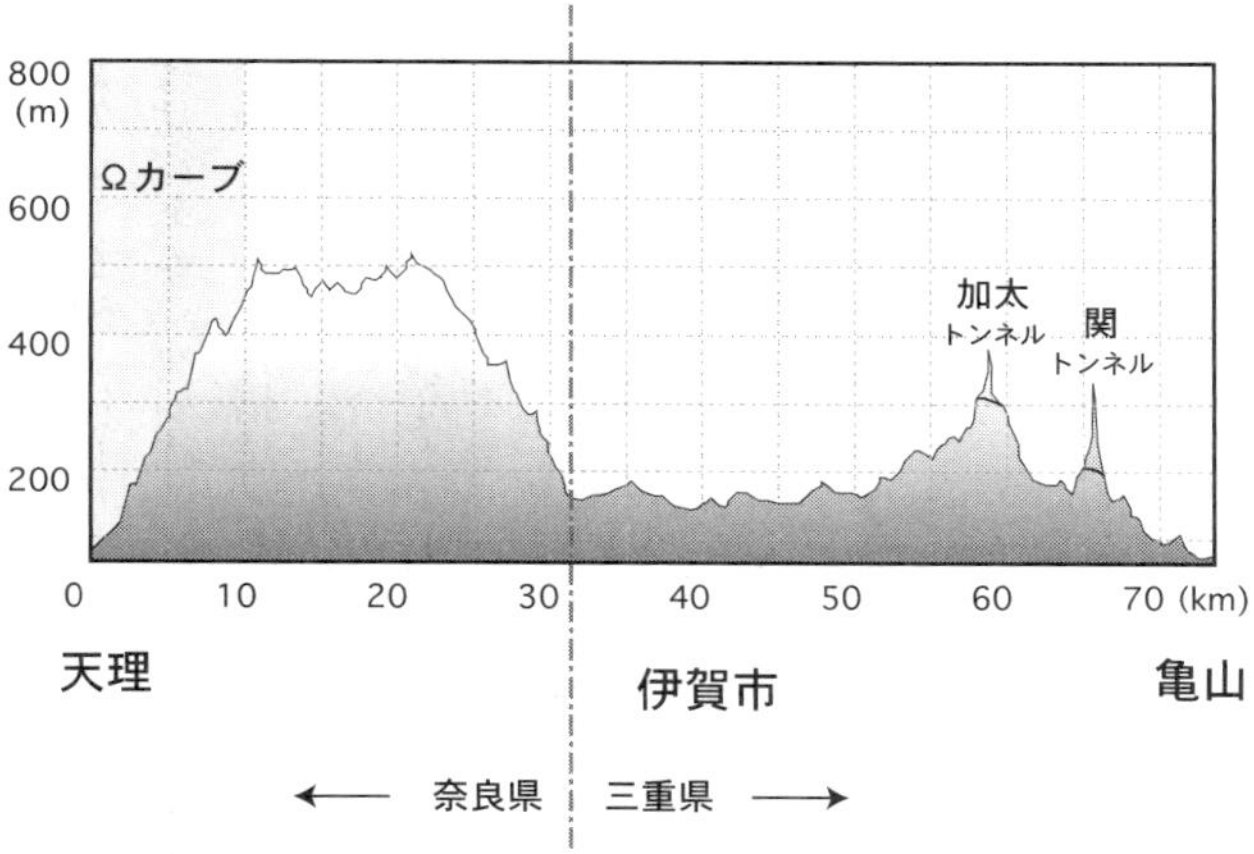

図9―9　天理―亀山間の縦断図。天理から東へ10キロメートルの区間は高低差が著しい

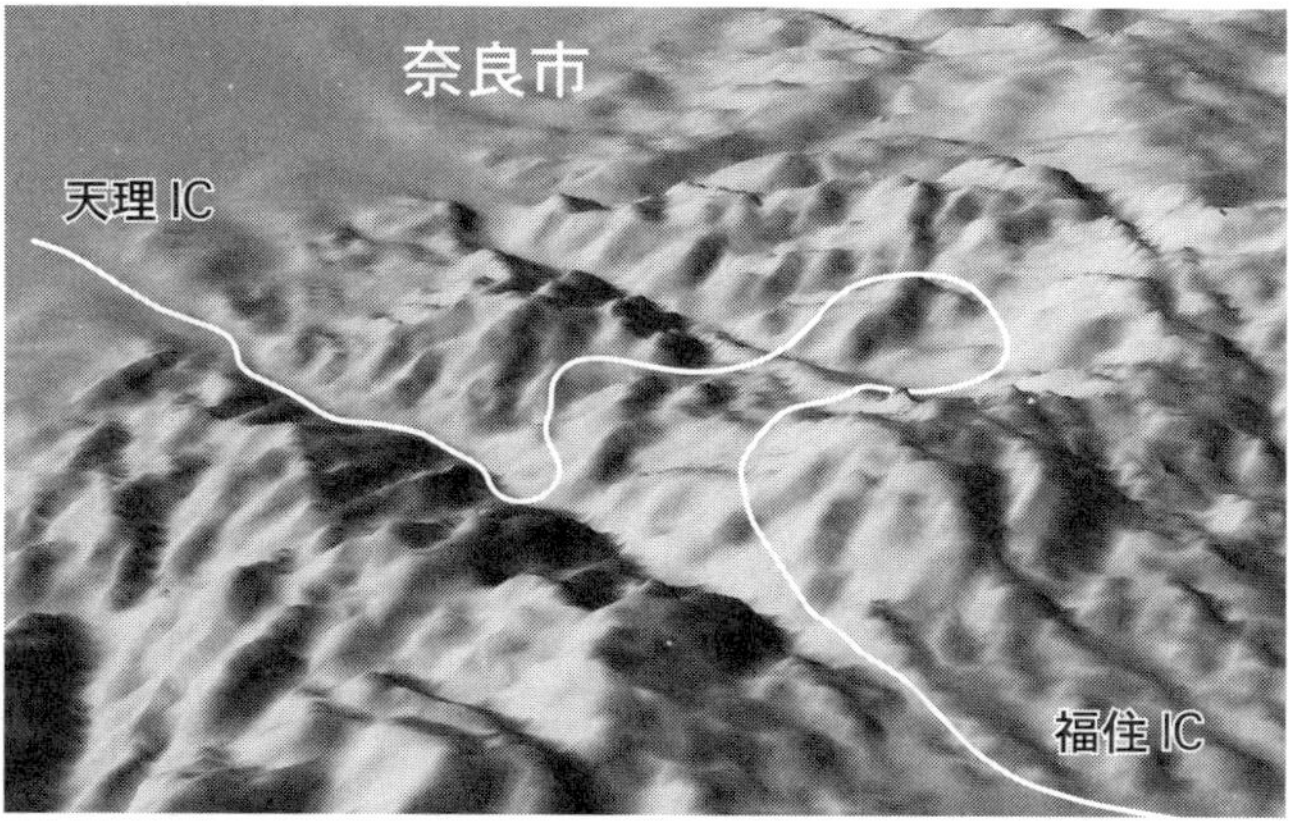

図9―10　『カシミール3D』によるΩカーブ周辺の鳥瞰図。大きなカーブによって、急峻な高度差を回避するしかないのだが……

七年になってからのことです。『道路整備特別措置法』という法律名のもので、国は道路法で規定する公道（国道や都道府県道）に対して有料道路を設けることを可能としました。ならば法律名を「有料道路法」とすれば素直なものですが、「道路整備」の「特別措置《そち》」とした、いわゆる「特措法《とくそ》」となっているのはその時代のトレンドを感じさせます。

いずれにせよ、『道路整備特別措置法』のもとでは「自動車専用道路＝有料道路」ということは法令には規定はされていませんし、「自動車専用道路＝国道」ということにもなっていません。

少し複雑さが出てきましたので、次に国道の実例を見ながら「自動車専用道路」と国道、そして有料道路との三者の関係を整理してみることにしましょう。数ある国道の中から取り上げるのは、生い立ちによって国道から落第した「第三京浜《けいひん》」です。その出生の秘密を最終章でなぞっていきます。

第一〇道

国道 466 ROUTE

国道になれなかった「第三京《けい》浜《ひん》」（東京都／神奈川県）

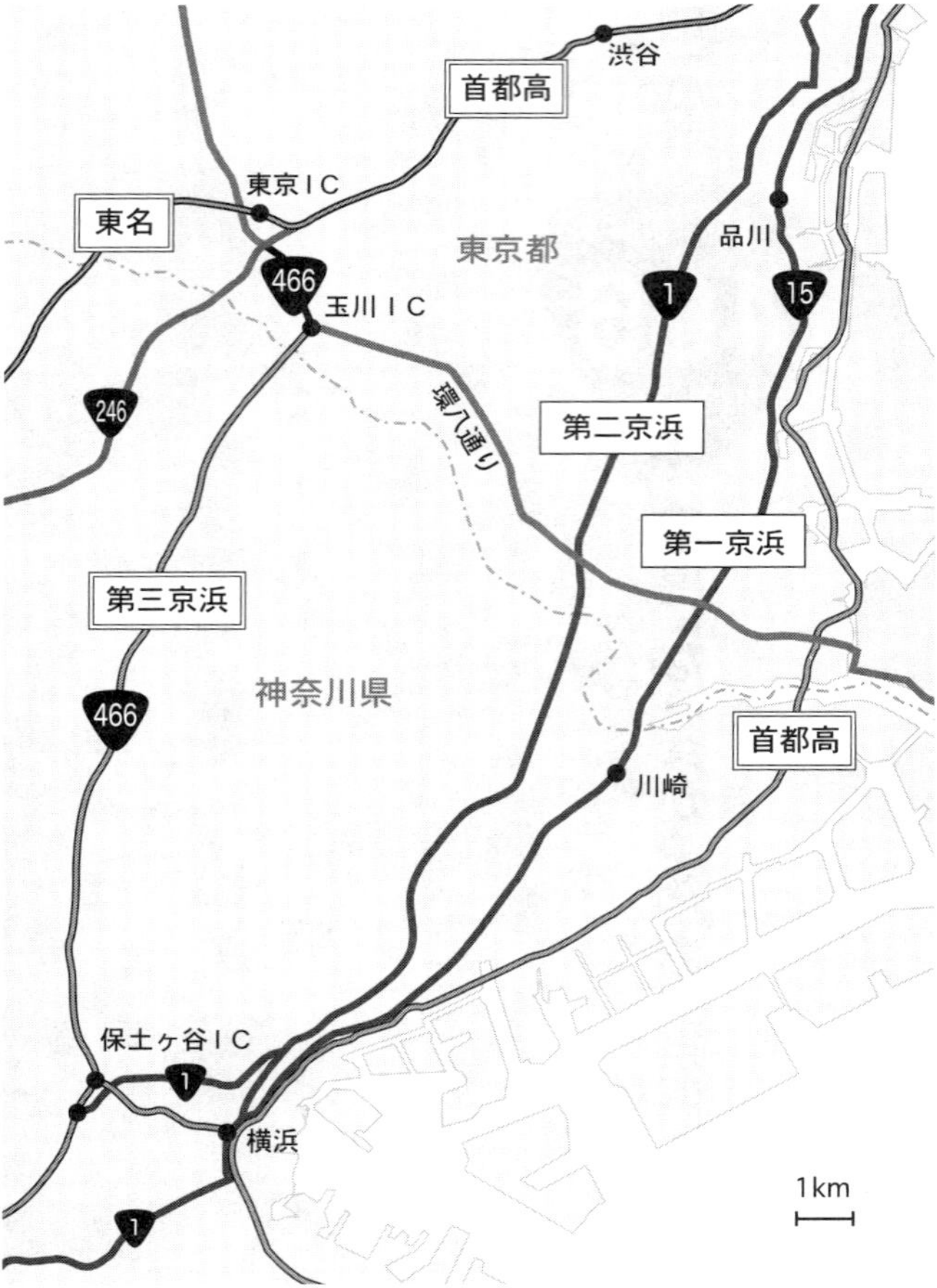

図 10—0　国道 466 号の路線図

国道と呼ばれない第三京浜

東京と横浜を結ぶ京浜《けいひん》国道は三路線あります。第一京浜国道（現国道一五号）、第二京浜国道（現国道一号）、そして第三京浜です。第一、第二の京浜国道には末尾に「国道」をつけて自然に語られることはあっても、第三京浜では「国道」をつけて呼ばれることはありません。

第一部でも少し触れたように、第三京浜が国道四六六号に指定されたのは平成五（一九九三）年になってからのことで、それまでは東京都の区間では「都道」、神奈川県下では「県道」の自動車専用道路の有料道路でした。

第三京浜を走っていて「国道」を走っている実感が湧いてくることはありません。その路線が国道であることを示す「おにぎり」が設置されているのは、知る限りでは環状八号（環《かん》八《ぱち》）から第三京浜に入る玉川《たまがわ》ＩＣにあるぐらいです。自動車専用道路の本線上には一本もなく、もしかすると、細かいラベルなどでは表示されているのかもしれませんが、車で走行する速度で目にとまるものは、その玉川ＩＣの国道標識しかありません。

平成五年になって国道に昇格した第三京浜が開通したのは昭和四〇年十二月一八日、「第九道」でみた名阪国道が供用（誕生）した二日後のことでした。

第三京浜も名阪国道も、見た目は高速道路そっくりな自動車専用区間を有する双子の兄弟のような道です。西日本にこのような兄ともいえる「名阪国道」の事例があるため、当時の第三京浜も決して、国道になれないわけではなかったはずです。それなのに、なぜ、国道になれなかったのか。これは大いなる「謎」です。

——当時は、有料道路だから国道になれなかったのか——。

まず、そのような前提をたてて戦後の有料道路を調べると、戦後になって初めて誕生した有料道路は三重県に見つかります。「参宮国道」という路線名なる国道二三号の有料道路です。その後も着実に有料道路は量産されていきますが、吉田茂《よしだしげる》の鶴の一声で誕生し、ワンマン道路とも呼ばれる国道一号の戸塚《とつか》道路にしても、日光のいろは坂にしても国道路線の延長線にあるものでした。したがって、有料道路であることが国道になれない要因とはならないことになります。

それでは、「自動車専用道路」なる「有料道路」が、国道になれない要因だったのでしょうか。

第三京浜は「都道」「県道」とはいえ、その姿は高速道路と見間違えるほどの「自動車専用道路」です。「有料道路でかつ自動車専用道路の道」なる道は運輸省の管轄に当てはまるため、国道になりえなかったのかと考えたくもなります。

しかし、この仮定にもあてはまりません。関東に「京葉《けいよう》道路」という自動車専用道路なる有料道路があります。これは国道一四号のバイパスで、第一期の開通は昭和三五（一九六〇）年四月二九日でした。第三京浜よりも五年早い誕生です。

また、「戦後初の公道の自動車専用道路」というタイトルを保有しています。はじめは東京都江戸川区一之江《いちのえ》町から千葉県船橋市海神《かいじん》町までの約九キロメートルの短いものでしたが、その後は延長されて今となっては京葉道路も首都高速と見間違うほどに一体化していますす（それでも管理上は一般国道の有料道路区間であり、細かいことをいえば首都高ではありません）。

このように、昭和三〇年代当時に第三京浜が国道とはなりえなかった明快な理由を見出すことができませんでした。京葉道路と同時期に自動車専用道路で道路が計画・建設されたのにもかかわらず国道になれなかった理由は、第三京浜の誕生を追って探すしかなさそうです。

「第三京浜を国道とすることは困難であり」

第三京浜を走れば感じることは、「まったく高速道路とは変わらない」ということでしょう（写真10―1）。

それもそのはず、この道は名神高速道路に続いて日本では第二番目の「高速道路」として道路史上では語られています。加えて、第三京浜は、上下線あわせて六車線の構造をもつ日本で初めての自動車専用道路でした。また、第三京浜には名神高速から得られた技術を導入する一方で、建設予定の東名高速のための技術指針（標識、遮光板《しやこうばん》、照明など）を得るための各種テストが行なわれた道でもありました。

第三京浜が計画されたのは昭和三三（一九五八）年。当初は東京と横浜とを結ぶ中原《なかはら》街道という幹線道路のバイパスルートとして計画されました。しかし、市街地を抜ける中原街道の拡幅が困難であると判断されたため、市街地区を通らない現在のルート（当時のコードネームとして「本線案」）が定められることになりました。

この本線案は予備調査の段階で「国道規格」による建設案のほかに「名神規格」、すなわち高速道路としての試算がなされ、さらに東京から横浜を通り越して小田原までの航空写真の撮影が行なわれたとされます。東京と横浜間をつなぐための、単なる市街地を抜けるバイパスではないことが計画当初では見込まれていたのです。

昭和三三年という年は、日本で初めての高速道路である名神高速道路の着工がはじまった年でもありました。当然のことながら、関東には東名高速すらない時代のことです。第三京浜の計画というものは、まだこの世に誕生していなかった東名高速の調査も兼ねた「国道」、あわよくば東名高速道路にもできる「国道」として計画は進められました。

写真 10―1　高速道路のような外観を誇る第三京浜（都筑 IC 付近）

話の元になる『第三京浜道路工事報告』をたどる限り、ここまでは取り立てて引っ掛かりを見せるものではありません。しかし、この後に第三京浜の計画は急転していきます。

まず、昭和三五年五月に建設省から「第三京浜を国道とすることは困難であり、県道案とする」という国道却下案が提示されます。そして、この「建設省提示案」があってから三カ月後には、トドメとなる連絡が建設省から日本道路公団へもたらされるのです。

「東名高速道路は第三京浜道路を延長せず、厚木経由の山手案でゆくつもりである」

つまり、第三京浜は国道のみならず、東名高速道路としての計画路線からも梯子《はしご》を外されることになりました。

第三京浜の計画では、建設省と日本道路公団とが必ずしも協調的な姿勢で臨んでいるのではなく、両者の間に横たわる大きな温度差を感じさせます。高速道路というこれまで日本にはなかった道路を建設する理念に燃える日本道路公団と、それを牽制《けんせい》する建設省はあたかも兄弟争いを演じているかのようにも見えてしまいます。

日本道路公団がまとめた『第三京浜道路工事報告』には、建設省から出された「県道案」の書類（「第三京浜道路の性格に関する建設省提示案」）がそのままに掲載されています。両者に横たわる温度差の一端に触れることができる貴重な資料で、工事報告書の中でも最もインパクトのあるものです。そのような内部資料が掲載されていることは稀《まれ》といってもよいものです。その意味で、当時の第三京浜に携《たずさ》わっていた人々の想いが斟酌《しんしゃく》されます。

「重要な経過地」

その「第三京浜道路の性格に関する建設省提示案」では、第三京浜を「一級国道」のみならず「二級国道」としても認めない二段構成となっています。そのロジックは、国道がどのようなプロセスを経て指定され、もしくは却下されるのかという謎にもつながるものですので、ここではその建設省提示案の代表的な通知文をみてみることにしましょう。

この「建設省提示案」は一級国道のバイパスにできないことを、三つのケースを想定して説明がなされますが、順を追ってみてみることにします。

（a）一級国道一号線（第二京浜）も、一級国道十五号線（第一京浜）も共に重要経過地が夫々《それぞれ》川崎市紺屋町及び川崎市池田町となって居《お》り、第三京浜のルートは何《いず》れの地をも経過して居ないので、現行法令では何れの国道のバイパスとすることも出来ない。強いて一国《いっこく》（※）のバイパスとするには法令を改正して重要経過地を変更せねばならないが、これには道路審議会の議決が必要であり、一国一号又は十五号のバイパスとしてそれらに隣接する県道（中原街道）を飛び越えて指定することは困難とみられる。

※一国……一級国道の略称

昭和三三年の段階では、一級国道と二級国道に分割されていたことはすでに述べたとおりです。

第三京浜を一級国道とする最も簡単な方法は既存国道のバイパスとするものです。この場合、第一京浜である国道一五号か、もしくは第二京浜である国道一号のバイパスとするいずれかの手段があります。

しかし、国道というものは好き勝手に路線を線引きできるようにはなっていません。そこには最低限の決められたルールがあります。

国道は起点、終点のほかに政令では「重要な経過地」が示されています。つまり、「重要な経過地」という指定された区域をつなぐ線が、国が定める国道となります。例えば、昭和二七年に公布された時点での国道一号（第二京浜）は表10―2のように定義されていました。

たとえバイパスであってもその「重要な経過地」に示される市町村を通らなければなりません。第三京浜を国道一号のバイパスとするならば、東京都中央区―川崎市（紺屋町《こんやまち》）―横浜市を結ぶ線上になければならないことになります。

路線名	一号
起点	東京都 中央区
終点	大阪市
重要な経過地	川崎市（紺屋町）　横浜市　藤沢市　茅ヶ崎市　平塚市　小田原市　三島市　沼津市　吉原市　清水市　静岡市　島田市　磐田市　浜松市　豊橋市　豊川市　岡崎市　安城市　名古屋市　桑名市　四日市市　鈴鹿市（石薬師町）　滋賀県栗太郡草津町　大津市　京都市　枚方市　寝屋川市　守口市

表 10―2　法令上に示された国道 1 号の定義（昭和 27 年当時）。経過地が事細かに指定されている

第三京浜が国道一号のバイパスとなれなかったのは、「重要な経過地」の筆頭にある「川崎市（紺屋町）」を通過できないためでした。ご丁寧に同じ川崎市でも「紺屋町」とまで指定されているので、その厳しい制限を解消できない限りは、第三京浜が国道一号のバイパスにはなりえないことは自明です。

「重要な経過地」に示されていれば、その経過地で示されている市町村の中であればどこを通ろうとも、要は政令を満たしていれば煩雑《はんざつ》な手続きなしで路線を付け替えることができます。しかし、記載された市町村を通らないとなると、国の定めとなる政令を改正しなければなりません。

改正するためには「道路審議会」という建設大臣も臨席する大掛かりな会議で議決をとらなければならない「煩雑さ」が生じ、より多くの準備（プロセス）を必要とします。そもそも、一路線の経路変更のためだけに審議会は開かれるものではありません。そのため、第三京浜は国道一号のバイパスになることは困難である、と述べられています。

さらに、第三京浜が一級国道になりえない二つの理由

では、仮に法令を改正できたならば、一級国道となりえたのでしょうか。あえて、煩雑な道路審議会を経て改正手続をすすめて、先ほどの「川崎市（紺屋町）」の経過地の課題が解

決できたら国道となったのでしょうか。そのようなケースは考えたくなるものです。そのことを想定した回答が第二番目に、次のように述べられています。

（b）仮に法令を改正して一国のバイパスに指定したとしても起終点を一国上に設けねばならず、その為には例えば放射三号（都道）を一国とせねばならぬようなことになり、バイパスの一部を専用道路とするのは道路法第四十八条の二の（二）項に基づく公安委員会・運輸省との諒解事項により極めて困難である。

これは地図を眺めながら、ゆっくりとたどってゆきましょう。経過地が解消でき、第三京浜が国道一号のバイパス区間になったとするならば、横浜（保土ヶ谷《ほどがや》IC）から玉川ICまでは国道の区間に指定できます。しかし、これでは玉川ICで止まる盲腸線となります。バイパスとなるためには、さらに、玉川ICから国道一号とをつなげる道も必要であり、それが完備されて初めて「バイパス」となります。

では、玉川ICと国道一号をつなげるにはどうしたらよいのか。どの道がバイパスとしてふさわしいのか。その第一候補としては、放射三号＝「目黒通り」が挙げられます（図10―3）。

「放射道路」という言葉も聞きなれない言葉ではありますが、東京都の道路の中には都市計画道路という路線があり、環状道路と放射道路から構成されています。「環状道路」は「環八」など日常用語でも常套句となっていますので合点がゆくことでしょう。

目黒通りは、国道一号（第二京浜）とは高輪《たかなわ》で分岐して、白金台《しろかねだい》から目黒駅へと抜けていきます。その目黒通りの終点位置には第三京浜の玉川ＩＣがありますので、目黒通りを国道にすれば、確かに第三京浜の国道一号としてのバイパスは完成します。

したがって、この（b）というものは、目黒通りの国道指定の可否について述べられているだけの話なのですが、当時の建設省が第三京浜に求めたものは全線が「自動車専用道路」であったため、これまで歩行者や自転車も通れる一般道であった道を「自動車専用道路」とすることは、道路交通法を管轄する公安委員会、道路運送法を取りまとめる運輸省も関わることなので、バイパス全線を国道一号の自動車専用道路とすることは困難だとしています。

既設の道路を自動車専用道路にすることが困難であれば、目黒通りに沿って自動車専用道路を併設すればよいのではないか、という発想が生まれます。もしくは、第三京浜を首都高と連絡させるような道路としてしまうアイディアもあるでしょう。はたして、そのようなパターンまで建設省と日本道路公団で話し合いがなされていたのかは定かではありませんが、

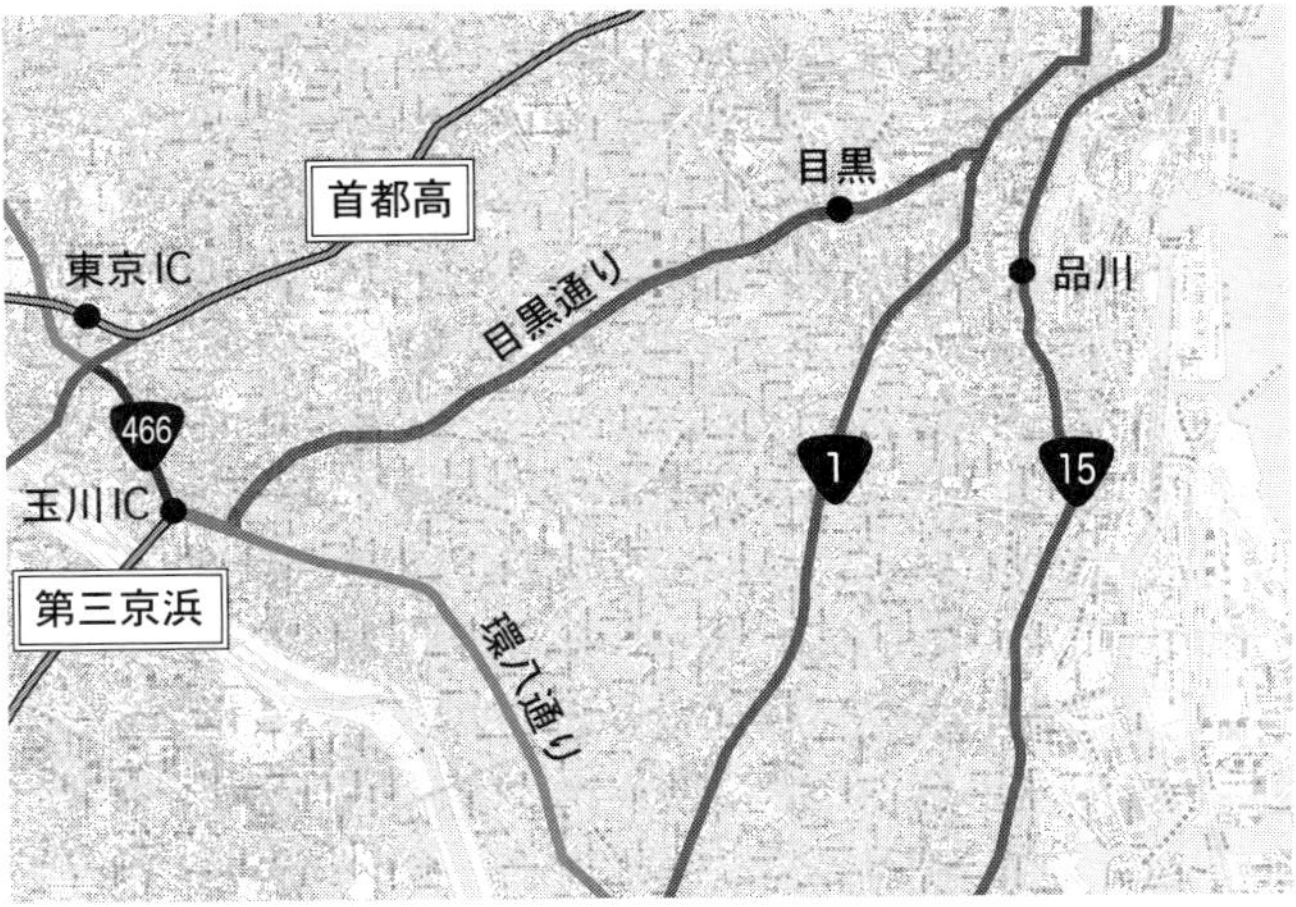

図 10―3　目黒通りと第三京浜の位置関係。第三京浜を国道に昇格するためには、国道 1 号と玉川 IC とをつなぐ国道が必要

それに類するケースを想定した回答が次のように述べられています。

（C）法規的には第三京浜道路を延長して一級国道に結び、全線を新設して自動車専用道路とすることは可能であるが、実際問題として放射三号線に隣接して新設しなければならず、都内の受入れ態勢から言っても計画局、東京都に難点がある。

また計画局提案の如く将来首都高速道路三号線（渋谷駅）を延長して結ぶということになれば、三号線は都道であるので尚更一国のバイパスとはならない。

結論としては、新しい自動車専用道路を造るにせよ、首都高（三号線）につなげるにせよ、東京都という自治体との兼ね合いがあるため、当時の事情では、そのようなオプションは採択できないと判断されました。

以上が一級国道としては認められないという建設省のロジックです。国道という漠然とした道路が、第三京浜という具体的な路線で説明がなされることで、国道がどのような議論で選定されていくのか、その一端を垣間見ることができます。

そして、二級国道にもなれない理由も

「一級国道」への却下理由に続き、「二級国道」の適用についても建設省のロジックが語られますが、これは、一級国道と類似したロジックが展開され、いずれにしても国道にはなりえない結論を日本道路公団へ突き付けます。

あらためて、二級国道とはどのような国道だったのかをおさらいしますと、当時は次の四条件の中の一つに該当すればよいものとなっていました。

（1）都道府県庁所在地及び人口十万以上の重要都市を相互に連絡する道路
（2）重要都市と一級国道とを連絡する道路
（3）特定重要港湾、準特定重要港湾、重要な飛行場もしくは国際観光上重要な地と一級国道とを連絡する道路
（4）二以上の市を連絡して一級国道に達する道路

第三京浜を国道とする場合、明らかに（1）と（3）の条件からは外れます。考えうる条件としては（2）もしくは（4）となります。

第三京浜は横浜ですでに国道一号という一級国道に連絡しているので、あとは、重要都市

と結ぶか、もしくは二つ以上の市を通過するような線をなぞればよいことになります。

残念ながら、「第三京浜道路の性格に関する建設省提示案」では、それらの都市は示されることはありませんでしたが、一つ、示唆に富んだこととしては、第三京浜を国道二四六号（東京厚木線）に接続することを想定していたことです。それは、次のように表記されています。

（d）路線については、二国（※）の指定をするには先ず二国東京厚木線に結ばねばならない。その場合全線を新設するならば自動車専用道路とすることは道路法第四十八条の二の（1）項により法規的には可能であるが、そのためにルートを変更せねばならず計画局提案の受け入れ態勢にも反する。

※二国……二級国道の略称

第三京浜を二級国道として指定するならば、その国道二四六号と接続する必要がある、としています。あくまで、全線を自動車専用道路として建設することを前提とした第三京浜であったことから、国道二四六号と接続させるためには、例えば、玉川ＩＣから国道二四六号に向かって環状八号を北上するルートも「自動車専用道路」として建設をしなければならなくなります。

しかし、そのようなルート変更は東京都の提案と反するとしています。ここには書かれていない首都高と第三京浜との接続計画の前提を違えるためと回答しています。

以上のような建設省の判断理由で、第三京浜は国道には指定されずに都県道となりました。時が流れ、国道の指定要件も法改正で変化し、平成五年の第三京浜の国道の昇格は、この最後の（d）に準じる方法がとられるようになりました。

国道二四六号の瀬田交差点から玉川ＩＣまでの環状八号の区間を国道とし、第三京浜を経由させて横浜で国道一号につながらせる道が国道四六六号です。

当時も工夫すれば、そのような方法は可能であったと思われます。その方法を推すことはしなかったのは何の理由によるものなのでしょうか。一級国道が無理であったとしても、二級国道は絶対に無理ということはなかったかと思われます。それにもかかわらず、建設省は頑《かたく》なに国道としての指定を拒みました。その理由こそが第三京浜にかかる最大の謎です。

受益者《じゆえきしや》負担という発想

名阪国道と第三京浜という二本の国道についてみてみると、高速道路と一般国道の自動車専用道路との明確な違いはどこにあるのか、その点が見えてきません。

理想とするのは名阪国道のような高速道路の構造規格をもつ自動車専用道路で、全線にわたって無料とする道路のスタイルです。名阪国道は地形的な要因があって死亡事故が多発する負の欠点を有していますが、地形的な要因さえ取り除けば、目指すべき国道、あるべき公共道路の姿の一つとなります。

この方式が全国に拡がらないのは、当時の三重県知事の窮状訴えにあるように、道路が高規格になるがゆえに建設費用がかさみ、その建設費が地元自治体への重い財政負担として跳ね返ることにあります。

無料の自動車専用道路はＩＣが多く配置できて、地元の交通アクセスが増えるという利点のある反面、ネットワークを形成する高速道路網につながると、県外から来る大量の交通、それも通過するだけの交通を覚悟しなければなりません。

それでも、傷めつけられる路面の補修などの維持費は、県の財政を使わなければならないという矛盾が出てきます。これでは道路の根本的な精神である「受益者負担」の観点からすると、やはり不公平感が出てくることは否めません。

自動車交通が発達していない過去の時代は、地理的にクローズした社会で「受益者負担」を享受することができました。戦後になって隆起した広域高速道路網という新たな道路体系は、その崇高な「受益者負担」の精神をうまくスライドさせられなくなっています。ならば、通行した者からそれの対価として料金をとることで「受益者負担」とする発想が自然に生まれることになります。

これはあたかも近年になって不満が表れているドイツのアウトバーンの事例とも似ています。

ドイツ国外から流入し、通過する車両数が多くなり路面の傷みが激しくなる中、その補修費はドイツ国民の税金によって賄《まかな》われるため感情の矛先《ほこさき》が対外(場合によっては民族性)に向きやすくなります。これがアウトバーンの「有料化」の議論へと進展し、一二トン以上の大型トラックについてはすでに有料化へと踏み切られています。

高速道路を有料化するドイツ世論に対して、日本は高速道路を無料化する世論が大勢を占める相対的な関係となっていますが、どちらが正しいというものではなく、それぞれの国の情勢に応じて議論されるべきことになります。

自動車専用道路の謎

一般有料道路は大別して、バイパス型と呼ばれるタイプとネットワーク型と呼ばれるタイプのものとに区分されます。バイパス型は、「受益者負担」が明確な本来の有料道路の姿で、個別採算ができるように、路線の中で有料区間を「独立」させることができます。「第八道」の志賀草津道路（国道二九二号）のような観光有料道路もこのような部類に属します。

かつてはバイパス型の一般有料道路が主流でした。戦後の昭和三〇年から四〇年にかけて多く建設されたので、今では償還期限に達し、順次に無料開放されています。バイパス型はすでに少数となり、平成二〇（二〇〇八）年一一月現在では一〇路線となっています（表10—4）。

一方で、話をわかりにくくさせているのがネットワークタイプと呼ばれる国道の一般有料道路です。第三京浜も国道に昇格したことによって、今ではネットワークタイプの一般有料道路となりました。そのほかにも、同じカテゴリーの有料道路としては、負の遺産の象徴ともなった東京湾アクアラインがあります。この路線は正式には国道四〇九号の一般有料道路となっています。

東京湾アクアラインは広義では高速道路にはなっていますが、狭義の分類においては、法令上の高速道路である「高速自動車国道」とはなっていません。どのようなことなのでしょうか。

現在、高速道路の上位概念として自動車専用道路は、「高規格幹線道路」と「地域高規格道路」というカテゴリーの二系統を考えています（表10—5）。

表10―4　一般有料道路（バイパス型）の形をとる国道。道路関係四公団民営化推進委員会（第12回・第13回）の資料に基づき再構成した

所在地	国道番号	道路名	開通年月	徴収期限	延長	備考
栃木県	国道119号 国道120号	日光宇都宮道路	S51・12	H18・12・24	30・7	栃木県道路公社管理
東京	国道16号	八王子バイパス	S60・10	H27・10・30	4・5	
神奈川	国道135号	真鶴道路	S34・9	H20・9・3（※）	14・1	神奈川県道路公社管理 ※維持管理有料制度適用
神奈川	国道1号	箱根新道	S37・3	H24・1・30	13・8	
静岡	国道139号	西富士道路	S57・4	H24・4・1	6・8	
広島	国道31号	広島呉道路	S49・5	H32・11・28	15・9	
福岡	国道199号	若戸大橋	S37・9	H25・9・26	2・1	北九州市道路公社管理
福岡	国道201号	八木山バイパス	S60・2	H27・2・25	13・3	
長崎	国道34号	長崎バイパス	S42・11	H31・11・16	15・1	
山口／福岡	国道2号	関門トンネル	S33・3		3・9	償還期限なし

「高規格幹線道路」なるものは、昭和六二（一九八七）年の第四次全国総合開発計画（四全総）で開示された概念で、「全国的な自動車交通網を構成する自動車専用道路」として約一万四千キロメートルが定められました。

その約一万四千キロメートルの内訳は二種類の道路からなっています。誰もが高速道路と認める高速自動車国道（一万一五二〇キロメートル：A路線とも呼びます）のほかに、高速道路のように見えつつも一般国道の自動車専用道路である道（二四八〇キロメートル：B路線とも呼ばれます）とで構成するようにしました。

一方で、「地域高規格道路」は、その五年後の平成四（一九九二）年に道路審議会で「高規格幹線道路網と一体となって高速交通体系の役割を果たし、地域構造を強化する規格の高い道路」として導入が必要とされたものです。これは、この年の五月に第一一次道路整備五箇年計画として閣議決定されました。国道でなくとも、たとえ市町村道であってもエントリーされる自動車専用道路で、現在は、さらに緩和条件として自動車専用道路でなくともよいことになりました。

これまで紹介してきた第三京浜は、後者の「地域高規格道路」に属する自動車専用道路でかつ有料道路となっている道路で、ここには東京湾アクアラインも含まれますが、表に示すように、高規格幹線道路と地域高規格道路は、自動車専用道路であるからといって、必ずし

	自動車専用道路				
	高規格幹線道路			地域高規格道路	
	高速自動車国道	高速自動車国道に並行する一般国道の自動車専用道路	国土交通大臣指定に基づく高規格幹線道路（一般国道の自動車専用道路）		
	A路線	A'路線	B路線	計画路線	整備路線
有料道路	東名高速 名神高速 など	R42　湯浅御坊道路 R302　伊勢湾岸道路 など	R468　圏央道 R478　京都縦貫自動車道 など	R466　第三京浜 R409　東京湾アクアライン など	（省略）
無料道路（暫定無料）	該当なし	R25　名阪国道 R112　月山道路など	R450　旭川紋別自動車道 など	（省略）	（省略）

表10—5　自動車専用道路の区分。第三京浜は、平成4年に「地域高規格道路」という新しい概念が導入されたことによって、翌年の国道昇格の道筋が開かれた

も有料道路であるわけではありません。

一方で、「高規格幹線道路」の中で一般国道の自動車専用道路であるB路線の代表的な道路としては、関東であるならば、圏央道《けんおうどう》（首都圏中央連絡自動車道）こと国道四六八号が挙げられます。また、関西圏ならば京都縦貫自動車道（京都丹波《たんば》道路）は、かつては国道九号の有料道路として建設され、のちに国道四七八号へと路線番号を変更している高規格幹線道路のB路線です。

ここで、「高規格幹線道路」には、さらにスフィンクスの謎かけのような文言が隠されています。細かい分類でいくと、高規格幹線道路はA路線とB路線のほかに、その折衷的な道路として「A'路線」というカテゴリーが設けられています。謎かけというものは、対応する行政用語である「高速自動車国道に並行する一般国道自動車専用道路」という言い回しです。

簡単な概念図で示せば図10―6のようなイメージの国道です。既存の国道に併設される高速自動車国道（A路線）の計画があるような場合、得てして、一般国道のバイパスとして自動車専用道路（B路線）と競合することがあります。そのような二重投資となる箇所は、まず、一般国道自動車専用道路として整備しつつ、いずれは、その前後にA路線の高速道路を接続させるという考え方をもつもので、高速ネットワークの早期整備のための優先施策とし

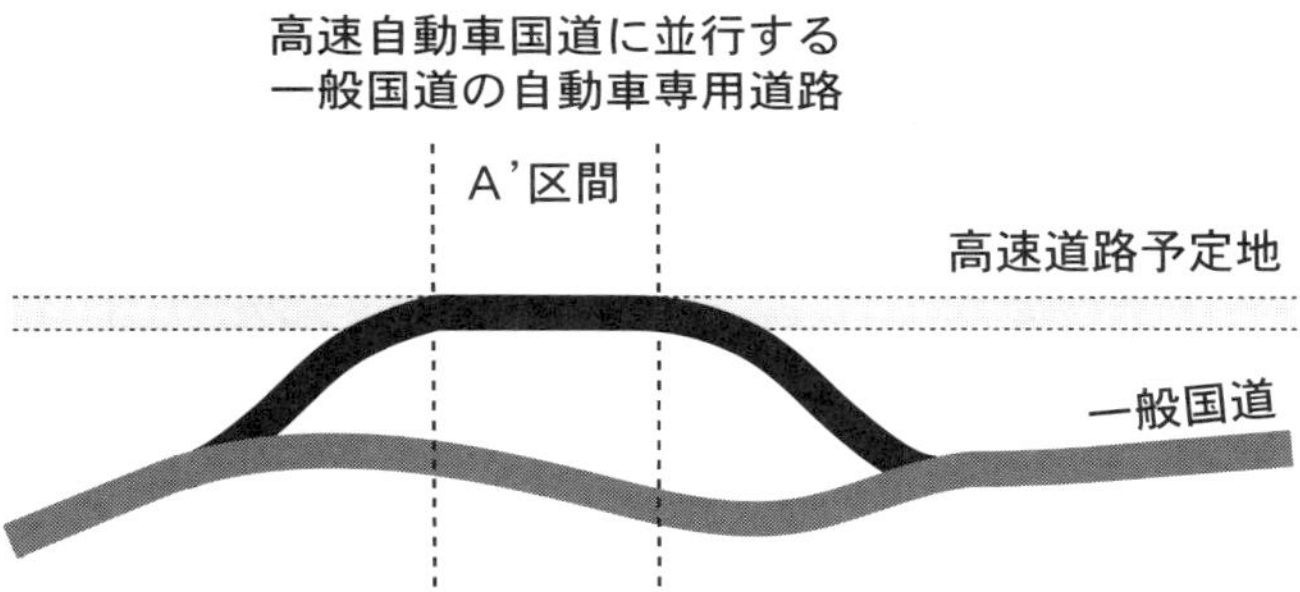

図 10―6 「高速自動車国道に並行する一般国道自動車専用道路」のイメージ図。関係のない人が一見しただけでは、何のことだかさっぱりわからない

写真 10―7　写真は名港西大橋。伊勢湾岸自動車道の一区間であり、かつ国道 302 号の自動車専用道路となっている

て、暫定的に活用するという考えです。「一般国道のバイパスとしての役割も果たしつつA路線（高速自動車国道）の機能を代替させ、高速ネットワークの一部として活用する方式」となります。

前章で述べた名阪国道は、今ではこの「A'路線」に該当する道路となっていますが、これも前後の東名阪と西名阪の「高速道路」に並行して走っている国道二五号の一部が自動車専用道路となって接続していると考えているからです。このほかにも、「A'路線」の代表路線であるのは伊勢湾岸道の名港《めいこう》トリトン（国道三〇二号、写真10—7）で、第二東名（予定）と東名阪を連絡する伊勢湾岸自動車道の一部をなしていますが、多くのドライバーは名港トリトンを一般国道として走っている認識は持たないことでしょう。「高規格幹線道路」にせよ「地域高規格道路」にせよ、いずれも広義の意味では「高速道路」と呼ばれていますが、このように狭義には「高速道路」とは区分されることとなります。

では、その厳密な違いは何かとなると素人レベルでは答えに窮《きゆう》します。第三京浜でみたように、それまでは国道扱いにもされなかった道路が、時代が変化すれば国道に持ち上げられ、さらに高速道路網のネットワークに組み込まれるようになりました。

このように第三京浜（国道四六六号）も名港トリトン（国道三〇二号）も、いずれも一般国道の自動車専用道路で、かつ一般有料道路となっていますが、その道路の外見的なフォルムだけからは高速道路とは見分けることができないようになっています。

このように高規格幹線道路を含むネットワーク型の一般有料道路という路線は、どのような基準で採択されているのかはミステリアスで謎の多い道となっていますが、バイパス型有料道路が減少していることに対して、こちらのネットワーク型は多数の路線を擁し、とくに平成年間になってから増加しています。

建設費の調達方法の謎

高速自動車国道の場合、かつて建設費はまがりなりにも旧日本道路公団（ＪＨ）が財政投融資（現在は廃止され財投債）などから資金を借りる「公団方式」と呼ばれる方法で調達していたことに対し、一般有料道路では、財政投融資をメインとしつつも、建設費の一部に国からの税金（道路特定財源）が投入される「合併施行方式」と呼ばれる方法で建設された道路が多く存在します（図10―8）。

無料となる道路は国と地方とからの税金で全額が賄《まかな》われるのに対して、有料道路は税金に頼らず、すべてを借入金によって賄い、料金の徴収をもってそれを返済する仕組みを理想とします。「合併施行方式」というものは、その折衷的な方式となります。

さらに新たな建設方式として新直轄方式というものが生まれました。これは国と地方が75%対25%の割合で出資して一般国道の自動車専用道路（B路線）を作るというもので、新しい直轄方式とはしていますが、わかりやすくいえば「名阪国道方式」となります。

国と地方とが分担し建設費を負担しあうことでは、当時の田中三重県知事の窮状を新直轄は背負うことになります。ただし、新たに新直轄方式に切り替わった路線は、比較的にその地方で閉じた国道が選定されているので、名阪国道のような「タダ乗り」は生じにくくなっています。

このように名阪国道は新直轄方式の前例ともなるので、その方式が何も「新しい」わけではないのですが、道路民営化以降においては「新たな」逃げ道として取り上げられることになりました。

建設における出資方式においてどれが良くてどれが悪いかを一言で語ることは難しいものです。それぞれに利点があり欠点を有しているからです（表10―9）。また、税金や財政投融資債の方法の他に、特定財源をファンドとして運用する方法も検討されていますが、こちらは欠点が顕在化するほどには歴史の積み上げがされていないように見えます。

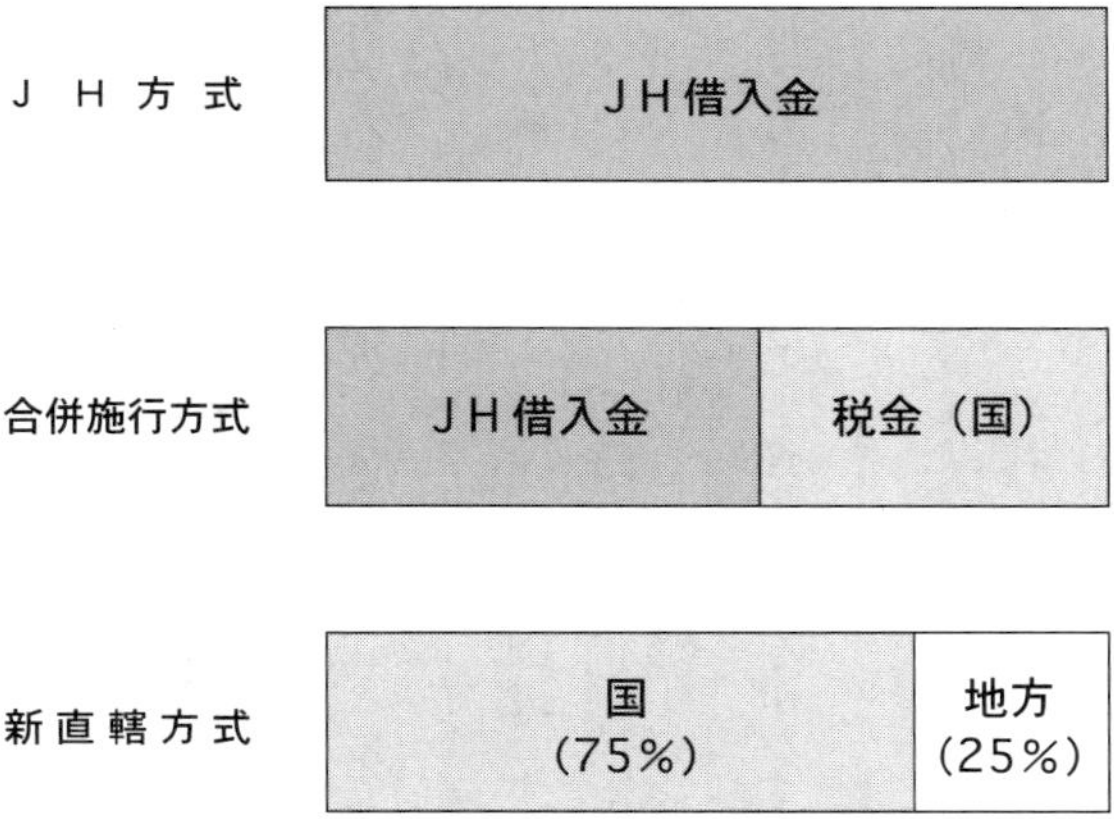

図10―8　建設費調達、三つの方式。日本道路公団（ＪＨ）の民営化によって、新直轄方式が脚光を浴びている

出資方式	長所	短所
公団方式	財政投融資（財投債）を使うので税金は使用しない。	国有資産（土地代など）も賄うため必要以上に借入金は膨れ上がる。 そのため高い高速料金に跳ね返る。
合併施行方式	税金を国有となる資産（土地代など）に限定投資すれば、高速料金を低く設定できる。	一定の線引きがなければ、なし崩し的に税が投入できる。
新直轄方式	公道（無料道路）の本来の姿。	地元財政を圧迫。

表10―9　三つの出資方式の長所と短所。道路建設は巨額を伴う事業だけに、短所のない方式を見つけだすことは難しい

未完のグランドデザイン

有料・無料を問わず道路を造ることは、その時代の景気や財務状況、行政単位、道路以外の社会資本の整備の状況や産業構造のあり方などを複眼的にとらえると最適な解は変化します。また、今後の地方分権による権限移譲、もしくは道州制という新たな行政単位の改革が行なわれたならば、従来の方式とは異なる国道のアイディアが生まれてくることでしょう。今の一般国道がすべて地方道（もしくは道州道）となり、広域的な高速道路のみを国が一〇〇％維持管理する完全直轄の国道とするような日もくるかもしれません。

また、その時代の持ちうる科学技術――測量方法、地質の予測、建築材質、工法、設計など――によっても建設にかかる費用は幅をもちますが、安普請《やすぶしん》で粗悪な構造物を造っては意味をなしませんし、逆に莫大な予算を確保して必要以上にスペックを超えた構造物を造ることも、技術者冥利《みょうり》を本質的に満たすものではありません。たとえその時代のベストな技術の粋を集めて建造した素晴らしい道路であっても、高い建設費に跳ね返り、国民が恩恵を感じて使ってくれなければ、エンジニアリングとしては失敗、ドボクの敗北となります。

日本の技術は、より良いものをコストをかけずに具現化（ビジネス化）することを美徳とします。それを無視して、「受益者負担」という名のもと、血税で補塡《ほてん》するのであれば、かえって木戸孝允の語るところの「道路の興廃《こうはい》」、すなわち「国家の衰退」へと導かれることになるのかもしれません。

国道は国の道路。理想とする国の道路のビジョンはいつの時代も明確で、白地図の上に国道地図をなぞることは、その時代の国の理念を象徴しているともいえます。しかし、いつの時代も、その理念に手が届いたかと思えば、また遠くに離れてゆく逃げ水のようなもので、国道はまさに永遠で未完のグランドデザインを国土に描いているかのようです。

あとがき

――日本で初めての「国道ガイドブック」――。そのような書としては、期待とする国道が含まれていない、と少し肩透かしを感じられた方もいるかもしれません。今回、取り上げた一〇路線は、観光名所と呼ばれる場所でも、とっておきの風光明媚《めいび》なドライブコースでもありません。地図を使って国道という「点と線」をつなぐことを意識させてくれ、時代を通じての線として結びつける楽しみを与えてくれる国道ばかりです。

日本にあるすべての国道路線をたどることはたやすいものではなく、私もまだ全路線の七割ほどしか走破をなしえていません。無理をして夜通し走ったりすることで、ひたすらに地図の塗り潰《つぶ》しに徹すれば、もう少し国道の完走率は高まるものですが、そのような方法をとろうと思ったことはありませんでした。季節や天候と会話をしながら、陽がある時間帯で一路線をたどる。気になった事柄が目に飛び込んだら、時間を割《さ》いて立ち止まる。できるだけ、その国道の姿を記録にも記憶にも残すようにしています。

記憶に残すことは自分一人のためのものですが、記録に残すことは、続く世代への贈り物にもなります。国道という何気ない構造物の記録も一〇年単位で定点観測すれば、すさまじい勢いで変化していくことを見てとれます。意識しないかぎりは、眼前にある「当たり前」

の風景が、記録、そして記憶から抜け落ちるようになり、いつしか「謎」として残るようになります。気がつけば、当事者でさえ、その存在理由すら語ることができないようになるのです。まして、専門家でもない私にとっては、なおさらのことと感じていましたが、そのことが執筆の動機でもあったわけです。

近年の道路行政については、高速道路、道路財源、行政の地方分権化などといった一面が取り沙汰《ざた》されますが、そういった視点からも考えてみたつもりです。国道エンターテイメントとしての楽しみのほかに、国道行政の手軽な入門書として読んでいただければ、それが本書の本望とするところです。

最後に、朋友の稲葉薫氏には本書の査読をしていただき、多くの助言をいただきました。また、洗練された挿入図はデザイナーの杉浦貴美子さんの制作によるものです。お二方のお力添えがなくして、この書はありません。謹んで感謝の意をここに表します。

二〇〇九年三月

（一九八九年、自転車で北海道・積丹《しやこたん》半島をめぐり、国道に魅せられてから二〇年目の節目の年に）

松波　成行

巻末付録　「点線国道」全線リスト

国土地理院発行の地形図で幅員1.5ｍ未満の道路として表記されている国道。

国道番号	不通区間の所在地	距離	メモ
国道一五二号	地蔵峠（長野県飯田《いいだ》市）	約2キロ	国道一五二号には、地蔵峠と青崩峠の二ケ所の点線区間がある。青崩峠の直下には国道四七四号の高規格道路による青崩峠道路の計画が進められている。
	青崩《あおくずれ》峠（長野県飯田市〜静岡県浜松市）	約2キロ	
国道二五六号	小川路《おがわじ》峠（長野県飯田市）	約10キロ	点線区間は飯田市市街から小川路峠を越え国道一五二号交点まで。旧秋葉《あきば》街道でもあり、多くの石仏が路傍に残されている。

国道二八九号	八十里越《はちじゅうりごえ》（新潟県三条市〜福島県只見《ただみ》町）	約16キロ	八十里区間も古くからの街道筋。幕末の長岡藩家老・河井継之助の「八十里 腰抜け武士の 越す峠」の辞世の句で有名。
国道二九一号	清水峠（新潟県南魚沼《みなみうおぬま》市〜群馬県みなかみ町）	約25キロ	「第七道」で紹介。谷川連峰を縦断する日本で最長・最強の点線国道。日本で初めての「国直轄」なる国道でもある。
国道三〇五号	菅谷《すげんたん》峠（福井県南越前《みなみえちぜん》町）	約4キロ	不通区間のピークは菅谷峠と呼び、古来の北陸道と目される正当な歴史を持つ。
国道三三九号	青森県外ヶ浜《そとがはま》町	約0.3キロ	「第一道」で紹介。車両通行が不能な国道として、日本で最も有名。通称「階段国道」。
国道三七一号	高尾峠（和歌山県田辺市〜和歌山県古座川《こざがわ》町）	約3キロ	古座川町にある点線区間は地形図とはかけ離れたルートに。迂回路は舗装された林道が整備されている。

「港国道」全線リスト

国道番号	起点	終点	メモ
国道一三〇号	東京港	東京都港区	延長四八二メートル。日本で二番目に短い国道。国道一三〇号の起点となる東京港は「日の出桟橋」付近。
国道一三一号	東京国際空港	東京都大田《おおた》区	羽田空港と第一京浜（国道一五号）とをつなぐ。数少ない空港からの港国道。一九九八年まであった旧ターミナル付近が国道の起点。
国道一三二号	川崎港	神奈川県川崎市	起点の「川崎港」はコンビナート地帯の千鳥町地区に位置するが、その起点に「港」らしき港はない。国道制定当時から埋め立てが進み、海岸線は沖合の東扇島地区にシフト。

国道一三三号	横浜港	神奈川県横浜市	「第六道」で紹介。横浜のシンボルとなる大桟橋から桜木町駅前の国道一六号まで、明治国道一号の一部を踏襲する。
国道一四九号	清水港	静岡県静岡市	起点の清水港において連番の国道一五〇号と連続的につながっており、そのため、起点がわかりにくい。
国道一五四号	名古屋港	愛知県名古屋市	起点の「名古屋港」は産業港というよりも、むしろ水族館や南極観測船の「ふじ」が繋留されているレジャーポイント。
国道一六四号	四日市港	三重県四日市市	四日市工業地帯でも、最も古い部類のコンビナート地帯に国道は伸びる。四日市港は「港国道」の中では最も商業港らしい景観と雰囲気をもつ。
国道一七二号	大阪港	大阪府大阪市	港国道の中では最も距離が長い延長八・〇kmを有する。起点の大阪港は、歴史的にも現代の行楽でも面白みがある「天保山《てんぽうざん》」。

国道一七四号	神戸港	兵庫県神戸市	「第二道」で紹介。日本で一番短い国道として名を馳《は》せる。国道マニアの間のみならず、神戸の新名所にも。
国道一七七号	舞鶴港	京都府舞鶴市	「第三道」で紹介。日本で四番目に短い延長七〇〇m。「漁港」につながる港国道。
国道一八九号	岩国空港	山口県岩国市	「第四道」で紹介。今は消えてしまった国際空港・岩国につながる港国道。岩国は民間空港として再開する方向で調整が進められている。
国道一九八号	門司《もじ》港	福岡県北九州市	九州の玄関口の門司に位置する。実延長は延長六一八mで、日本で三番目に短い。
国道二九五号	成田国際空港	千葉県成田市	幹線国道の国道五〇号と日本の玄関口の成田国際空港を結ぶ。国道の中央には同じく空港へのアクセス道路の新空港自動車道が走る。

国道三三二号	那覇空港	沖縄県那覇市	最も南に位置する港国道。「第五道」にも書いたように、国土地理院の地図には、かつての旧ターミナルと新ターミナル、それぞれに国道表記がなされている。
国道四八一号	関西国際空港	大阪府泉《いずみ》佐野《さの》市	二〇〇九年三月二六日、泉佐野と対岸の関西国際空港とを結ぶスカイゲートブリッジ（約五km）が国道四八一号の指定区間（この場合は国有化）となる進展があった。

「海上国道」全線リスト

国道番号	起点	終点	メモ
国道一六号	横浜市	横浜市	起点と終点が一致した環状国道。神奈川県・横須賀から千葉県・富津《ふっつ》にかけて東京湾に海上区間があるため、実際の環状線としては断続している。
国道二八号	神戸市	徳島市	淡路島を経由するため、明石海峡と鳴門海峡の二ケ所に海上区間がある。淡路から徳島への航路は廃止された。
国道三〇号	岡山市	高松市	岡山県玉野《たまの》市と香川県高松市との間が海上区間。かつては鉄道も輸送していた宇高《うこう》航路が海上国道の役目を果たす。

国道四二号	浜松市	和歌山市	平成五（一九九三）年の政令改正で起終点が変更され、伊勢湾をつなぐ海上国道となる。この区間は国道二五九号と重複。
国道五七号	大分市	長崎市	昭和四〇（一九六五）年に、国道二一四号（島原—宇《う》土《ど》）、国道二一五号（島原—諫早《いさはや》）、および国道二一六号（熊本—大分）の三路線が統合されて国道五七号が誕生し、旧国道二一五号の海上区間が、そのまま引き継がれた。
国道五八号	鹿児島市	那覇市	「第五道」で紹介。種子島、奄美大島をつたって伸びる日本の中では最も長大な海上国道。
国道二五九号	鳥羽《とば》市	豊橋市	伊勢湾を渡る国道は国道二五九号だけであったが、平成五年から国道四二号も同路線が国道指定となり、海上区間が重複。

国道二六〇号	志摩《しま》市	三重県北牟婁《きたむろ》郡紀北《きほく》町	三重県志摩市の英虞《あご》湾を季節限定の定期船（遊覧船）が往復。ただし、一日に五往復にも満たない便数で車は輸送できない。
国道二六九号	指宿《いぶすき》市	宮崎市	薩摩半島の指宿から鹿児島湾を渡り、対岸の伊座敷《いざしき》港との間が海上区間。が、両港をダイレクトに結ぶ航路はない。国道四四八号もこの海上区間を重複。
国道二七九号	函館市	青森県上北《かみきた》郡野辺地《のへじ》町	海上区間は函館から本州対岸の大間まで。ただし、函館の国道端点から大間を結ぶ航路はない。国道三三八号とも重複。
国道二八〇号	青森市	函館市	青森県・三厩《みんまや》と北海道・福島との間が海上区間。過去には三厩港と福島港とを結ぶ航路があったが、現在は休止中。

国道三一七号	松山市	尾道《おのみち》市	海上区間は広島県尾道市と愛媛県今治市にある。「しまなみ街道」（西瀬戸自動車道）の完成によって、名目上解消。全区間を徒歩でも渡ることもできる。
国道三二四号	長崎市	宇城《うき》市	長崎市茂木《もぎ》から天草灘をわたり、天草・富岡へ。その道中、長崎市内で国道がアーケードを通過することでも有名。
国道三三八号	函館市	青森県上北郡おいらせ町	国道二七九号と重複区間。
国道三五〇号	新潟市	上越《じょうえつ》市	新潟→佐渡島→直江津《なおえつ》と二カ所の海上区間を有する。その航路の佐渡汽船のフェリー甲板には「国道」の文字がペイントされている。
国道三八二号	対馬《つしま》市	唐津《からつ》市	起点が他の国道と交差しない孤立型の海上国道。本土からは壱岐を経て対馬へ渡る。国道の端点を直接結ぶ航路は存在していない。

国道三八四号	五島《ごとう》市	佐世保《させぼ》市	佐世保から五島列島へ向かう海上国道で国道三八二号に続く起点孤立型のタイプ。二区間に海上区間を有するが、いずれもフェリーが就航する真っ当な海上国道。
国道三八九号	大牟田《おおむた》市	阿久根《あくね》市	福岡県から、長崎県、熊本県を経て、鹿児島県へと至る。一路線中にある海上区間は最多の三区間。いずれの区間にもフェリーが就航する。
国道三九〇号	石垣《いしがき》市	那覇市	日本で最南＋最西にある国道。国道ファンならば一度は訪れてみたい。
国道四〇九号	川崎市	成田市	「東京湾アクアライン」の名で知られている国道。平成九（一九九七）年の開通によって自動車専用道路としての海上区間は解消されている。
国道四三六号	姫路《ひめじ》市	高松市	瀬戸内海が海上区間となる。陸上区間の九〇％が瀬戸内海に浮かぶ小豆島《しょうどしま》にある。

国道四三七号	松山市	岩国市	周防大島《すおうおおしま》を間において愛媛・松山港と岩国とを結ぶ。起点の松山港は、歴史的に古い「三津浜《みつはま》港」を指す。
国道四四八号	指宿市	宮崎市	国道二六九号と重複区間。
国道四八五号	島根県隠岐《おき》郡隠岐の島町	松江市	島根県本土と隠岐諸島（島前・島後）をつなぐ国道。平成五年に国道指定となる。
国道四八七号	呉《くれ》市	広島市	広島県呉市から南下して、倉橋島、江田島《えたじま》とつなぎ、広島市宇品《うじな》へ。江田島内に一区間と江田島から宇品までの海上区間は航路となる。
国道四九九号	長崎市	阿久根市	長崎県・野母崎《のもざき》町の脇岬《わきみさき》港から鹿児島県阿久根港が海上区間。この阿久根港から終点までは数百メートルしかなく、実態としてはほぼ長崎県の国道。

参考文献

『夢幻探索』　毎日新聞、１９９７年６月30日.
『新しい海峡文化圏をめざして―三厩村総合開発基本計画』三厩村、１９７９
『幹線道路網計画に関する研究』　佐藤寛政、学位論文（東京大学）、１９５８
『二級国道の路線の追加指定について』　田村稔、道路、ｐ５４４～ｐ５４５、（昭和31年）　１９５６
『路線認定、区域決定及び供用基準について』　建設省道路局長通達、昭和二十七年十一月十七日
『都道府県の路線認定の基準について』建設省道路局長通達、昭和四十六年十月十五日
『神戸開港百年史』　神戸開港百年史編纂委員会、神戸市、１９７０
『神戸港と神戸外人居留地』　山下尚志、近代文芸社、１９９８
『阪神國道改築工事概要』　兵庫縣、１９２７
『貨幣の散歩道』　日本銀行金融研究所、日経金融新聞、１９９６
『道路地図帳（近畿編）』　和楽路屋、１９６２
『舞鶴港四〇年の歩み』　運輸省　第三港湾建設局　舞鶴港工事事務所、１９８９
『舞鶴市史　現代編』　舞鶴市史編さん委員会、舞鶴市役所、１９８８
『舞鶴市史　通史編　下』　舞鶴市史編さん委員会、舞鶴市役所、１９８２
『舞鶴市史　各説編』　舞鶴市史編さん委員会、舞鶴市役所、１９７５
『岩国市史　下』　岩国市史編纂委員会、岩国市役所、１９７１
『日本土木史　昭和一六年―昭和四〇年』　土木学会日本土木史編集委員会、土木学会、１９７３
『日本航空史　昭和戦後編』　日本航空協会日本航空史編纂委員会、日本航空協会、１９９２
『読谷村史　第五巻　資料編４』　読谷村史編集委員会、読谷村、２００２
『激動　読谷村民戦後の歩み』　読谷村、１９９３
『沖縄県史ビジュアル版五　（空から見た沖縄戦―沖縄戦前後の飛行場　沖縄戦　１）』沖縄県文化振興会公

文書管理部史料編集室/編集、沖縄県教育委員会、2000
『米空軍コレクション 第二次大戦シリーズ01』資料コード(CD):0000013370、沖縄県公文書館
『To the Banks of the Bishi Gawa』G.B. Ingraham, (Personal Report)
『沖縄』米国陸軍省編(外間正四郎訳)、光人社、2006
『日本道路史』(社)日本道路協会、1977
『横浜国道二十年史』建設省関東地方建設局横浜工事事務所、1981
『図録 横浜ステーション物語』横浜都市発展記念館編、2008
『横浜開港五十年史(上、下巻)』肥塚竜、横浜商業会議所編、1909
『横浜港の七不思議』田中祥夫、有隣堂、2007
『伊藤博文の情報戦略』佐々木隆、中央公論新社、1999
『歴史の山旅』安川茂雄、有紀書房、1961
『内務省年報・報告書 第2巻 明治8年7月~9年6月』大日方純夫〔ほか〕編、三一書房、1983
『〈政治家〉大久保利通』勝田政治、講談社、2003
『大久保利通日記(二)』東京大学出版会、1969
『山形県史 四 近現代編 上』山形県、1984
『栗子峠にみる道づくりの歴史』吉越治雄、東北建設協会、1999
『峠の道路史』野村和正、山海堂、1994
『新潟県史 通史編(六)近代一』新潟県、1987
『新潟県史 資料編(十五)近代三』新潟県、1977
『群馬県史 四』群馬県教育会、1927
『町誌みなかみ』町誌みなかみ編纂委員会、1964
『群馬県史 通史編五 近世二 産業交通』群馬県、1991
『群馬県史 通史編八 近代現代二』群馬県、1990

『六日町誌』六日町誌編集委員会、1976
『南魚沼郡志』南魚沼郡教育会、1920
『仏蘭西人の駆けある記―横浜から上信越へ―』井上裕子訳、まほろば書房、1987
『山ノ内町誌』山ノ内町、1973
『長野県政史第三巻』長野県編、1973
『群馬県土木概要』群馬県／編、群馬県土木部、1970
『道（Ⅱ）』武部健一、法政大学出版局、2003
『道のはなし〈2〉』武部健一、技報堂出版、1992
『国土と高速道路の未来』国土政策と高速道路の研究会、日経BP社、2004
『名阪国道工事誌』中部地方建設局、1967
『五十年のあゆみ』三重工事事務所、1977
『二十年のあゆみ』愛知国道工事事務所、1991
『三重県史　資料編　現代2（産業・経済）』三重県、1992
『物語・建設省営繕史の群像』田中孝、日刊建設通信新社、1985
『第三京浜道路工事報告』日本道路公団高速道路京浜建設局編、日本道路公団、1966
『行政学叢書（10）道路行政』武藤博己、東京大学出版会、2008
『道路行政　平成17年度版』道路行政研究会編、全国道路利用者会議、2006
「高速自動車国道の整備・管理のあり方に関する報告」平成一二年一一月三〇日　101回道路審議会
『道路関係四公団民営化推進委員会（第12回・13回）（第2回集中審議）議事録』
『高速道路計画論』藤森謙一、鹿島研究所出版会、1966
『日本道路公団―借金30兆円の真相』NHK報道局「道路公団」取材班、日本放送出版協会、2005

★読者のみなさまにお願い

この本をお読みになって、どんな感想をお持ちでしょうか。次ページの「100字書評」（原稿用紙）にご記入のうえ、ページを切りとり、左記編集部までお送りいただけたらありがたく存じます。今後の企画の参考にさせていただきます。また、電子メールでも結構です。

お寄せいただいた「100字書評」は、ご了解のうえ新聞・雑誌などを通じて紹介させていただくこともあります。採用の場合は、特製図書カードを差しあげます。

なお、ご記入のお名前、ご住所、ご連絡先等は、書評紹介の事前了解、謝礼のお届け以外の目的で利用することはありません。また、それらの情報を六カ月を超えて保管することもありません。

〒一〇一―八七〇一　東京都千代田区神田神保町三―六―五　九段尚学ビル
祥伝社　書籍出版部　祥伝社新書編集部
電話〇三（三二六五）二三一〇　E-Mail : shinsho@shodensha.co.jp

キリトリ線

★本書の購入動機（新聞名か雑誌名、あるいは○をつけてください）

＿＿＿＿新聞の広告を見て	＿＿＿＿誌の広告を見て	＿＿＿＿新聞の書評を見て	＿＿＿＿誌の書評を見て	書店で見かけて	知人のすすめで

★100字書評……国道の謎

名前
住所
年齢
職業

松波成行　まつなみ・しげゆき

1970年、東京都生まれ。国道愛好家（いわゆる「国道男」）。本業はケミカルエンジニア（デバイス開発研究者）。北海道大学工学部合成化学工学科卒業。地球環境科学博士。95年に自転車（ママチャリ）で日本一周を完了。その翌年より、インターネット上で「日本の道（http://japan.road.jp）」を公開し、ライフワークとして「国道」を究める日々。共著に、『酷道をゆく』『酷道をゆく２』（ムック）。また、『DVD酷道　東日本編』『DVD酷道　西日本編』の監修・出演もある。

国道《こくどう》の謎《なぞ》

松波成行《まつなみしげゆき》

2009年6月5日　初版第1刷発行

発行者……………竹内和芳
発行所……………祥伝社しょうでんしゃ
〒101-8701　東京都千代田区神田神保町3-6-5
電話　03(3265)2081(販売部)
電話　03(3265)2310(編集部)
電話　03(3265)3622(業務部)
ホームページ　http://www.shodensha.co.jp/

装丁者……………盛川和洋
印刷所……………萩原印刷
製本所……………ナショナル製本

造本には十分注意しておりますが、万一、落丁、乱丁などの不良品がありましたら、「業務部」あてにお送りください。送料小社負担にてお取り替えいたします。

Printed in Japan　ISBN978-4-396-11160-1　C0225